Simdde yn y Gwyll

Alun Jones

Argraffiad cyntaf — 1992

ISBN 0 86383 864 2

Dymuna'r cyhoeddwyr gydnabod cymorth Adrannau'r Cyngor Llyfrau Cymraeg.

Argraffwyd gan
J. D. Lewis a'i Feibion Cyf., Gwasg Gomer, Llandysul.

i
Ann a'r hogia

Pennod 1

'Roedd yn effro, yn syllu ar siapiau aneglur y llofft yn hynny o olau a dreiddiai drwy'r llenni brau. Nid deffro swrth chwaith. Ennyd o hel pethau at ei gilydd, ac 'roedd y corddi yn ei stumog wedi ailddechrau.

Cododd. Aeth â'r gobennydd i'w roi dros y swits golau i leihau sŵn y glec rhag ofn i'r Fitchell glywed a chodi ato i fusnesa ac edliw. Nid bod arno'i hofn. Nid Mrs Mitchell oedd hi, prun bynnag. Yn y dafarn ar y gornel y cafodd y stori. Dau henwr wedi treulio'u hoes yn y stryd yn cofio Miss Edwards yn ymadael ac yn dod yn ôl ymhen rhyw bedair blynedd gyda'i phlentyn blwydd i etifeddu'r tŷ ac yn darganfod rai misoedd yn ddiweddarach ei bod hi wedi newid ei stad yn ddiseremoni a di-wledd a digymar.

Gwisgodd siwmper am fod y llofft yn oer ym mhlygain Tachwedd cyn dychwelyd i led-orwedd ar y gwely. Plygain oedd o hefyd—deng munud wedi pump. Estynnodd lyfr oddi ar y cwpwrdd bach ger yr erchwyn a'i agor. Ar ôl i frawddeg neu ddwy fynd yn syth i mewn ac yn syth allan wedyn rhoes o yn ei ôl a phlygu i agor drôr fechan isaf y cwpwrdd a thyrchu i'w gwaelod i dynnu llythyr deuddydd oed ei fam ohoni. Nid dyna oedd o i fod chwaith, nid dyna pam y rhuthrodd i lawr y grisiau i'w blycian o ddwylo syn y Fitchell. 'Roedd wedi'i ddarllen a'i dorri'n ddarnau a'i luchio i'r fasged sbwriel fechan yng nghornel y llofft. Aethai i'w waith, a dychwelyd gyda'r nos i hel y darnau at ei gilydd a'u troi'n llythyr drachefn gyda thâp gloyw. Un frawddeg yng nghanol paragraffau gweigion:

> Nid fi ydi'r un i ddewis dy ffrindia di, ond wyt ti ddim am ddechra sôn am rywun 'blaw Nesta bellach?

Ni fedrai hi hyd yn oed droi'r bygythiad yn eiriau. Dim ond unwaith yr oedd o wedi crybwyll Nesta yn ei lythyrau a'i alwadau ffôn adref. Yr un hen amheuon hanner cudd yn mynnu codi'u pennau. Hynny a greddf. Annwyl Mam. Be oedd ar 'y mhen i? Mi anghofis i'n llwyr am Fiona. Hogan neis iawn iawn o adran farchnata ffatri lipstig, hefo ruban a chrafat a blew ll'gada 'run lliw, a 'dan ni'n canlyn yn selog ers diwadd Medi. Mi ddo i â hi adra pan fydd dyn llygod mawr 'di gorffan acw. Cofion lu, Osian.

Dechreuodd ddarllen y llythyr o'i gwr, ond rhoes y gorau iddi. Heblaw am gyfeiriad tywyll at Idris ei frawd, dim ond y tyndra a oedd yn arwain at y cwestiwn oedd yn ei wneud yn wahanol i bob siarad gwag arall.

Awr yn ddiweddarach, clywodd swn y Fitchell yn stwyrian ac yn codi. Rhoes ras i ddiffodd y golau, gan ddefnyddio'r gobennydd unwaith eto. Nid bod arno'i hofn. Arni hi'r oedd y bai, 'tasai'n mynd i hynny. 'Tasai hi ddim yn trin ei ffôn gyda sancteiddrwydd anranadwy, byddai llai o lythyru a mwy o ffonio. O bosib. 'Roedd sgrifennu'n fwy o drafferth ond yn llawer llai o straen na siarad.

Agorodd y llenni. Gwisgodd amdano'n iawn. Pwysodd ar y sil ffenest i syllu allan. 'Roedd y stryd yn wag yn ei golau oren a lliw'r awyr y tu hwnt i'r tai gyferbyn yn newid o bryd i'w gilydd gyda thrafnidiaeth gynnar y ffordd osgoi newydd. Gwrandawodd ar y Fitchell-Edwards yn agor drws ei llofft ac yn mynd i 'molchi. Gwrandawodd arni'n mynd i lawr.

O dipyn i beth, daeth arwyddion goleuo mwy parhaol i'r awyr. Clywodd swn car yn tanio ac yn cychwyn ac yn mynd heibio tano. Daeth car arall, a moto-beic di-stŵr. Gwrandawodd ar swn dwl teciall y Fitchell yn canu ac yn distewi. Daeth ceir eraill. Goleuodd yr awyr a'r stryd gan wanio'r oren. Yna 'roedd yno. Bag ar ei ysgwydd a llythyrau yn ei law, yn dal ei fol ymlaen a'i gefn yn ôl, a'i gerddediad yn dyrchafu'i swydd. Stwffiodd lythyrau i ddrws tŷ dros y ffordd. Aeth heibio i'r nesaf a rhoi llythyr yn y trydydd. Croesodd, a mynd o'r golwg. Mynd o'r golwg am hydoedd. Yna 'roedd yn dod trwy'r giât fach ac yn dynesu at y drws heb edrych i fyny. Clywodd y swn. Cyrhaeddodd y drws yr un pryd â'r Fitchell.

'Bobol annwyl!'

'Oes 'na un i mi?'

'Bobol annwyl! Mewn cariad!'

'Ia, ha ha.'

Rhedodd yn ôl i fyny'r grisiau carped croesau glas a choch gan anwybyddu rhyw gwestiwn neu sylw ynglŷn â brecwast neu rywbeth. Gorweddodd ar ei wely gan ddal y llythyr i fyny. Chwarddodd arno. Am ei fod wedi cyrraedd, nid oedd brys i'w agor.

Llythyr wedi'i anelu at un frawddeg oedd hwn hefyd, erbyn gweld. Tymor y procio ffug-gynnil a'r awgrymu ffug-slei. Dipyn go-lew o sbeitio'i chydweithwyr yn y cwmni paratoi rhaglenni cyfrifiaduron oedd yn ei chyflogi, a llwythi o siarad gwag ar ei draws, ond ei fod yn ddifyr, a'r un frawddeg ffwrdd-â-hi:

Mi gofi ditha ryw dro am sgwrs wedi'i thorri ar 'i chanol.

Dim ond honna. Yn rhyfygus o hapus, aeth i lawr. 'Roedd Bernard ei gyd-lojwr eisoes wrth y bwrdd, yn darllen llythyr tair tudalen wedi'i deipio'n daclus, rhyw ychwanegiad o bosib at gyfrinach ei fyw iddo'i hun. Âi i'w labordy yn ei ysbyty a dod yn ôl i'w stafell neu i gydwylio'r teledu gyda'r Fitchell, a honno'n gwirioni'i phen o'i glywed yn cywiro gohebwyr meddygol ar raglenni newyddion. Hynny o'i fywyd a roddai gerbron. Daeth y cyfarchiad cwta swil arferol ac atebodd yn siriol a gwenu'n ddel ar y Fitchell cyn tyrchu i'w frecwast. Am hynny cymerodd hithau arni nad oedd wahaniaeth ganddi am y tro ei fod am yr eilwaith mewn tridiau'n defnyddio'i grisiau fel trampolîn. Ar ôl y stori yn y dafarn 'roedd ei modrwy denau'n cyfoethogi'r prydau bwyd, yn enwedig pan fyddai hi'n dod atynt i fwyta yn hytrach na morwyna arnynt.

Aeth o'r tŷ â'i lythyr yn ei boced, yn drech na'r corddi. Osgôdd ddyn yn ymgolli yn nhanciau a thywod ei bapur newydd ac yn cerdded yr un pryd. 'Roedd gyrrwr y bws yn ddiamynedd ac ar frys, heb ddweud ar frys i be. 'Roedd y ffyrdd yn llenwi, a'r bws yn sbarduno a brecio bob yn ail, gan sgrytian cymaint nes ei gwneud yn amhosib canolbwyntio ar feddyliau. Rhoes y gorau iddi a bodloni ar wrando ar ddwy ddynes yn y seddi blaen yn damio'r gyrrwr a'i fws, gyda'u hacenion difyr a chynnes fel pe bai'n dymuno bradychu gwegi'u bygythiadau. Siaradai un drwy sigarét wedi'i rowlio a lynai ar ei gwefus drwy bob symudiad, ond deuai llawer mwy o fwg o enau'r llall wrth iddi bwffian rhwng ewinedd cochion. Yn y sedd gyferbyn ag o 'roedd dyn â chês du ar ei lin yn gallu hepian drwy'r sgrytian a'r siarad. Dechreuodd gyfansoddi ateb.

Newidiodd fws yn yr orsaf. 'Roedd yr un newydd yn llawer mwy cymhedrol, a thynnodd y llythyr o'i boced. Trodd y ddynes a eisteddai yn ei ymyl ei phen oddi wrtho yn un swydd. Gwyddai'n iawn y byddai'r ateb wedi'i orffen cyn cinio. Esgus oedd ffôn digyrraedd y Fitchell, prun bynnag. 'Roedd mwy o hwyl yn eu llythyru nag yn eu sgyrsiau ffôn swil a phytiog, y geiriau'n fwy parhaol a'r awgrymu'n rhywbeth i chwilio amdano yma ac acw i gadw'r dychymyg ar dân. A gellid cyfansoddi ac ailwampio yn unrhyw fan, ar fws, ar feic, yn ei waith. Cymwynas fawr y Fitchell oedd goddef iddo gadw'i feic yn ei chwt yn gyfnewid am addewid i chwynnu a chlirio'r pytiau gerddi a sgubo'r llwybrau bob hyn a hyn.

Yna aeth rhywbeth arall â'i sylw. Aethai'r ddynes i lawr o'i flaen ac aethai yntau at y ffenest. 'Roedd y bws bron wedi cyrraedd mynedfa'r gwaith ac wedi gorfod aros gyferbyn â thwll ar fin y ffordd a chwt cynfas yn ei ymyl. 'Roeddynt yno ers tridiau bellach, ers ben bore Llun, ac 'roedd wedi sylwi ei fod bron yn yr un cyflwr y naill ddiwrnod ar ôl y llall. Nid oedd 'wnelo fo ddim â'r gwaith ac nid oedd neb wedi dod i gysylltiad ynglŷn ag o. Ni fedrai weld cyfiawnhad dros y cwt cynfas chwaith. Ond wrth i un labrwr agor cwr y cynfas gyda'i ddwylo glân cafodd gip sydyn ar un arall yn eistedd oddi mewn, yn parablu i radio. Aeth y bws yn ei flaen.

Daeth i lawr, a brysiodd ar hyd y ffordd raean i'w swyddfa, cwt metel â llawr pren a dwy ffenest. 'Roedd teitl ei swydd yn daclus yn y panel bychan ar y drws. Peiriannydd Preswyl. 'Roedd y swydd ei hun ychydig yn ddistadlach nag awgrym y panel. Byddai Clerc Gwaith yn nes ati. Aeth i mewn. Dechreuai'r gaeaf yn gynnar, yn enwedig y tu mewn i focs tenau, a thaniodd y tân nwy. Safodd yn ôl o'r ffenest a syllu ar y cynfas draw, a chynnwrf newydd yn dechrau curo o'i fewn.

Gafaelodd mewn cynllun safle a oedd wedi'i fodio a'i ailblygu cymaint nes ei fod yn dyllau a'i roi yn ei boced. Aeth o'r cwt, a brysio'n ôl i'r ffordd fawr. Cododd ei law i ateb cyfarchiad car Jeri Tom, triniwr diddanneddd y tractor tyllu, wrth fynd heibio yn y fynedfa. Am eu bod yn hen griw iawn nid oedd angen iddo betruso. 'Roedd y ffordd fawr yn brysur a braidd yn fyddarol. Safai dau gyda baw newydd ar esgidiau glân uwchben y twll, yn ei drafod ac yn codi'u lleisiau wrth iddo ddynesu. Troesant ato ar unwaith.

'Ia?'

'Helô, su'ma'i?'

Aeth heibio cyn iddynt sylweddoli'i fwriad, a rhoes ei ben i mewn drwy'r cynfas. Sôn am gopsan. I'w gwneud yn waeth, gwnaed ymdrech ddagreuol o aflwyddiannus i guddio'r ddwy set radio a hyd yn oed y sbiendddrych.

'Os oes arnat ti isio rhwbath, dos at y fforman!' Llais gwyllt, a gwrid bwnglerwaith ar yr wyneb.

'O. Finna'n meddwl mai yma'r oedd o.'

'Naci!'

Troes. Daethai'r trafodwyr twll ato.

'Wel?'

'Sut mae hi'n dŵad yma? Y beipan ddŵr s'gynnoch chi?'

'Be 'ti'isio?'

'Wedi cael gorchymyn oddi fry i ofyn ydach chi'n gwybod am y beipan ddraen yn fa'ma, rhag ofn ichi 'i thorri hi.'

'Wel ydan, debyg!'

'O. Iawn, felly.' Agorodd y cynllun i gadarnhau'i ddyfarniad, a'i gau'n ôl yn hamddenol. 'Ond 'roedd hon yn un o'r 'chydig nad oedd angan 'u hadnewyddu. Mi fasa 'na hen ddamio 'tasa rhwbath yn digwydd iddi hi.'

'Mi fedrwn ni ofalu am betha felly ein hunain.'

10

'Medrwch, siŵr iawn.' Yn dadol i gyd. ''Ro'n i'n meddwl mai yn y tanc torri pwysadd oedd y drwg hefo'r dŵr yma.'

'Mae hwnnw 'di'i wneud.' Mwy swta fyth. 'Roedd pob ffŵl yn gwybod hynny.

'O.'

Nid oedd rhagor o sgwrs ar gael, a throes yn ôl. Daliai'r cynnwrf newydd i'w hybu i frysio. Gwelodd gar y fforman yn troi i'r fynedfa, a rhoes chwibaniad uchel arno.

'Tyrd i'r offis am funud.'

'Ar y carpad ben bora.'

'Roedd y dannedd yn hynod wyn wrth iddynt ddod i'r golwg gyda'r wên. Parciodd ei gar yn wichlyd, a neidiodd ohono heb drafferthu i dynnu'r allwedd. 'Roedd gweld dyn mor dal yn neidio mor ystwyth yn rhywbeth annisgwyl braidd. Aethant i mewn i'r cwt, a oedd wedi cynhesu'n gyflym.

'Dy fwytho dy hun yn fa'ma wnei di heddiw.'

'Ella.' Pwyntiodd drwy'r ffenest. 'Stori ddifyr am y rheicw.'

Aeth y fforman yn syth at y ffenest.

'Paid â rhythu arnyn nhw!'

'Pam, be sydd?'

'Oes 'na blant drwg yma, Mick?'

'Plismyn?'

'Ia.'

Daeth her sydyn i lygaid y fforman.

'Wyt ti'n siŵr?'

'Maen nhw 'di trwsio tanc torri pwysadd sydd ddim yn bod ac am ochal rhag torri peipan sydd chwartar milltir o'r twll.'

'Ydyn nhw?' 'Roedd y dannedd gwynion yn dynn yn ei gilydd.

'Gair i gall, Mick.'

Cododd Mick ei fawd ac aeth allan. Tynnodd yntau ei gôt uchaf a'i helmed, yn argyhoeddedig ei fod eisoes wedi gwneud un strôc. Aeth at ei fwrdd llunio yn y gornel. Troi caeau rhwng tair priffordd yn stad ddiwydiannol oedd y gorchwyl, a'i ran o ynddo oedd gofalu am y ffyrdd newydd a'r garthffosiaeth, ac 'roedd y cynllun yn un digon mawr i gyfiawnhau cadw peiriannydd ar y safle'n barhaol am fod gwaith trin yn rhan ohono hefyd. Âi'r gwaith ymlaen yn brydlon a didramgwydd at ei gilydd, heb lawer o gymhlethdodau na'r cwynion arferol a godai'u pennau pan fyddai'r gwaith mewn strydoedd.

Dechreuodd gymharu rhai mesuriadau terfynol â'r hyn a oedd yn y cynlluniau a'r cytundeb, gwaith yr oedd wedi'i ohirio ddydd ar ôl dydd oherwydd galwadau eraill. Cadwai olwg ar y ffordd fawr a'i thwll bob hyn a hyn. O dipyn i beth, ailddechreuodd yr hen gorddi. Byrhoedlog oedd pob gwyriad. O ddilyn hapusrwydd amser brecwast i'w derfyn gallai gwyliadwriaeth fel yr un y tu mewn i'r cynfas fod yn wahanol iawn ei harwyddocâd. Dechreuodd chwysu'n annifyr. Byddai'r ateb i'r llythyr yn llai o chwarae plant. Ceisiodd ganolbwyntio ar ei waith. Cyn hir byddai'n rhaid iddo fynd i waelod safle'r gwaith trin i gael golwg ar yr ithfaen yr oeddynt wedi dod o hyd iddo'n ymwthio i'r garreg laid feddalach yn y lle yr oedd pydew'r orsaf bwmpio i fod. Cyrhaeddai'r ithfaen annisgwyl hyd at lathen o dan yr wyneb, a byddai'n rhaid ei ffrwydro ymaith os na ellid ei osgoi drwy symud mymryn ar yr orsaf. Nid oeddynt wedi gorfod defnyddio ffrwydron o gwbl hyd yma, a chan hynny ni chedwid rhai yno, felly go brin mai dyna'r cymhelliad dros y gwylio yn y cynfas. Adnabyddiaeth sgyrsiau wrth weithio neu fochel cawodydd oedd ganddo o bawb ar y safle. Ni wyddai ddim am gefndir neb, ar wahân i nifer teulu ambell un a diddordebau ambell un arall, ac felly nid oedd ganddo syniad pwy oedd yn cael eu gwylio. Os oedd mwy nag un. Aeth â'r criw yn un rhes gyflym drwy ei feddwl, ac nid arhosodd yr un am ennyd hwy na'r lleill. Hynny oedd orau, hefyd.

Nid oedd llawer o'i ôl ar y papurau. Estynnodd y llythyr eto, a'i ddarllen. Tynnodd bapur glân o ddrôr, a rhythu arno. Agorodd y drws yn ddirybudd, a daeth Mick ysgwargar i mewn.

'Dau funud i ddrama.'

Cododd Osian yn frysiog, a dod ato. Pwyntiodd Mick drwy'r ffenest. 'Roedd un o lorïau'r Gwaith yn mynd yn araf ar hyd y briffordd tuag at y twll a'r cynfas gyda'i hochrau wedi'u gostwng. Aeth heibio.

'Da iawn. Sophocles a Brecht yn gl'uo gan eiddigadd.'

'Aros di, 'ngwas i.'

Arhosodd. 'Roedd Mick yn un wên ddisgwylgar.

'Sawl act sydd 'na?'

'Nid ni sy'n penderfynu petha felly, Osian bach.'

Daeth y lorri'n ôl. Daeth lorri arall i'w chyfarfod. Mwyaf tebyg bod digon o le i'r ddwy fynd heibio i'w gilydd gyferbyn â'r twll. Mwyaf tebyg nad oedd raid i lorri'r Gwaith gadw mor wirion o agos. Ond fe fachodd pigyn y cefn yn daclus iawn yn y cynfas a'i sgubo ymaith. Ac i orffen y gwaith yn iawn, 'roedd y lorri'n cymryd tro bach cynnil i'r chwith a'i holwyn ôl yn disgyn yn ddiffwdan i'r twll.

'Dyna ni.' 'Roedd ochenaid Mick fel un ar orffen diwrnod hir a da. 'Gan fod arnyn nhw isio rhwbath i'w wneud, dyna nhw 'di'i gael o.'

'Mae'n siŵr fod y twll yn barod i'w lenwi bellach. Be oedd, Mick?'

12

'Wel . . .' Ni ddangosai wyneb a llygaid y fforman ddim ond rhyfeddod tawel o weld y lorri wedi gwneud gwaith mor ddeheuig.

'Be am setlo ar gynnig fod achos y lorri fymryn bach yn fwy cyfiawn nag achos y busneswrs?'

Bodlonodd Osian. Fe gâi'r stori o rywle cyn nos.

'Os oedd arnyn nhw isio gwybod rhwbath, Osian, 'doedd y giât ddim 'di'i chau rhagddyn nhw.'

'Nac oedd.'

'Mae 'na holwrs a mae 'na bobol dan din.'

Aeth Mick allan, yn fodlon. Aeth yntau'n ôl at ei waith. 'Roedd wedi anghofio am y papur glân ar y bwrdd. Gwenodd. Dechreuodd sgrifennu llythyr. 'Roedd yn hawdd am fod ganddo stori i'w dweud. Sgrifennodd a gwylio'r gweithgaredd yn y ffordd bob yn ail. 'Roedd trafnidiaeth ddiamynedd a bron yn ddisymud i'r ddau gyfeiriad. Daethai car heddlu yno o rywle a chlywai seirennau eraill yn y pellter. Daliodd ati i sgrifennu, yn gohirio un frawddeg fechan o hyd.

Nid oedd chwilfrydedd mor fyrhoedlog â hynny, chwaith. Cuddiodd y llythyr o dan gynlluniau a rhoes ei gôt a'i helmed amdano eto a mynd allan. Daeth y seirennau'n llawer mwy perthnasol fel 'roedd yn cau'r drws ar ei ôl. Sgrechiasant heibio i'r cerbydau llonydd a throi yn y fynedfa a gwibio i lawr i'r safle. 'Roedd pedwar car a bws-mini o fath. O'u gweld, nid oeddynt yn annisgwyl. Drwy hyfforddiant a oedd bron wedi mynd yn reddfol, tynnodd ei ddyddiadur gwaith o'i boced a nodi'r amser ynddo. Aeth y cerbyd mwyaf i waelod y safle ac aros i arllwys plismyn a redodd yma ac acw hyd y ffens derfyn. Ataliwyd pob gwaith bron ar yr un amrantiad. Heliodd y rhan fwyaf o'r gweithwyr at ei gilydd, eto o bosib drwy reddf, a chlywodd Osian rai sylwadau'n dechrau dod drwodd, ambell un yn ddigri, ambell un yn watwarus, dim un yn barchus. 'Roedd siâp creulon ar geg wag Jeri Tom. Daeth Jonathan y Contractwr poenus allan o'i swyddfa fel siot a dechrau holi a damio'n ffri. 'Roedd plismyn yn dadlau gydag o ac yn cael chwech am chwech yn ôl.

Daeth Mick ato. 'Roedd golwg ddiarth wyllt arno.

''Welan nhw ddim yn fa'ma.'

'Be maen nhw'n 'i wneud yma?'

'Dal adar.'

'Ydyn nhw yma?'

'Nac'dyn, diolch i chdi.'

Daliodd ati i sgrifennu. Yna 'roedd dau blismon yn sefyll yn uchel o'i flaen, a dysgodd yntau am y tro cyntaf yn ei oes fod dau yn gallu heidio. 'Roedd yn edrych i lygaid yr un agosaf ato, llygaid a oedd

13

newydd fod yn ei bardduo yn y cynfas yn y ffordd. Diolchodd ei fod yn ddieuog.

'A be 'ti'n feddwl 'ti'n 'i wneud?'

'Mae'r gwaith 'di'i atal a mae'n rhaid i mi wneud adroddiad o'r peth.'

'O! A phwy wyt ti, felly?'

'Rhywun sy'n gwneud 'i waith, fel chitha.'

'Roedd mwmian tawel Mick wrth ei ochr yn hyfryd i'r glust.

'Be dduda i ydi'r achos dros i chi atal y gwaith?'

'Mi wna i'r holi!'

'Iawn. Ond os bydd y Contractwr yn mynnu iawndal mewn blwyddyn ne' ddwy am ych bod chi'n 'i atal o rhag gwneud 'i waith y bora 'ma, peidiwch â disgwyl i mi fod mewn lle i siarad o'ch plaid chi.'

Nid y llyfrau na'r cyrsiau oedd wedi rhoi'r cyngor o fod mor hamddenol ag oedd modd ar achlysuron annisgwyl.

'Mae o'n llygad 'i le.'

'Roedd Mick wedi troi ei borthi tawel yn ddyfarniad diffwdan a therfynol. Syllai'r ddau blismon yr un mor elyniaethus ar y naill a'r llall, ond yn canolbwyntio ar Mick a'i lawes chwith dda i ddim wedi'i chadw yn ei boced, rhag ofn efallai bod y chwedlau am nerth pobl un fraich yn wir.

'Fo ydi'r Peiriannydd Preswyl,' ychwanegodd Mick, gan bwysleisio a dyrchafu'r teitl i barthau dim ond ychydig is na dwyfoldeb.

'A fo,' meddai Osian, gan geisio'i orau i fynd i ysbryd y darn, 'ydi'r Fforman.'

Daeth gwaedd.

'Mae hwn 'di cloi!'

Troesant. 'Roedd heddwas yn sgrytian drws cwt Osian. Trodd o'n ôl braidd yn rhy gyflym at yr un wrth ei ochr.

''Dydi o . . .' dechreuodd, a challio yr un munud. ''Dydi hwnna ddim yn rhan o'r safla,' cyhoeddodd.

'Be?'

'Fy swyddfa i ydi honna a 'does 'na ddim o ddiddordab i chi yn'i hi.'

'O! Wel wel!'

'Dim ond darparu'r swyddfa mae'r Contractwr yn 'i wneud,' ychwanegodd gan anwybyddu'r gwawd yn llwyr. ''Does 'nelo fo ddim byd â hi wedyn. Mae hi'n hollol annibynnol ar bob dim arall ar y safla.'

14

'Mae gynnon ni warant i chwilio'r lle 'ma!'

'Os oes gynnoch chi warant i chwilio'r safla ac adeilada'r Contractwr, 'neith hi mo'r tro. Mae'n rhaid i chi gael un arall i chwilio fy swyddfa i.'

'Rêl cocyn bach, 'twyt?'

''Does 'na ddim prindar hyfforddwyr ar gyfar y grefft fach yna.'

'Wel gwranda, 'ngwas i.' 'Roedd y gwawd yn dechrau mynd yn fygythiad. ''Dydi'r warant sy' gynnon ni ddim mor fisi. Pob modfadd o bob dim sydd yn y lle 'ma, pwy bynnag pia fo, pwy bynnag roddodd o yma, pa ben bach bynnag sy'n 'i ddefnyddio fo!'

'O, dyna chi 'ta.' Agorodd ei ddyddiadur eto. 'Be ydi'r achos?'

'Gwarant! Mae hynny'n ddigon i chdi!'

'Ydi. Erbyn meddwl, 'rydach chi'n iawn.' Caeodd ei ddyddiadur a'i roi yn ei boced. 'Parchwch chi waith pobl erill ac ella y parchith pobl erill ych gwaith chitha.'

'Malwch y blydi clo 'na!'

''Does dim angan i chi.' Cerddodd Osian at ei swyddfa, yn gobeithio fod ei ddihidrwydd yn gweithio. 'Costa heb 'u hangan.'

Rhoes y goriad yn y drws, a'i droi. Gwthiodd y drws yn agored, a'i galon yn cyflymu. 'Roedd y drws yn drwm, drwm.

'Am be 'dach chi'n chwilio?' gofynnodd i heddwas arall y tu ôl iddo.

'Tri dyn,' atebodd hwnnw'n ddi-lol. ''Roeddan nhw yma bora.'

'Roedd am ofyn beth oedd eu pechod, ond 'roedd y symudiadau o'r tu ôl iddo'n dangos nad oedd amser i bethau felly. Gwthiodd y drws i'r pen. 'Roedd cryn ddwy fodfedd o le dano a gwelodd un o'r plismyn yn plygu i graffu. Dau ddaeth i mewn. Chwiliasant y tu ôl ac o dan ei fwrdd llunio. Yn sydyn gydwybodol a chynorthwygar datglôdd yntau'r cwpwrdd ffeilio rhy fawr ac agor y drorau fesul un. Bodiodd un heddwas fymryn ar y ffeiliau fel pe bai wedi penderfynu nad oedd ganddo ddim byd gwell i'w wneud. Yna, ar ôl cip arall o dan y drws, aethant allan. Arhosodd yntau yn ei unfan, yn llonydd. Edrychodd ar y drws, yn methu penderfynu. 'Roedd hwnnw hefyd yn llonydd. I fyny yn y ffordd 'roedd tractor yn codi tin y lorri'n araf a phwyllog o'r twll, a neb erbyn hyn yn swnio'n ddiamynedd am fod tyrfa fawr chwilfrydig yn cael gwell perfformiad o'r safle. Wedi pum munud diddigwydd rhoes y gorau iddi mewn peth edmygedd a mynd allan gan dynnu'r drws trwm ar ei ôl a'i gloi. 'Roedd y prysurdeb yn dechrau arafu a gwnaeth hi am swyddfa Jonathan bigog yn y gobaith o gael rhywfaint o oleuni yno.

Daliwyd ati i chwilio a holi. Nid oedd y plismyn wedi cynnig trosedd, dim ond cyflwyno'u gwarant. Daeth Osian allan o swyddfa Jonathan heb fod fawr elwach. Aeth ar ei union i'w swyddfa, a'i galon yn curo eto. Agorodd y drws, a'i wthio. 'Roedd yn ysgafn ac yn agor dim ond wrth ei annog, bron. Caeodd o ar ei ôl a phlygu i'w astudio. 'Roedd baw ac olion blaenau dwy esgid yn amlwg yn llwch yr astell isaf. Aeth ar flaenau'i draed i astudio'r olion bysedd ar yr astell uchaf, olion clir, pendant, yn dangos natur y gafael bregus arni. Aeth at y fasged sbwriel a thynnu hen amlen ohoni a'i defnyddio i lanhau'r ddwy astell yn lân. Taflodd yr amlen yn ôl i'r fasged a mynd at ei fwrdd. Gwelodd y papur bychan ar unwaith.

Diolch, Osian.

Dim ond hynny. Nid papur oedd o, ond tamaid o baced sigarennau wedi'i dorri'n flêr. Nid oedd gair arall ar ei gyfyl. Rhoes o yn ei boced, ac estyn ei lythyr o dan y cynlluniau. Darllenodd yr hyn yr oedd eisoes wedi'i sgrifennu, ond cyn ychwanegu ato agorodd ei ddyddiadur a dechrau rhoi hynny o fanylion a oedd yn ffit i'w cynnwys am ddigwyddiadau'r bore ynddo. Gwenodd ar y lorri'n ailgychwyn yn ddiniwed yn y ffordd.

Daeth Mick i mewn. Plygodd i dwymo'i fysedd o flaen y tân nwy, peth go anarferol yn ei hanes.

''Doeddat ti ddim yn hollol gywir, Mick.'

Cododd ei ben a throi.

'Y?'

''Doedd y tri deryn ddim 'di mynd. Yli.' Tynnodd y dernyn paced o'i boced a'i roi iddo. ''Roedd 'na un ar ôl.'

'Lle'r oedd o?'

'Yn hongian y tu ôl i'r drws 'na. Dim ond edrach odano fo ddaru'r Glas. A finna'n mynd i daeru hefo nhw nad oedd y drws 'di'i gloi. Pwy sydd ar goll?'

'Oscar, Alffi, Tim.'

Daethai Oscar ac Alffi i weithio ar y safle yr un diwrnod â'i gilydd. Nid oedd neb yn siŵr iawn o'u hanes am eu bod yn tueddu i fod yn dawedog ac yn cadw fwy iddyn nhw'u hunain na neb arall. Hogyn lleol oedd Tim.

''Wyddwn i ddim bod 'na gysylltiad.'

''Wyddai neb,' atebodd Mick. 'Fel'na mae gweithio.'

'Ond be oeddan nhw'n 'i wneud?'

'Fel dwedis i, fel'na mae gweithio.'

16

Nid bod yn styfnig oedd Mick. Cadwodd Osian y neges ddiolchiadau yn ôl yn ei boced.

'Pwy fuo y tu ôl i'r drws 'na 'ta?' gofynnodd.

'Tim, mwya tebyg.'

Mwyaf tebyg. Anaml y gwelid y ddau arall oddi wrth ei gilydd.

'Gair bach, Osian.'

'Be?'

'Cym bwyll. 'Roedd 'na dipyn o gabalganu amdanat ti gynna.'

''Does gen i ddim i'w guddiad.' 'Roedd yn rhaid iddo argyhoeddi.

'Dim byd.'

'Gofala mai felly y bydd hi hefyd.'

Aeth Mick allan heb air arall. Un felly oedd o. Gorffennodd yntau ei ddyddiadur a mynd at ei lythyr. Sgrifennodd fel peth gwirion, yn clownio'r ddrama. Clywai lais Nesta'n chwerthin wrth ddarllen. Gorffennodd. Edrychodd arno am hir. Daeth yn law, i'w gadw i mewn. Ailddechreuodd ar ei gymharu mesuriadau, a gweithio'n ddyfal. Cyn hir, tynnodd y llythyr ato a rhoi un frawddeg fach ar ei waelod.

Rhwbath i'w feithrin at henaint ydi co' byr.

Darllenodd hi drosodd a throsodd, nes ei bod wedi mynd yn un â rhybudd Mick. Yn eu tro, wedi rhagor o chwilio a stilian a pheth bygwth, ymadawodd y plismyn. Ailddechreuodd y gwaith. Daliodd Osian ati, a'i feddwl ar ei frawddeg. 'Roedd rheswm ac amser i feddwl yn dechrau cadarnhau na wnâi hi mo'r tro. Byddai'n rhaid iddo daflu'r llythyr. Neu ailsgrifennu'r dudalen olaf. Cododd o. Neu fe fedrai ei roi mewn amlen a'i gau a'i gyfeirio a'i bostio y munud hwnnw i'r diawl.

Rhedodd yno ac yn ôl drwy'r glaw. Chwarter milltir yno, chwarter milltir yn ôl. 'Roedd y blwch postio yn union uwchben y draen yr oedd wedi sôn amdani ben bore wrth y cynfas. Chwarddodd mewn rhyfyg braf. 'Roedd plismon mewn car y tu allan i fynedfa'r safle pan ddaeth yn ôl, yn cymryd arno nad oedd yn gwneud dim. Chwarddodd ar hwnnw hefyd.

Aeth y dydd rhagddo. 'Roedd y cyfarchion nos dawch yn llawer cynhesach na'r bloeddiadau ffwrdd-â-hi arferol. 'Roedd yr hanes ar dafodau'r bws a cheisiodd yntau wrando a chymharu heb gymryd arno. Daeth i lawr, a cherdded trwy'r smwclaw ffadin tuag at y Fitchell a'i chinio poeth. Nid oedd wedi mynd ond ychydig lathenni nad oedd bachgen bychan wedi rhedeg heibio iddo ac wedi sefyll o'i flaen.

'Do'mi fatsian, mêt.'

'Roedd sigarét gyfa'n hongian o'i geg. Edrychodd Osian braidd yn frawychus arno. Ni fedrai yn ei fyw fod yn hŷn na saith oed.

'Tafla'r peth 'na. 'Does gen i'r un fatsian, prun bynnag.'

'Sant diawl.'

'Lle clywist ti hynna?'

'Da i ddim, nac wyt?'

Aeth y bachgen ymaith, a chodi dau fys arno pan oedd yn weddol ddiogel. Aeth yntau yn ei flaen, yn gynt na bron bawb arall ar y pafin. Un o fendithion glaw oedd sŵn teiars gwlyb. 'Roedd dynes mewn drws siop ffrwythau'n crio ac yn galaru dros y lle. Daeth daeargi gwlyb i snwffian ennyd wrth ei thraed cyn canlyn ar ei daith, a daeth dyn o'r siop a'i chyfarch yn llawen. Rhoes hithau'r gorau i grio am eiliad i'w ateb cyn ailddechrau.

Ni ddywedodd y Fitchell hynny, ond bron nad oedd Osian yn difwyno'i haelwyd ac yntau'n gweithio mewn lle oedd wedi bod yn llawn plismyn yn chwilio am ddynion drwg. 'Roedd ychydig mwy o datws ar blât Bernard na'i blât o. A rhyw edliw drwy'r drws cefn y bu hi drwy'r pryd bwyd gan fynd yn fwy ansicr wrth glywed Osian yn cytuno a phorthi'n frwd. Daeth yr hwyl i ben pan gyhoeddodd rhaglen newyddion y teledu gorfodol fod un gŵr yn y ddalfa a bod yr heddlu'n dal i chwilio am ddau arall.

18

Pennod 2

Llythyr oedd yr ateb hefyd, a daeth ymhen deuddydd union. Er ei fod yn ei hanner disgwyl am nad oedd galwad ffôn wedi dod i'r gwaith na'r tŷ y diwrnod cynt, 'roedd ei weld ar y bwrdd brecwast yn swadan o bleser. Am fod Bernard a Gwir Berchennog Y Fodrwy yno o'i flaen, llwyddodd i beidio â rhuthro. Nis agorodd chwaith, dim ond gwledda ar y llawysgrifen a'r addewid.

'Roedd Tim yn dal dan glo. Cafwyd caniatâd i'w gadw eto heb ei gyhuddo. Chwech ar hugain oed, ac yn byw mewn carafán, yn ôl y newyddion. Byw hefo rhyw hogan a dau o blant ganddi yn y posibilrwydd mai o oedd tad un, yn ôl y siarad ar y safle y diwrnod cynt. Beth bynnag oedd y berthynas, 'roedd llun yr hogan yn troi cefnau'r plant yn frysiog ar y camera wedi'i ddangos ar y teledu pan oedd yr heddlu'n chwilio'r garafán. 'Roedd Tim wedi'i ddal yn yr orsaf reilffordd rhyw deirawr ar ôl iddo fod yn ymguddio yn swyddfa Osian. Lle ynfyd braidd i fynd iddo, efallai. Ond o hynny o adnabyddiaeth a oedd gan Osian ohono, 'roedd o'n hapus a chlên, yn dadlau weithiau am griced a byth am ddim arall.

'Roedd y ddau arall yn dal yn rhydd. Nid oedd atal trafnidiaeth sir gyfan wedi dod â nhw i'r fei. Nid oedd ebwch am gyhuddiadau chwaith, dim ond ailadrodd yr un hen gân am ymchwilio i droseddau difrifol drosodd a throsodd. Yn swyddogol oedd hynny; daethai Jonathan â stori i'r safle am ladrata darluniau a chreiriau o amryfal leoedd. Ymateb cyntaf Osian oedd dweud nad oedd natur y gwylio a'r rhuthro'n ffitio i natur y troseddau. Lle 'ti'n byw, Osian bach? gofynnodd Mick. Yma ac acw, atebodd yntau. 'Doedd Mick ddim yn disgwyl llythyr.

Cymerodd arno mai'n ddidaro y'i cododd ar ôl gorffen ei frecwast. Aeth allan. 'Roedd bws, ac 'roedd teithwyr. Pwt o lythyr bychan, bychan, ar ffiniau afrealaeth.

> 'Rydw i am ddŵad draw dros y Sul. Mi ga i aros yn fflat Miriam yn Nhregynfael. Ydi fanno'n fwy na thaith beic? Mi ddylai'r trên fod yna chwartar wedi naw nos fory, a mi fydd yn rhaid i mi gychwyn yn ôl wyth o'r gloch nos Sul.

'Doedd fawr ryfedd am y pwyslais ar y Dosbarth Cyntaf ar yr amlen. 'Roedd ei lawenydd yn gorchfygu popeth. O fewn pum munud i dair awr ar ddeg. Edrychodd ar ei oriawr i gyfri. Dair awr ar ddeg yng nghynt 'roedd yn 'molchi ac yn newid i fynd i wagsymera

19

orig, i freuddwydio wrth syllu dros ganllaw'r Bont Hir a thrwy ffenest ambell siop. 'Roedd mwnci trydan yn gwneud campau yn ffenest siop deganau, ac 'roedd yntau wedi aros i'w wylio. Ar ôl rhyw funud neu well sylwodd fod dyn glandeg mewn côt frethyn ddu'n syllu arno. Cyn iddo droi ei ben i ffwrdd 'roedd y dyn wedi rhoi winc arno ac wedi dod ato'n ddiymdroi ac yn ei un dehongliad o unigrwydd wedi gofyn mewn llais caboledig a choeth a oedd ar gael. Hynny bach oedd tair awr ar ddeg.

Cawsai'r twll yn y ffordd ei gau a'i dario'n daclus. Daeth o'r bws ac i'w swyddfa. Gweithiodd yn hapus drwy'r bore, allan gan mwyaf. 'Roedd wedi penderfynu y diwrnod cynt nad oedd dim i'w wneud â'r graig ithfaen ond ei ffrwydro oddi yno. Ymdrechodd i beidio ag ymddangos yn rhy llawen gan fod Tim yn dal i fod yn destun siarad. Stori'r bore oedd Iwerddon yn colli hanner ei thrysorau a'i chreiriau i ladron mewn dim o amser, a bod giang Alffi ac Oscar yn rhan o'r berw hwnnw. Cysur gwag braidd oedd ei fod o'n dal i gael ei drin fel arwr.

'Roedd wedi bod allan bron drwy'r dydd y diwrnod cynt hefyd. Efallai mai dyna pam na sylweddolodd tan ar ôl cinio fod y cwpwrdd ffeiliau'n sticio allan braidd, lai na thair modfedd o'r pared. Efallai mai'r plismon oedd wedi'i dynnu wrth fysedda ynddo fore Mercher. Aeth ato i'w wthio'n ôl i'w le, ond codi'n daclus ar un ymyl wnaeth y cwpwrdd a tharo'n ddwl yn erbyn y pared. Tynnodd o allan ac edrych y tu ôl iddo. 'Roedd pecyn lled fychan mewn papur llwyd wedi'i lynu wrth y cwpwrdd gyda thamaid o dâp masgio. Plygodd ato, ond ar yr un amrantaid ymataliodd rhag ei gyffwrdd. Daeth rhybuddion Mick a straeon am osod tystiolaeth yn un ffrwd iddo, a diflannodd holl lawenydd y bore.

Drygiau, debyg. Ni allai feddwl am ddim arall. Cyrch swnllyd ganol y pnawn a byddai arno angen twrnai fel Tim. Ciliodd tuag at ei fwrdd llunio, yn llwyr yng nghrafangau'r pecyn. Cododd bren mesur yn flêr a mynd yn ôl ato a'i bwnio'n herciog a phetrusgar. 'Roedd yn galed. Craffodd ar y papur. Amlen oedd hi, ac ôl gwisgo arni fel pe bai wedi bod mewn poced am ddyddiau.

Y peth gorau i'w wneud oedd galw ar Jonathan a Mick a phawb arall i fod yn dystion. Cododd. Petrusodd eilwaith. Gwelodd ei dâp masgio o ar y silff a gafaelodd ynddo. Plygodd eto at y pecyn, yn dechrau sadio mymryn. Os oedd wedi'i osod i ddial arno fo y cwbl oedd angen ei wneud oedd ei guddio mewn lle arall a glanhau ar ei ôl, gan obeithio na fyddai'r seirennau'n dod ar ei warthaf yn ystod y trawsblannu.

Aeth at y ffenest a chwilio drwyddi. Nid oedd ceir wedi'u parcio, na neb yn stelcian. Brysiodd yn ôl at y pecyn, a chymharu pennau'r tâp masgio arno â phen ei dâp o. Ffitiai un ochr yn berffaith. Diflannai'r dychryn yn raddol. Crafodd y tâp a thynnu'r cwbl ymaith. Nid oedd yr amlen wedi'i selio. Rhoes bapur ar lawr ac annog cynnwys yr amlen yn araf arno. Daeth lwmp tebyg i focs wedi'i lapio mewn papur i'r golwg, ac wedi iddo ddod o'r amlen i gyd defnyddiodd ei bren mesur a phensel i'w agor.

Bocs oedd o hefyd, bocs metel glas heb farc arno, rhyw chwe modfedd o hyd a phump o led, ac efallai fodfedd a hanner o drwch. 'Roedd mewn bag polythin, a hwnnw'n ei selio'i hun. Digon o le i ddrygiau i'w garcharu am flynyddoedd. Rhuthrodd eto at y ffenest, ond 'roedd popeth fel arfer. Aeth at y sinc i nôl ei liain. Dychwelodd at y pecyn a'i agor gan ddefnyddio'r lliain fel maneg i wthio'r bocs ohono. 'Roedd y caead ar golion bychain, a ffitiai'n dynn. Agorodd o mor araf â phosib.

Nid drygiau. Stampiau. Casgliad o stampiau wedi'u gosod yn daclus mewn rhyw bymtheg waled a ffenest bolythin i bob un. Cododd gyrion y waledi â chyllell. Odanynt 'roedd amlenni, gryn hanner dwsin, hen lythyrau tramor gyda'r stampiau arnynt o hyd.

Caeodd y bocs yn sydyn. 'Roedd yn rhy beryg i ddechrau bod yn chwilfrydig. 'Roedd o'i hun yn gasglwr ond ni fedrai hynny fod yn berthnasol. Lapiodd o yn ôl yn yr amlen a'i lapio wedyn mewn bag polythin o'i fasged sbwriel a'i roi ym mhoced ei gôt. Edrychodd eto drwy'r ffenest. Gwisgodd ei gôt a phrysurodd allan. Efallai bod un o'r gweithwyr yn heddwas ac yn ei wylio ac efallai bod straeon am bethau felly'n ffordd dda iawn o wneud i bobl amau'i gilydd a gwneud bywydau pawb yn annifyr. Plygodd i gau'i esgid wrth ochr swyddfa Jonathan, cwt a oedd yn cael ei gynnal ar hen ddistiau rheilffordd, a thaflodd y pecyn yn slei rhwng dwy ddist. 'Roedd yn ddigon sych iddo yno, dim ond am ddiwrnod neu ddau, ond sylweddolodd dan ddamio mymryn y golygai fwy o ddrama i'w gael oddi yno gan ei fod wedi mynd ymhellach nag a fwriadodd. Ond problem arall oedd honno.

'O'r Arglwydd!'

Ochenaid yn fwy na rheg. Neidiodd. 'Roedd Jonathan wrth ei ochr yn edrych tua'r fynedfa. Trodd yntau ei ben fel mellten, ac am y tro cyntaf yn ei fywyd diolchodd mai S.M. oedd yn cyrraedd.

''Waeth gen i lond y lle o blismyn mwy na hwn,' ychwanegodd Jonathan yn ei lais byd-ar-ben gorau.

'Mae 'na betha gwaeth nag S.M. yn yr hen fyd 'ma.'

21

'Roedd y rhyddhad yn llais Osian yn llawn cymaint o sioc â'r geiriau.

'Be?'

'Mae hi bron yn dymor ewyllys da, Jon.'

Sbectol a mwstás a bagl ffon. Dyna oedd i'w weld yn gyntaf drwy ffenest y car bach. Uwch eu pennau 'roedd lwmpyn o wallt brithwyn blêr. Y tu ôl iddynt 'roedd S.M. Jones. 'Roedd ganddo brentis o beiriannydd deunaw oed â modrwy fwriadol yn hongian o'i glust yn ei yrru o gwmpas yn y car a golwg wedi 'laru'i enaid arno. Gari druan.

Parciwyd y car. Daeth Gari atynt heb gymryd sylw o'i gydymaith.

'Helpa dy fistar, y twmpath bach anystyriol.' 'Roedd golwg gas ar Jonathan.

'Na wnaf. Y brebwl diawl.'

Daeth ffon o'r car. Daeth coes ar ei hôl yn boenus araf. Gwelid esgid felen gefn uchel a hosan lwyd yn cael ei chynnal gan fwcwl syspendar. Diflannai strap y syspendar i ddirgelwch coes y trowsus gwlannen trwchus. Odano 'roedd trons llaes o liw rhywbeth rhwng oren a phinc. Aeth troed yn sownd yn y drws. Aeth y goes yn ôl fymryn, a rhoi cynnig arni drachefn. Aeth yn sownd eilwaith.

'Fflamia!'

Ailgynigiwyd eto. Clywid sŵn chwythu ffyrnig drwy fwstás. Methwyd eto.

'Rhywun fy helpu i!' Arthio blin, awdurdodol. 'Yn lle sefyll yn fan'na!'

'Dip dip sgai blŵ . . .' Pwyntiai Gari o un i'r llall.

'Aros, wir Dduw.'

Aeth Osian heibio iddo ac at y car. 'Roedd llaw amryliw yn gryman o gryd cymalau'n gafael yn ffrâm y drws ac yn ceisio'n ofer i dynnu gweddill y corff ar ei hôl. Syllodd Osian ar yr ewinedd hirion melyn cyfarwydd. Er yr holl gryd cymalau, gyda Gari'r oedd ei gydymdeimlad. Gafaelodd yn y droed a'i chodi'n glir drwy'r drws. Gwnaeth yr un peth â'r droed arall a thynnodd y dyn gerfydd ei ysgwyddau o'r car. Chwythwyd rhyw synau a oedd o bosib yn ddiolchiadau ond yn debycach i fygythion drwy'r mwstás. Pwysodd y dyn ar ei ffon i'w sadio'i hun, a'r crwb ar ei gefn yn ei blygu.

'I be ddiawl mae o'n dal ati?' 'Roedd Jonathan yn colli'i amynedd wrth edrych arno. 'Ffidlan wirion.'

'Am fod y Ffyrm 'di deud wrtho fo na fedar hi wneud hebddo fo,' ysgyrnygodd Gari.

'O? Pa bryd?'

22

'Pan gafodd hi'i hatgoffa o'r nefoedd gan yr hen ŵr 'i dad bod 'i angan o i droi'r blydi rhod.'

'Ydi hwnnw hefo ni eto, ydi o?'

'Pob un stori ers dyddia. Bob yn ail â be fasa fo'n 'i wneud i Saddam 'tasa fo ddeugian mlynadd yn fengach. Cingroen uffar.'

Ymlwybrodd S.M. yn ei gwman araf a chwythlyd tuag atynt. Yna gwelodd li'n pwyso yn erbyn swyddfa Jonathan.

'Hongian mae lli bob amsar.'

'Pob un ond hon mae'n rhaid.'

'Oes 'na fin arni hi?'

'Ella bod.'

Trodd oddi wrth y lli, a dynesu.

''Fedar neb wneud min ar li y dyddia yma.'

'Na, go brin.'

'Tri sydd 'na yn y sir 'ma fedar wneud. Mae un yn . . . na, 'rydw i'n siŵr imi glywad bod 'rhen greadur hwnnw wedi'n gadal ni. Dau ohonon ni sydd ar ôl.'

Cyrhaeddodd. 'Roedd y mwstás ychydig yn dywyllach na'r gwallt, a thwll bychan ynddo uwchben y wefus a'r blewiach uwchben y twll ychydig yn felynach na'r gweddill. Tynnodd baced sigarennau plaen o'i boced, a chrynodd y cryd cymalau o gwmpas un sigarét i'w thynnu o'r paced a'i stwffio drwy'r twll bychan i'w geg. Hanner cynigiodd y paced i'r lleill. Bu distawrwydd tair winc tra bu'n tanio.

'Rŵan 'ta, mae arna i isio adroddiad llawn am yr hyn ddigwyddodd yma ddydd Merchar.'

'Mae'n well i chi fynd at y plismyn, felly,' meddai Osian. 'Ella y cewch chi well lwc na ni.'

'Mae arna i isio adroddiad! Rŵan hyn!'

'Roedd y ffon yn taro'r ddaear i gyfeiliant.

'Wel dyma chi 'ta. Mi ddaeth 'na blismyn yma chwartar i ddeg hefo gwarant i chwilio'r lle a mi aethon o'ma ugian munud wedi deuddag.'

'Peidiwch chi â chymryd yr agwedd yna hefo fi!' Ceisiai'r crwb ei orau glas i sythu. 'Pwy 'dach chi'n feddwl ydach chi?'

'Rhywun sydd hefo llawar llai o wybodaeth na'r plismyn, Jôs.'

A chas beth S.M. oedd cael ei alw'n Jôs. Yn enwedig gan lafnau.

'Go dam it ôl! Be am y tri dyn 'na?'

'Mi oleuith Jonathan chi ar hynny. Fel gwyddoch chi, 'does 'nelo fi ddim â'r gweithiwrs, dim ond 'u gwaith nhw.' Clywodd Jonathan yn diarhebu dan ei wynt. 'Tyrd, Gari, mae gen i waith i ti.'

Cerddodd tua'i swyddfa. Gwenodd ar y brothio heb droi'i ben. Saith awr a hanner. Clywodd sŵn traed diolchgar Gari'n tuthian ato.

'Mae'n iawn arnat ti, 'tydi?'

Aethant i mewn.

'Mudo wyt ti?'

'Roedd Osian wedi anghofio popeth am y cwpwrdd ffeiliau'n flêr ar ganol y llawr o hyd. Trodd yn ôl yn y drws i gymryd golwg gyflym gynhwysfawr ar y ffordd fawr a'i chyffiniau.

'Na. Petha oedd 'di disgyn y tu ôl iddo fo. Mi ge's inna 'ngalw allan.'

Llusgwyd y cwpwrdd yn ôl i'w le. Cyrhaeddodd y chwythu'r drws. Cael a chael oedd hi i gael y ffon a'r traed dros y trothwy'n ddigymorth.

''Dydi hyn ddim digon da!'

'Be, Jôs?'

'Go dam it ôl! Y Ffyrm wedi gwario'i harian a'i hamsar yn ych dysgu chi ac yn rhoi'r cyfla i chi fynd ar seit a dyma chitha'n tynnu llond y lle o blismyn!'

'Jôs bach!'

'Peidiwch chi â siarad fel'na hefo fi! Ar dreial ydach chi yma, dalltwch chi hynna! 'Dwn i ddim ydach chi'n ffit i fod ar ych pen ych hun eto!'

''Fydda i ddim yr wythnos nesa. Mi fydd Gari yma hefo fi.'

Gwenodd Gari gydsyniad syfrdan. Gwelodd S.M. y wên.

'Na fydd!'

'Bydd. Mae'r gwaith yn dechra pentyrru rŵan. 'Rydw i 'di trefnu hefo Brian Griffith gynna.'

Ar glust chwith Gari'r oedd y fodrwy, y glust agosaf at S.M. yn y car. Cawsai Gari ddannodd o bregeth awr un pnawn am natur cymeriad a thueddiadau cymdeithasol a rhywiol pawb oedd yn berchen ar un. Erbyn trannoeth 'roedd ganddo dwll yn ei glust ac ar ôl gadael i hwnnw sadio am ychydig ddyddiau 'roedd y fodrwy yn ei lle. Ella y medrat ti fod wedi cael un ail law gan y Fitchell, oedd dyfarniad Osian. Yn awr 'roedd Gari'n crafu'i glust yn union o dan y twll, yn union o flaen S.M.

'Y fi ydi Manijar yr offis! Hefo fi 'dach chi'n trefnu!'

'Mae Brian Griffith yn Bardnar, Jôs. Nhw sy'n talu cyflog Gari a chitha a finna. A mae o 'di deud wrtha i am gael Gari yma mor aml ag y medra i iddo fo gael profiad.'

''Dydach chi ddim i wneud petha yn 'y nghefn i!'

'Nid dyna ydi o.'

24

'Be arall ydi o? 'Rydach chi'n mynd yn rhy fawr i'ch sgidia o'r hannar!'

'Diawl, Jôs.' Chwaraeai gwên fach ar wyneb Osian, gwên nad oedd yn tawelu dim ar ddyfroedd yn unman. 'Wyddoch chi mai chi 'di'r ail i ddeud hynna mewn tridia?'

Crynai'r ffon. Bron nad oedd S.M. am ei chodi i'w leinio. 'Roedd ateb yn ymgrynhoi i'w ffrwydro allan, ond daeth clec arall. Horwth o glec. Llond ardal o glec. Yr eiliad nesaf 'roedd sŵn cerrig yn cawodi ar ben tenau'r swyddfa.

'God ôlmaiti!' 'Roedd llwon S.M. yn ddieithriad ar lefel uwch na'r tyrfaoedd.

Rhedodd Osian allan dan ddamio. 'Roedd Gari wrth ei sodlau, a'r waedd.

'Dowch yma!'

Ond nid aethant.

'Be sy' 'di digwydd?' gofynnodd Gari'n chwilfrydig hapus.

'Wedi chwythu'r graig 'na heb roi rhwyd am 'i phen hi maen nhw.' Nid oedd Osian hanner mor hapus. ''Fydd 'na ddim taw arno fo rŵan, na fydd?'

'S.M?'

'Pwy arall?'

Brysiodd y ddau heibio i'r gwelyau hidlo yn eu cylchoedd concrid mawr ac i lawr at safle'r pydew. Edrychai llawer wyneb yn wirion euog arnynt yn dynesu a gwenai ambell un yr un mor wirion mewn rhyw ymdrech i gael Osian hefyd i weld y digrifwch mawr. Am ryw reswm daethai Jonathan â'i gar i lawr i waelod y safle ers y bore a safai y tu ôl iddo'n rhegi nerth esgyrn ei ben. 'Roedd ffenest ôl y car yn racs.

'Da iawn.'

Osian gyfarthodd hynny. Rhegodd Jonathan yn uwch. 'Roedd tractor yn ymyl y pydew a ffenest flaen hwnnw hefyd wedi malu.

'Ha ha.'

Osian ddywedodd hynny hefyd. Daethant at y twll a'r graig. Nid oedd rhwyd ar y cyfyl. Nid oedd cymaint â hynny o ddifrod i'w weld ar y graig chwaith. Daeth Mick ato yn wên fêl at ei ysgwyddau.

'Sori, Osian. Sori, 'rhen fôi.'

''Does 'na neb i roi powdr yn y graig 'ma eto ar unrhyw gyfri.'

'Nac oes, siŵr. Ydach chi'n gwrando'r diawliad?' arthiodd Mick ar neb.

'Hefo fi.'

Troes Osian ar ei sawdl a'i chychwyn hi'n ôl am ei swyddfa, a Mick yn dynwared ci bach wrth ei ochr. Amneidiodd Osian ar Jonathan, a daeth yntau hefyd ar eu holau, yr un mor ufudd a digwestiwn. 'Roedd Gari'n prysur lyncu'r cyfan mewn edmygedd. Aethant i fyny at y swyddfa a gwelsant ben a ffon S.M. yn ymddangos heibio iddi.

'Gan ych bod chi 'di gwneud ych campa yn 'i ŵydd o mi gewch chi fynd ato fo i hel y casgliad hefyd,' ysgyrnygodd Osian.

Daethant wyneb yn wyneb ag S.M. Ceisiodd yntau ymestyn i rywbeth fel llawn dwf.

'Be sy'n digwydd yn y lle 'ma?' gorchmynnodd.

'O hyn ymlaen 'rydach chi'n mynd i dynnu'r graig 'na o'na fel 'dw i'n deud,' torrodd Osian ar ei draws.

'Ond mi ddudis i . . .' dechreuodd Jonathan.

''Dydach chi ddim i'w chwythu hi heb rwyd, a 'dydach chi ddim i'w chwythu hi chwaith heb ddeud wrtha i a heb i mi fod yna'n gwneud yn siŵr bod y cwbl yn 'u lle fel y dylan nhw.'

''Rwyt ti'n iawn, Osian bach.' Ni thynnai Mick ei lygaid oddi ar S.M. 'Mi ofala i na ddigwyddith dim fel'na eto.'

'Fel arall mi gewch chi'i thynnu hi o'na hefo cyllall a fforc.'

'Sori, Osian, 'ngwas i.'

''Roeddach chi 'di tyllu'n rhy fas prun bynnag.'

''Rwyt ti'n llygad dy le.'

'A 'phacioch chi ddim arno fo. Dim ond chwythu'n ôl i'r awyr ddaru o.'

'Sori, Osian bach.'

Cymerodd Osian gip slei ar S.M. 'Roedd yn adennill marciau wrth y dwsin.

'Os oes 'na ryw waith 'di'i ddifetha oherwydd y glec 'na mi fydd yn rhaid i chi'i ail-wneud o ar ych costa ych hunain. 'Dw i'n siŵr bod gan Mr Jones rwbath i'w ddeud wrthach chi hefyd. Tyrd, Gari.'

Trodd a mynd, a chwerthin.

'Mi'i rhoist ti iddyn nhw.'

'Nid iddyn nhw.'

'O.' Ansicr. 'O, ia.' Ansicrach. Yna ochenaid. ''Rarglwydd! mae'n braf arnat ti. Watsia di'r wythnos nesa'n fflio mynd. Mae pob un arall fel hannar canrif hefo'r crwbyn yna.'

Saith awr ac ugain munud.

'Mae 'na waith iti yma am dair wythnos. Wel, dwy a hannar, fan leia.'

'Ar 'ola'i gilydd?' 'Roedd bron yn gweiddi. 'Un ar ôl 'llall?'

'Ia ia.' Nid oedd Osian yn anghofio fod ymateb Gari'n rhan o'i hunangofiant yntau hefyd. 'Ond 'ddwedan ni ddim wrth S.M. chwaith.'

Aethant i archwilio'r gwaelod. Ar wahân i gar Jonathan a'r tractor, nid oedd llanast. Nid oedd golwg cuddio pechodau ar neb chwaith. 'Roedd cerrig newydd yn lympiau a thafellau yma ac acw hyd y lle. Câi'r graig lonydd am nad oedd y tractor ar gael i'w chrafu a'i phwnio ymaith, a chlywid sŵn clirio gwydrau a rhegfeydd yn hisian ohono yn gymysg â chyflwynydd caneuon pop ar y radio'n cyflwyno crynodeb newyddion gyda'r un oslef. Buont yn stelcian am gryn dipyn gan wylio S.M. yn dal i'w gosod hi i Jonathan a Mick o dan y swyddfa. Cyn hir, trodd yr hen ŵr yn ôl a mynd at y car.

'Mi fydd yn rhaid i ti ddod ag o i weld y graig, yli,' meddai Osian, 'iddo fo gael dangos pwy 'di'r misdar.'

'Faint fuost ti hefo fo?' gofynnodd Gari.

'Pum mlynadd.'

''Rarglwydd!'

Cymerasant ddigon o amser i ddychwelyd at y car, gan anwybyddu'r gorchmynion a ddeuai ohono gyda'r ffon a'r fraich. Aeth Osian â Gari am dro o amgylch y cylchoedd hidlo gan gymryd arno ddangos peth o'u hanfodion iddo. Un o wendidau S.M., os gwendid hefyd, oedd ei anallu llwyr i gael ei lais i gario ymhellach na rhyw dafliad ffon. Gwyddent ei fod yn gweiddi, ac felly cymerasant dro arall o gwmpas y cylchoedd hidlo ac awch Gari am wybodaeth yn weladwy wancus. Pan ddaethant o'r diwedd at y car, gwelodd Osian fod y marciau i gyd wedi'u colli drachefn.

'Pam na ddowch chi yn ych blaena, a finna'n gweiddi arnoch chi ers meitin?'

'Mi wnawn ni rwbath o hwn, Jôs. Mi holith tan pen 'gosa i dragwyddoldab.'

'Pan 'dw i'n deud wrthach chi am ddŵad yma...'

'Duw, 'welson ni mohonoch chi, cofiwch.'

'A pheth arall. 'Rydach chi'n rhy gyfeillgar hefo'r gweithiwrs. A hefo'r Contractwr.'

'Be 'dach chi'n feddwl, Jôs?'

'Mi wyddoch chi'n iawn! Y fforman 'na'n ych galw chi wrth ych enw cynta. Nid fel'na mae'u cadw nhw mewn trefn.'

'Jôs bach, pa oes ydi hi 'dwch?'

'Peidiwch chi â siarad fel'na hefo fi! Pan o'n i ar seit, 'roedd pawb yn gwybod 'u lle.'

'Oeddan, debyg. Parch, 'te.'

'Ia! Parch!' Cleciai'r mwstás. 'Dowch i'r car i mi gael gweld y graig 'na.'

'Cerwch chi. Mi ddo i ar ych ôl chi. Mae arna i isio gweld Jonathan yn gynta.'

Chwe awr, deugain munud.

'Pam nad ydach chi'n gwrando ar un dim yr ydw i'n 'i ddeud wrthach chi?'

Ond 'roedd Osian wedi troi oddi wrtho ac wedi cychwyn. O hir arferiad, 'roedd pob gair a gweithred yn fanwl fwriadol. Arwydd da arall oedd bod rhyw sŵn fel sŵn babi wedi dod i'r llais. Aeth i swyddfa Jonathan dan wenu'n greulon lwyddiannus, ac aros i wrando ar y car yn cludo'r teithiwr blin heibio. Nid oedd y pecyn ychydig lathenni oddi wrth ei draed wedi mynd yn angof chwaith.

'Jon, be am Tim?'

'Maen nhw 'di cael caniatâd arall i ddal ati i'w holi o.'

'Be am yr hogan 'na?'

''I gariad o?'

'Ia. A'r plant.'

'Mi ga i 'i gyflog o iddi rywfodd.'

'Mi fydda i yng nghyffinia'r garafán 'na fory.'

'Dyma chdi 'ta.' Aeth Jonathan i'w boced a thynnu amlen ohoni. ''Dw i ddim 'di tynnu dim ohono fo.'

''Ti'n werth dy bwysa mewn aur, Jon.'

'Pam na fasat ti'n deud hynna gynna, y diawl?'

'Os na wela i hi, mi ddo i â fo'n ôl ddydd Llun.'

Aeth Osian allan. Nid oedd ar feddwl mynd ar ôl S.M., ac aeth i'w swyddfa a sgrifennu adroddiad am y ffrwydrad yn ei ddyddiadur, gweithred angenrheidiol oherwydd presenoldeb S.M. a dim arall. 'Roedd ei feddwl yn ôl ar y pecyn, a'r sioc eisoes wedi troi'n chwilfrydedd casglwr. Efallai y byddai cariad Tim yn gwybod rhywbeth amdano, ac yn gallu dweud wrtho beth i'w wneud. Ac efallai mai lleidr oedd Tim.

'Roedd heddwas yn dod heibio i'r ffenest. Eiliad o ddychryn anghymesur, a sadiodd. Dim hanner digon chwaith. Ceisiodd ymbaratoi.

Ond neges arall oedd gan yr heddwas. 'Roedd dynes yn mynd â'i chi am dro ac 'roedd y ci a hithau wedi'u dychryn am eu bywydau wrth i ffrwydrad mawr fod o fewn dim i'w lladd heb bwt o rybudd. Dywedodd Osian hynny o wir a oedd yn ddoeth gan ei bupro â thermau cymhleth i guddio'r esgeulustod a allai'n hawdd iawn fod yn achos arall i'r gyfraith. Bodlonwyd yr heddwas yn lled hawdd ac aeth.

Cyn hir gwelodd S.M. a Gari'n troi i'r ffordd fawr, arwydd digamsyniol fod S.M. yn rhy sorllyd i ddod i lawr i luchio rhagor ar y pwysau a fodolai yn ei orffennol a'i ddychymyg. Treuliodd weddill y prynhawn yn gweithio a disgwyl.

'Roedd y tu allan i'r orsaf erbyn wyth o'r gloch. 'Roedd yn haws goddef felly. Croesodd rhwng dau dacsi mewn rhesiad hir lonydd ac aeth i mewn i gaffi a phrynu paned. 'Roedd am eistedd wrth y ffenest i syllu allan ond daeth criw o genod hapus a gwichlyd i mewn a bachu'r bwrdd hwnnw. Ni fedrai yntau syllu wedyn heb ymddangos fel pe bai'n rhythu arnynt. Llyncodd ei baned yn gyflym ac aeth i'r orsaf a phrynu tocyn platfform. Stelciodd yno yng nghanol y prysurdeb yn darllen hysbysfyrddau a cheisio cadw'i hun yn gynnes drwy ysgwyd bodiau'i draed a churo'i ddwylo yn eu menig lledr yn erbyn ei gilydd. Câi hwyl plentyn wrth bwffian ager o'i geg a'i wylio'n diflannu. Nid oedd yr un gweithgaredd yn ddiflas wrth ddisgwyl. Bob tro y deuai trên i mewn syllai gyda pheth difyrrwch ar yr olwg ha-ha-'rydan-ni-yma-o'ch-blaen-chi ar wynebau'r teithwyr wrth iddynt edrych allan ar y bobl ar y platfform. Yna, wedi deuddeng munud diddigwydd, 'roedd ei olau'n dynesu heibio i'r tro hir yn y pen draw a'i arafu urddasol yn cyflymu calon. Un munud a thri chwarter o flaen ei amser, a deng eiliad o flaen y cyhoeddiad ar y corn siarad. Ond 'roedd gormod o bobl yn dechrau dylifo allan ohono a daeth golwg bryderus sydyn arno wrth iddo ddechrau mynd ar goll yn eu canol. Daliodd ei dir, a gwibiodd ei lygaid drwy'r dyrfa frysiog, a gwelodd hi. 'Roedd hi eisoes wedi dod o'r trên a dynesai tuag ato drwy'r bobl. Cododd hithau ei llaw yr un eiliad.

'Mi ddoist.'

Bron nad oedd atal dweud arno.

'Do, siŵr.'

Safodd y ddau'n llonydd gyferbyn â'i gilydd. 'Roedd ganddi fag cynfas dros ei hysgwydd a gafaelai yn ei strap gyda'i bawd, fel hogyn yn gafael yn ei fag bwyd ar ei ddiwrnod gwaith cyntaf yn straeon chwarel ers talwm. Edrychodd Osian arni heb wên.

'Mi gei di gyffwrdd yna' i, 'sdi,' meddai hi toc.

'Roedd y dyrfa heibio iddynt yn lleihau'n gyflym. Tynnodd yntau ei ddwylo o bocedi'i anorac drwchus. Rhoes hanner chwarddiad nerfus a swniai braidd yn ynfyd hefyd wrth roi ei freichiau amdani i'w chofleidio, cofleidio byr, gyda digon o angerdd ynddo i awgrymu'r gyfrinach yn llechwraidd.

Dyna, beth bynnag, oedd y bwriad. Deng munud barodd y cofleidio, deng munud cyfan, llonydd. Y tro cyntaf iddynt gyffwrdd yn ei gilydd ers pan oeddent yn blant. Nid oedd o wedi meiddio gwneud wedyn. Ni symudwyd dwylo na phennau, dim ond aros yno, ei lygaid o yngháu neu'n syllu'n ddi-weld ar y platfform dwl, ei llygaid hi'n syllu'n ddwys ar yr anorac dywyll. Dim ond sŵn oedd ymadawiad y trên. Unwaith neu ddwy fe wnaeth o osgo i ymryddhau ond 'roedd ei gafael hi'n tynhau y munud hwnnw bob tro. Erbyn y diwedd 'roedd pob teimlad wedi toddi'n un teimlad terfynol o dderbyn yr anochel. Mor syml â hynny. Prun ai llywaeth ai herfeiddiol oedd, ni wyddai.

Ochneidiodd Nesta wrth ymryddhau, ochenaid hapus un wedi cyrraedd ei hamcan. Gwenodd yn ddrwg arno.

''Ti isio bwyd?' gofynnodd o.

'Na. Diod bach.'

'Tyrd 'ta.'

Aethant. Tynnodd Osian ei fenig a'u rhoi am ei dwylo hi. 'Roedd Bodfitchell a Thregynfael o fewn ychydig strydoedd i'w gilydd ac am hynny, ac i osgoi dewrder lysh nosweithiau Gwener a Sadwrn, aethant ar fws a'i hanelu hi tuag yno. Gwnaeth y plismyn a'r pecyn bynciau trafod di-fai; 'roedd rhywbeth yn ddigri mewn canolbwyntio ar hynny a chymryd arnynt nad oedd yr orsaf wedi cynnig dim byd anarferol.

'Mae'r rhyfeddoda'n dechra yn fa'ma. Hefo'r Fitchell 'i hun.'

'Yn fa'ma 'dan ni am gael diod?'

'Naci. Isio dangos llythyr iti sy' arna i. Mi anghofis ddod â fo.'

Agorodd y drws. 'Roedd y Fitchell yn ei gyfarfod yn y lobi.

'Bobol annwyl!'

'Dyma i chi Nesta.'

'Wel wir!'

Gwenodd y Fitchell wên meiddia di roi dy droed ar stepan y grisia 'na, 'mach i. Chwarddodd Nesta'n hapus arni. 'Weithith y gêm yna ddim chwaith, gwenodd y Fitchell drachefn.

''Fydda i ddim chwinciad.'

Rhedodd Osian i fyny'r grisiau. Wel? gofynnodd aeliau'r Fitchell.

'Neis ych cyfarfod chi,' atebodd Nesta.

'A lle 'dach chi'n byw?'

'Caerfyrddin.' Clywodd Osian yn chwerthin yn y llofft. 'Be mae hwnna'n 'i gael mor ddigri yn y llofft 'na, 'dwch?'

Mi 'rhosith hynny'n gyfrinach i chdi, llefran, meddai ceg gam sydyn y Fitchell.

Daeth Osian i lawr.

'O! Mynd allan?'

''Fydda i ddim yn hir. Mae Nesta'n aros yn Stryd Winston.'
'Cloi hannar awr wedi un ar ddeg.'
Aethant allan.
'Hannar awr wedi un ar ddeg! Hogyn bach!'
'Caerfyrddin.'
'Sut wyt ti'n gallu diodda'r peth?'
'Mae'r Ffyrm yn cyfrannu tuag at y lojin. 'Dydi'r rheol ddim yn derfynol.'
'Lle 'dan ni'n mynd?'
'Troi'r gongol 'cw.'
Cerddasant ar hyd y stryd wag. 'Roedd hynny o ddail marw a oedd ar ôl ar y coed yn llonydd yn y golau a'r barrug tawel. Drwy ffenest ddiorchudd gwelid pen llonydd mewn cadair yn gwylio gohebydd teledu o flaen tanciau'r tywod. Chwarddai wynebau dau blentyn yn dojo gwely mewn ffenest llofft. Troesant i stryd arall ac i olau cryfach y dafarn o'u blaenau, tafarn ben stryd, tafarn fragdy wedi'i hailwampio ryw chwarter canrif ynghynt a chwaeth cyfnod yn dechrau pwyso arni. 'Roedd tua hanner llawn, gyda theledu di-sŵn lathen o'r nenfwd yn dangos yr un tywod i lygaid ysbeidiol.
'Bwr' gwag yn y gongol 'cw.'
'Bacha fo 'ta. Be gymri di?'
'Siandi. Peint. A chneuan.'
Prynodd Osian y siandi a hanner o gwrw iddo'i hun, a dau baced o gnau hallt. Gwelodd becyn o'r papur nos ar y bar a phrynodd un. Eisteddai Nesta â'i dwy benelin ar y bwrdd a'i dwylo wrth ei gilydd dros ei thrwyn yn ei wylio.
'Papur,' meddai o braidd yn ddianghenraid wrth eistedd gyferbyn. 'Rhag ofn bod 'na rwbath 'ti isio'i wneud nos fory.'
Daliodd hi i eistedd yn hollol lonydd ac edrych arno, edrych i fyw ei lygaid dros ei bysedd. Edrychodd yntau ar y papur am ennyd cyn edrych yn ôl arni.
'Rhag ofn,' meddai drachefn, yn bwyllog benderfynol a hunanfeddiannol, 'bod 'na rwbath o natur pictiwrs ne' ddrama ne' ddawns ne' gyngerdd ne' daith gerddad sy'n mynd â dy fryd di.'
Ni ddywedodd hi ddim wedyn chwaith. Daeth ei dwylo i lawr a lapiodd un am ei gwydryn. Cododd Osian ei wydryn yntau. Cyffyrddasant, ac aros felly am hir, heb iddi hi nac yntau ddweud gair.
'Mae'r olwg 'na yn dy lygaid di eto!' 'Roedd Nesta'n hapus.
Edrychodd o i lawr ar ei gwrw. Nid atebodd. Yna cododd ei lygaid drachefn. Daliai hi i'w wylio.

31

'Mi gei di wenu hefyd,' meddai hi.

Ni wnaeth. Yfodd hithau fymryn, a phwyntio at ei wydryn.

'Cymhedrol.'

'Hen ddigon. Sut mae'r cyfrifiaduron?'

''Dw i 'di laru yno.' Ar ei phen. ''Dydw i ddim yn ffitio.'

''Ti am fynd o'no?' Yn methu penderfynu a oedd yn dechrau chwarae â thân ai peidio.

'Ella.' Bron yn synfyfyriol, ond yn edrych o hyd i fyw ei lygaid. ''Gawn weld. Mae'r gwaith 'i hun yn iawn.'

'Ond y gweithiwrs ddim. Mae'n braf arna i felly, 'tydi?'

'Maen nhw mor wastad.' Diflasai dim ond wrth feddwl. 'Mor wag. Parotian 'u Saddam ddrwg Ni dda o un pen diwrnod i'r llall.' Yfodd fymryn o'i diod, ac edrych o'i chwmpas i ddangos nad oedd am ganlyn arni gyda'i siarad siop. Trodd yn ôl ato fo. 'Be fyddi di'n 'i wneud yma?'

'Fa'ma unwaith ne' ddwy yr wythnos.' Edrychai o i lawr ar ei ddiod fel pe bai'n chwilio am gymorth i lenwi'i restr. 'Amball gêm ddartia, ne' ddomis. Amball ffilm. Cerddad. Beic. Gêm rygbi weithia. Meddwl.'

'Am be?'

Nid atebodd. Tynnodd y llythyr o'i boced a'i roi iddi. Agorodd hithau o. Chwarddodd yn sydyn am ben y tâp gloyw.

'Be 'di hwn?'

'Mi gei di weld.'

Darllenodd hi. Llymeitiodd yntau ei ddiod yn ddioglyd, a'i ddroelli'n araf yn ei geg. Wrth wneud hynny deuai blas peint cyntaf llencyndod yn ôl ambell dro. Nid heno chwaith. 'Roedd gweddill y dafarn yn annelwig, fel pe na bai'n perthyn. Plygodd hithau'r llythyr a'i gadw ar y bwrdd.

'Rhywun 'blaw fi.'

'Ia.'

'Mae hi'n gwybod, felly.'

'Be sydd 'na iddi i'w wybod?'

'Roedd ei ymateb yn gyflym, bron yn groesholgar amddiffynnol. Daeth cysgod gwên i'w llygaid wrth glywed clec y cwestiwn.

'Dim byd, nac oes?' meddai'n ddistaw. 'Mwy na sy' 'na o achos i'w mab hi fynd ati i falu llythyra a'u trwsio nhw wedyn.'

Chwiliodd yntau am rywbeth i droi'r stori, petai ond am eiliad.

''Wn i ddim be mae hi'n drio'i luchio am Idris,' meddai, yn gwybod yn iawn sut oedd ei gwestiwn yn swnio.

Ond ni chymerodd hi arni.

''Chlywist ti ddim?'

Cododd ei ben ar unwaith.

'Be?'

'Y mêt 'ma o gydweithiwr sy' gynno fo.'

'Gwyn?'

'Ia. Mi ddoth o â Gwyn adra hefo fo—pryd, d'wad?—dair wythnos i heddiw i aros dros y Sul. 'Doedd hynny ddim yn plesio i ddechra arni.'

'Heb y caniatâd brenhinol.'

'Mi biciodd hi allan pnawn Sadwrn a'u gadael nhw yn y tŷ. Rhyw ddeng munud ar ôl iddi gychwyn mi ffendiodd 'i bod hi 'di anghofio'i hambag, a mi ddaeth hi'n ôl. 'Roedd y ddau ar y soffa, yn 'i chanol hi.'

Erbyn hyn 'roedd bron yn sibrwd, er nad oedd neb yn ddigon agos i glustfeinio nac yn cymryd digon o ddiddordeb ynddynt prun bynnag. Caeodd Osian ei lygaid.

'A dyma'r het yn rhoi uffar o sgrech dros y tŷ, ac yn rhedag allan. A deud y stori wrth y cynta welodd hi. A'i wadd o i mewn i edrach.'

'Be?'

'Wel, mi driodd 'i wthio fo i mewn i'r tŷ iddo fo gael gweld drosto'i hun.'

'Gogoniant!'

'Mi heliodd Gwyn 'i bac. Mi aeth Idris hefo fo a 'ddaeth o ddim yn 'i ôl. Mi ffoniodd hi acw diwadd pnawn ryw dro a mi gymrodd awr a thri chwartar i ddeud 'i negas wrth Rhian a 'doedd 'na fawr o synnwyr ynddi wedyn chwaith. Mi fuo'n rhaid i Dewyrth a Rhian fynd yno yn y diwadd.'

'Lle oedd Dad?'

'Yno hefo hi. 'Tasa fo haws.'

Tawodd. Yfodd lymaid, gan edrych ar Osian. Rhoes ei gwydr i lawr, a chwarae â'i bys arno.

''Ti ddim 'di dy syfrdanu,' cyhoeddodd yn dawel yn y man.

'Mae Idris 'di deud wrtha i ers talwm.'

'O?'

Gwenodd yntau, gwên fechan braidd yn drist.

'Do.'

'Mae o a Gwyn 'di cael fflat. 'Dw i ddim 'di busnesa digon i gael 'i gyfeiriad o eto.'

Gafaelodd Osian yn y llythyr a'i agor yn araf. Bellach 'roedd yn llythyr hollol wahanol. Syllodd arno, heb ddarllen.

'Os oeddat ti'n gwybod cynt, 'does dim rhaid i ti edrach mor drist,' meddai hi.

'Oeddwn i?'

'Oeddat.' Ystwyriodd. 'Tyrd. 'Does arna i ddim isio landio yn fflat Miriam yn rhy hwyr.'

Gorffenasant eu diod, a chodi. 'Roedd y dafarn wedi llenwi ychydig a bachwyd eu bwrdd y munud hwnnw. Aethant allan a dechrau cerdded yn dawel.

'A dyna Idris,' meddai o.

''Roedd Rhian ar y ffôn hefo hi neithiwr.' Ar ôl ennyd rhag ofn ei fod am orffen. ''Dydi'r styrbans ddim 'di dechra cilio byth.'

'Un fel'na ydi hi 'rioed. Mae hi 'di'i geni i gael 'i dychryn a'i siocio ac i gael cam.'

'Mae hi'n gofyn amdani felly, 'tydi?'

'Roedd ei llais bron yn ddidaro. Ceisiodd yntau beidio â brysio i droi'r stori.

'Be fydd hi fory?' gofynnodd toc.

'A! Diwrnod hir. Mor hir ag y medrwn ni 'i wneud o.' 'Roedd ei brwdfrydedd hapus fel brwdfrydedd plentyn. ''Waeth yn 'byd be.'

'Mae'r Fitchell yn codi tua chwech bob bora. Cyn 'i g'luad hi.'

'Ydi hi?'

Cyraeddasant. 'Roedd golau yn y fflat. Canodd hi'r gloch a throdd ato.

'Dos rŵan. Ben bora fory.'

Yna 'roedd wedi gafael ynddo ac wedi'i gusanu. Un gusan go iawn ar ei wefusau. Aeth yntau'n ôl ac i'r tŷ. Gwaeddodd nos dawch ar Bernard a'r Fitchell a mynd yn syth i'w lofft. Aeth at y ffenest, a synfyfyrio drwyddi. Am hir. 'Roedd wedi rhoi'r gobennydd ar lawr ac wedi mynd ar ei liniau arno a'i ddwy benelin ar y sil ffenest. Ac felly y bu. Pan edrychodd o'r diwedd ar ei wats 'roedd yn chwarter wedi dau.

34

Pennod 3

Drwg lorïau dodrefn oedd mai wrth i'w peiriannau ddiffodd yr oeddynt yn tynnu sylw. Wrth glywed y distawrwydd yn cynhyrfu y dechreuodd Susan Pritchard ddifaru'i phenderfyniad. Gwaith pum munud, ond tanwydd i adfywiogi'r tafodau. Clywai ei gŵr yn dod drwy'r cefn.

'Maen nhw yma.'

'O.'

Aeth Henry allan yn ei ôl. Aeth hithau i'r drws ffrynt, a'i agor led y pen. 'Roedd awel fain dechreunos yn taro y munud hwnnw ond anwybyddodd hi. Daeth dau ddyn o'r lorri. Rhoes ei chas ar un y munud y'i gwelodd.

'Well i ni fynd â'r rhain allan gynta.'

Aethpwyd â'r ddwy gadair freichiau allan a'u rhoi i lawr ar y pafin a chreu ym meddwl Susan gynulleidfaoedd y tu ôl i lenni y munud hwnnw. Yna aethpwyd â'r soffa. Trodd ei chefn arni ac ni welodd yr un o'r ddwy winc. Nid oedd wedi eistedd arni ers y pnawn hwnnw. Nid oedd wedi edrych arni chwaith 'tasai hi'n mynd i hynny. Rhaid oedd rhaid.

Daethpwyd â'r newydd i mewn. Cynllun a phatrwm gwahanol. A drutach. Gosodwyd nhw yn eu lle, wedi ymgynghori caredig, a'r cludwyr yn brolio'u pennau. Caned hwy bennill fwyn ac fe ddisgynnai'r cildwrn dan dincian. Ond 'chawson nhw ddim. Diolchiadau surion o'r ddeutu ac 'roedd y gwrthodedig wedi'u llwytho o'r golwg i gefn y lorri. Ac i ffwrdd â hi.

Eisteddodd ar un o'r cadeiriau, mewn seremoni. Ond seremoni wag braidd. 'Roedd y soffa newydd yn ei hatgoffa o'r hen un. Cododd. Eisteddodd yn ffyrnig ar y soffa i hawlio'i buddugoliaeth. Cododd.

Trodd yn y drws ac edrych eto arnynt. 'Roedd yn benderfynol o anwybyddu'r brifo disymwth y tu ôl i'w llygaid, a throdd yn ôl ar unwaith a sgwario at y ffôn.

'Rhian? Maen nhw wedi cyrraedd.'

'O, da iawn.' 'Roedd y llais ar y pen arall yn dymuno sôn am rywbeth arall. 'Well i ti o lawar, gan dy fod ti 'di penderfynu.'

'Pryd 'ti am ddŵad draw i'w gweld nhw?'

'Ella down ni'r wythnos nesa.'

'Pawb yn iawn acw?'

'Mi fûm i'n danfon Nesta i'r stesion pnawn.'

'O?'

'Mynd i aros at Miriam tan nos Sul.'

Rhian oedd yn gyfrifol am weddill hynny o sgwrs a fu. Rhyw led-ebychu pytiog, egwan, wnaeth Susan. Rhoes y ffôn i lawr ar ôl ffarwél llywaeth ac aros yn llonydd. 'Roedd ei dwylo'n dechrau crynu. Caeodd ei llygaid.

'O Dduw Dad, be ydw i 'di'u magu?'

'Fi yn un.'

Wedi dod i mewn drwy'r cefn yr oedd. Safai yn y drws, ei lygaid yn her a direidi i gyd, yn union fel hogyn bach newydd ddarganfod tric newydd. Dyna oedd waethaf. Poeni'r un hadan am ei weithredoedd na'i warth.

'O ble doist ti?'

Cwestiwn yn ddihareb o ddi-fudd. Nid arni hi'r oedd y bai. 'Roedd ei hail fab llygatddu cyrliogwallt gwrwgydiol wedi dechrau gwenu arni.

'Cadeiria neis iawn.'

'I be doist ti yma?'

'O, dim ond galw. A nôl chydig o ddillad.'

Trodd yn ôl, yn gwenu o hyd.

'Paid ti â meiddio ista ar y rhei'na!'

'Iesu bach, Mam!'

Eisteddodd. Ar ganol y soffa newydd. Edrychodd i lawr arni, a'i churo'n ysgafn â'i ddwy law. Cododd. Aeth at un o'r cadeiriau. Eisteddodd ar honno hefyd.

'Cyfforddus iawn. Dad druan. Be oedd o'i le ar y lleill?'

''Does 'na ddim croeso i ti yn y tŷ yma.'

Dyna'r unig ateb y medrai hi ddod o hyd iddo heb sgrechian y lle i lawr. 'Roedd yn benderfynol ei fod yn gwneud synnwyr, hefyd. Chwarddodd Idris. Nid chwerthin gwneud chwaith. Dim pwt o wawd nac o falais ar ei gyfyl. Actio nad oedd dim wedi digwydd. Poeni dim am ymateb pobl nac am ei wneud ei hun a'i deulu'n destun dirmyg. Ac yna trodd y myllio'n ddychryn wrth iddi sylweddoli nad actio'r oedd o.

'Panad fasa'n neis.'

''Chei di ddim panad yn y tŷ yma!'

'Iawn 'ta.'

Cododd Idris a mynd drwodd i'r cefn. Rhoes ddŵr yn y teciall. Daeth hithau drwodd.

'Ydach chi am gymryd un?'

'Y mochyndra!'

36

'Mi gymra i sundars a chrwyn tatws hefo 'mhanad i, felly.'

Aeth heibio iddi, a chyffwrdd yn ei braich wrth blygu i estyn cwpanau. Yn ddisymwth annaturiol, ac anfwriadol o bosib, plyciodd hithau ei braich yn ôl.

'Drama oedd honna rŵan, Mam.'

'Naci!' 'Roedd am ddal ei thir. 'Dŵad â'r fath warth arnon ni!'

'Chi ddaru hynny.'

'Fi?'

'Ia. Yn rhedag at y dyn hwnnw.'

'O! Ac arna i mae'r bai rŵan, debyg!'

'Hidiwch befo. 'Dw i ddim yn dal dig.'

'Chdi ddim . . .' Methodd. 'Yr Arglwydd Mawr!'

Trodd ei phen oddi wrtho, a'i blygu fymryn at i lawr, fel pe bai'n chwilio am gyflenwad newydd o ffieiddrwydd. Daeth brawddeg barod.

''Wn i ddim be fasa dy daid yn 'i ddeud.'

'Taid 'ta Taid Dresden?'

Cododd i gael gweiddi'n iawn.

'Wnei di gau dy geg? Pa le s'gin ti i siarad am—am . . .'

'Dim. Mi fasa'i ddyfarniad o'n awdurdodedig, 'basa?'

''Does gen ti ddim lle i ddeud un dim am neb!' Wedi'i brifo o'r newydd.

'Damia, nac oes. A minna 'di edrach ymlaen.'

Daeth canu'r teciall i gymryd arno dorri ar yr annifyrrwch. Rhoes Idris fisgedi ar blât. Trodd ati, a gwenu eto.

'Fi ydw i o hyd, 'chi.'

''Does 'na ddim golwg pa—hynna arnat ti.'

''Does 'na ddim golwg Methodus arnoch chitha chwaith.'

'Roedd siâp dagrau.

'Duw, sythwch y geg gam 'na.'

'Mae'r peth mor—mor annaturiol.'

'Mi synnach.'

''Tasa pawb fath â—fath â chi, 'fasa 'na . . .'

'Wel wel! Na fasa, siŵr. Dim ŵyr na wyres fach i yrru Xmas Card i Welsh Granny.'

'Wnei di beidio â gwamalu!'

''Dydw i ddim.'

Rhoes ddŵr yn y tebot a'i droelli ynddo i'w boethi cyn ei dywallt i'r sinc. Gollyngodd fagiau te'n chwareus fesul un i'r tebot, a chwythu'r stêm o big y teciall wrth iddo godi'r berw drachefn.

''Dydi hi ddim yn nos arnoch chi prun bynnag. Mi fydd gan Osian blant ryw dro mwya tebyg. A mi fydd ych swyddogaeth chi a pharhad yr hil yn ddiogel.'

Ni chafodd ateb. 'Roedd â'i gefn ati. Gadawodd y te i stiwian a throdd i weld y dagrau'n ddagrau go iawn.

'Duw, Mam.'

Aeth ati, a gafael ynddi. Ceisiodd hithau ei thynnu'i hun ati, ond anwybyddodd o hynny. Mynnodd ei chofleidio gan anwybyddu'r dieithrwch hefyd. Ond gollyngodd hi ar ôl ychydig eiliadau. 'Roedd rhywbeth yn oeraidd ac amddifad o reddf yn y cofleidio. Cododd ei fam a mynd at liain glân a chladdu'i hwyneb ynddo cyn dechrau ei sychu'n ffyrnig. Tywalltodd yntau'r te.

'Peidiwch â chrio o'm hachos i, Mam.'

'Maen nhw drosodd rŵan.' 'Roedd ei llais yn dawel, bron yn beryglus. ''Cholla i'r un deigryn o'u plegid nhw eto.'

''Dw i ddim yn ych dallt chi.' Ysgydwai Idris ei ben. 'Pa nhw?'

Ni chafodd ateb. Yfodd ei fam ei the gan edrych i lawr ar ei chwpan. Ni chodai ei llygaid. Pan gododd nhw o'r diwedd i edrych ar Idris nid oedd, am y tro cyntaf ers iddo gyrraedd, ddychryn ynddynt.

''Dwyt ti ddim i ddŵad â—â—hwnna yma.'

'O'r gora.'

''Roedd un o'r dynion lorri 'na'n f'atgoffa i ohono fo.'

'A mi fu bron i chi 'u hel nhw o'ma.'

''Cheith o ddim dŵad yma, Idris.'

''Dach chi 'di cofio f'enw i.' Gwenodd. 'Lle mae Dad?'

'Lle 'ti'n feddwl?'

'O.'

Cododd.

''Ti 'rioed yn meddwl mynd ato fo?'

'Ydw siŵr.'

Ni ddadleuodd ei fam. 'Roedd ei hwylo fel pe bai wedi sugno'r nerth ohoni. Aeth yntau allan i'r cefn a'i galon yn trymhau y munud y caeodd y drws ar ei ôl. Ceisiodd anwybyddu hynny, gan ei waethygu.

'S'ma'i?'

Caeodd ddrws y gweithdy'n ddistaw ofalus, fel pe bai'n fregus. Rhoes ei law uwchben y stôf baraffîn fechan i deimlo'r gwres o ran 'myrraeth. Cododd ei dad ei ben o'r botel am ennyd. Edrychodd y ddau ar ei gilydd.

'Wel, wâ.'

Er y blynyddoedd o arfer, 'roedd y poteli'n dal yn rhyfeddod. I'w

dad, 'roedd yr her o wneud llongau a threnau mewn poteli wedi hen golli'i hapêl ac 'roedd o hyd yn chwilio am bethau a syniadau newydd. Gafaelodd Idris mewn potel, gafael tyner bron yn gariadus, a'i chodi. 'Roedd caseg ynddi, wedi'i gosod fesul sleisen a'i gludio i'w gilydd a'i glanhau a'i pheintio a'i gwisgo â blew a Duw a wyddai beth arall. Edrychai'r gaseg i lawr ar ebol bychan a orweddai ar gae, ac nid cae paent chwaith. Ar lethr y tu ôl iddynt, dros y clawdd cerrig, 'roedd tractor modfedd cywrain.
'Faint?'
Rhoes ei dad gip ffwrdd-â-hi ar y botel.
'O, rhyw ddeufis go-lew. Mae isio twtio mymryn arni eto.'
Oedd, efallai. Os oedd ei dad yn dweud.
Nid oedd sgwrs am ruthro dod. Gobeithiai Idris fod y ddealltwriaeth yno o hyd. Daliodd i astudio'r gaseg. 'Roedd un peth yn ddigon sicr ac yn gysur o fath: nid oedd ei dad yn hidio'r un botwm am siarad pobl. Nid ar yr wyneb, beth bynnag. Wrth dreulio'i holl amser yn ei weithdy'n potelu bydoedd bach cadwai bopeth a âi drwy ei feddwl iddo'i hun. Efallai y byddai'n well iddo gael sterics fel ei wraig. Sut ar wyneb daear oedd dechrau sgwrs?
'Mae hi 'di styrbio 'sti, wâ.'
'Ydi. Mi ddylswn fod wedi . . .' Rhywbeth.
'Mae'n anodd hefo hi rŵan, 'sti.'
'Ydi. Sori, Dad. 'Ddaru mi ddim meddwl am hynny.'
'Naddo, 'ddyliwn.'
Cachgwn oedd yn dianc, mewn geiriau eraill. Nid bod ei dad yn awgrymu hynny chwaith.
'Mi 'ddylis i 'i bod hi am fynd 'fath â—'fath â'r tro blaen.'
'Nefi, do?'
'Roedd ei fam wedi bod i ffwrdd ryw dro. Ers talwm, pan oedd o'n fabi. Dyna beth oedd tro blaen. Nid bod hynny'n sgwrs feunyddiol ar yr aelwyd chwaith. Cofiai o hyd un o'i gyfeillion ysgol yn cyhoeddi bump eiliad cyn ffeit y byddai'n rheitiach iddo yntau fynd i blydi seilam 'fath â'i fam. Agweddau cenedlaethau cynt yn mynnu dod drwodd.
''Tasat ti ac ynta 'di . . .'
'Ia. 'Ddaru mi ddim meddwl.'
Nid seilam ddim yn gall chwaith. Y nerfau wedi rhoi. Rhywbeth ynglŷn â'r plant. 'Roedd dweud hynny'n fwy amhersonol dderbyniol na gorfod dweud enwau go-iawn, fel Osian ac Idris. Pum neu chwe wythnos yr oedd hi wedi bod yno. Straen, meddai pawb, dim byd yn anarferol nac yn anwelladwy ynddo.

'Ca'l a cha'l fuo hi hefo hi.'

'Mi fasa'n well 'tasa. . .'

'Roedd y botel a'i chaseg yn ei ddwylo o hyd. Tair wythnos a gymerwyd i'w gwneud, nid deufis. 'Fawr ryfedd ei bod yn newydd iddo.

'Mi gei di honna, wâ.'

'Iesu! Diolch, Dad.'

''Rhosa i mi 'i gorffan hi a'i chau hi.'

A disodlodd gweithio prysur a'r holi ac ateb yn ei gylch yr angen i siarad. Ar ôl y ffarwelio bwriadol â'i fam aeth Idris yn ôl yn ei gar— car Gwyn—a'r botel yn ddiogel ar y llawr y tu ôl i'w sedd. 'Roedd wedi paratoi am waeth, yn enwedig efo'i dad. Ond 'doedd dim i'w weld na'i deimlo; sioc, dirmyg, siom, dim. 'Roedd dodrefn newydd ei fam eisoes wedi peidio â bod yn ddigri a sur braidd fyddai'r dadleniad wrth Gwyn o ble daeth y ddwy gadair a'r soffa ail-law yr oedd y siop am eu danfon iddynt drannoeth. Addo gwell gan bwyll fyddai'r dyfarniad tecaf, efallai.

Ar ôl paratoi mymryn mwy ar botel arall, a oedd i ddal pysgotwr a'i gynefin, a chlirio a glanhau ar ei ôl yn drwyadl a di-frys, clodd Henry ddrws ei weithdy a mynd i'r tŷ. 'Roedd y bwyd ar y bwrdd.

'Wel? 'Ddwedist ti wrtho fo?'

''Roedd o 'di gwirioni ar y botal.'

'Pa blydi potal, ddyn?'

Cymerodd rai eiliadau i Henry sylweddoli nad oedd erioed wedi clywed ei wraig yn rhegi o'r blaen.

Pennod 4

Daeth Osian i lawr funud neu ddau ar ôl y Fitchell. Wedi rhisio, gwnaeth hi frecwast iddo. Dychrynodd yn fwy dramatig fyth pan ganodd cloch y drws fel 'roeddynt yn dechrau bwyta.

'Chwartar wedi chwech!'

Daeth Nesta i mewn o'i blaen, ei bag ar ei chefn a'i bawd ar y strap. Rhoes winc ar Osian a'i siglodd. 'Roedd y Fitchell yn benderfynol ei bod wedi dod yno i fegera brecwast ac wedi dod i gasgliad terfynol a thragwyddol am ei chiarictor hi a'i theulu. Am hynny surodd pan wrthododd Nesta baned heb sôn am ddim arall.

''Ti isio cadw dy fag yma?'

'Na. Mi ddaw'n handi.'

Ffarweliasant â'r ladi syfrdan a chychwyn ar hyd y stryd oer a'i barrug peryglus. 'Roedd am ddyddio'n gynnar am fod yr awyr yn glir, a chan nad oedd awel o fath yn y byd argoeliai am ddiwrnod cerdded dihafal.

'Be wnawn ni?' gofynnodd o.

'Mae arna i isio gweld lle 'ti'n gweithio. Ydi o'n rhy bell i gerddad?'

'Braidd. Mi gerddwn ni i Stryd Castall. Mi fydd 'na ormod o draffig wedyn prun bynnag.'

'Fydd 'na rywun yn gweithio yno heddiw?'

'Un ne' ddau, ella.'

Cerddasant. Dechreuodd yntau siarad eto. Go brin bod dewis arall. Aeth ar ôl dau ddigwyddiad y diwrnod cynt, gan lastwreiddio stori'r pecyn gyda stori ddigrifach S.M. a'i ffrwydrad.

'Ond be 'ti am 'i wneud hefo nhw?'

'Gawn ni weld ar ôl inni fod yn y garafán.'

'Ydi o'n fwy na chyd-ddigwyddiad bod llwyth o stampia'n cael 'u gadael hefo rhywun sy'n 'u hel nhw?'

'Adra maen nhw gen i. 'Does 'na neb yma'n gwybod 'mod i'n hel.'

Nid oedd wedi ystyried hynny chwaith, dim ond wedi penderfynu mai Tim oedd wedi'u cuddio yn yr unig le oedd ganddo i wneud hynny ar y pryd. 'Roedd wedi bod yn braf cael rhywbeth arall i roi ei feddwl arno. Os braf hefyd. Ond daeth yr holl beth yn llawer mwy perthnasol. Pan gyraeddasant y safle a dod i lawr o'r bws 'roedd car heddlu yno. 'Roedd gweithwyr yno hefyd ond nid oedd hynny'n syndod yn y byd. 'Roedd Jonathan yn rhydd gyda'r oriau a byddai rhai'n dechrau gweithio gyda'r plygain. Cyraeddasai yntau a safai yn

41

nrws ei swyddfa'n siarad gydag un o'r plismyn. Pan welodd nhw brysiodd atynt.

'Llanast ar y diawl!'

'Be sy'n bod?'

'Rhyw nialwch 'di torri i mewn. Mae dy gwt di 'di'i cha'l hi goiawn. Pwy 'di hon?'

'Roedd y cwbl ar yr un gwynt a'r un oslef.

'Nesta.'

'Duw annw'l. 'Dw i ddim yn meddwl bod gen ti un dim yn gyfa yna.'

'Roedd heddwas wrth y drws yn archwilio'r clo a oedd wedi'i golbio a'i falu. Safai Mick wrth ei ochr a'i ben a'i geg yn gam. Troes at Osian.

'Mae'r cwbl lot 'di'i chael hi, Osian bach.'

Rhoes Osian ei ben i mewn drwy'r drws. Gwnaeth le i Nesta gael gweld hefyd. 'Roedd y cwpwrdd ffeiliau wedi'i droi drosodd a'i wagio, a rhywun wedi'i sigo o'i siâp drwy neidio arno. 'Roedd ei fwrdd llunio wedi'i droi hefyd, ond ni allai weld a oedd wedi'i falu ai peidio. Cawsai'r silffoedd bychain eu rhwygo o'u lle a'u lluchio. 'Roedd cynlluniau a llythyrau hyd y llawr ym mhobman, a phob un hyd y gwelai wedi'i rwygo. 'Roedd ei ffyn syrfeo coch a gwyn bob un wedi'u torri'n ddwy a'u lluchio ar ben popeth arall. Chwiliodd llaw am ei law o.

'Petha ifanc,' meddai'r heddwas.

'O?' Daliai Osian i edrych o gwmpas.

'Ia, mae'n edrach felly. Well i chi beidio â mynd i mewn nes daw'r lab.'

'O.'

''Fyddan nhw ddim yn hir.'

Tynnodd yr heddwas lyfr a beiro o'i boced. Ochneidiodd Osian. Dechreuodd ateb cwestiynau diflas ac amheus ambell un. Daeth dau arall yno ymhen munud neu ddau a dechrau ar eu gwaith yn ddi-lol. Tynnodd un luniau a dechreuodd y llall chwilio am olion bysedd. Cododd Osian ei galon; cael mynd oddi yno oedd y flaenoriaeth. Cyn hir cafodd fynd i mewn i glirio ac i weld a oedd rhywbeth wedi'i ddwyn. Cynorthwyodd Nesta o i glirio'r papurau. O dan un 'roedd ei theodolit, yn dda i ddim bellach. Gadawodd hi i'r chwiliwr olion wneud a fynnai â hi. Damiodd dros y lle pan welodd fod ei sbienddrych wedi mynd. 'Roedd y gwaith cymharu a wnaethai y diwrnod cynt yn ddarnau hyd y lle, ond 'roeddynt yno i gyd. Yna gwelodd ei ddyddiadur gwaith, wedi'i luchio i gornel. 'Roedd yn

hollol gyfa. Wrth ei ochr 'roedd ei gopi o o'r gontract waith, hwnnw
hefyd yn gyfa.

'Mae'n iawn.' Ni allai guddio'i ryddhad.

'Iawn?' Edrychai'r heddwas fel llo arno. 'Hyn yn iawn?'

'Mae 'na gopïa o bob dim sydd yma yn y swyddfa, ar wahân i'r
ddau yma. A'r rhein sy'n bwysig.'

'Be am y llythyra 'ma?'

'Mae'n ddigon hawdd trwsio'r rheina.'

'Ydi, 'tydi?' meddai llais bach Nesta.

Trodd ati. Bu'n rhaid iddo chwerthin. Edrychodd yr heddwas yn
rhyfeddach fyth.

''U trwsio nhw a gwneud copïa,' ychwanegodd Osian. 'Mae 'na
gopïa o'r rhai pwysica yn y swyddfa prun bynnag.'

'Oes 'na rwbath arall wedi'i ddwyn?' gofynnodd yr heddwas.

Ysgydwodd Osian ei ben.

'Dim hyd y gwela i,' meddai, 'os nad oes 'na bensal ne' ddwy.
Malwrs oeddan nhw.'

''Sgynnoch chi syniad pwy ddaru?'

'Na. Dim.'

''Sgynnoch chi?'

Daethai Mick i mewn ac ni chlywsai Osian erioed gwestiwn mor
orlawn o ddiniweidrwydd. Trodd yr heddwas ato, mewn penbleth,
a'i astudio'n iawn.

'Fi?' gofynnodd toc.

Gorffenasant glirio. Daeth Mick â bocs i ddal y cynlluniau a'r
llythyrau. Fe wnâi eu dosbarthu a'u trwsio yn ôl y gofyn waith di-fai
i S.M. Rhoes Osian ddisgrifiad manwl o'i sbienddrych i'r heddwas,
a chafodd ffonio Brian Griffith o swyddfa Jonathan gan fod ei ffôn o
wedi'i chael hi hefyd, ac addawodd hwnnw ddod yno ar ei union.
Troes pethau'n anghysurus drachefn pan ofynnwyd i Osian roi olion
ei fysedd, ac ni wnâi'r addewid i'w dinistrìo unwaith y byddid wedi'u
cymharu â'r rhai yn ei swyddfa fawr ddim i leddfu'r annifyrrwch oer,
mwy na ddarfu Mick pan atgoffodd Osian pwy oedd wedi dal y
busneswrs yn y cwt cynfas fore Mercher.

O'r diwedd, cawsant adael, gyda Jonathan wedi'u hysio oddi yno
gan ddweud y gofalai o am Brian Griffith. 'Roedd Nesta'n ddigon
digyffro.

'Chwartar i un ar ddeg,' cyhoeddodd. 'Cynnar ydi hi o hyd. A
rŵan mae hi'n dechra c'nesu prun bynnag.'

'Ia.' Tawel, synfyfyriol.

'Wel?'

'Be?' Llygaid yn syllu'n ddyfal ar y ffordd o'i flaen.

'Pwy ddaru?'

'Dim syniad.'

'Chwilio am hwnna oeddan nhw?'

'Ella.'

'Ne' ddial.'

Cododd ei lygaid i edrych arni.

'Fel 'roedd Mick yn trio'i luchio,' meddai, yn hollol sobr.

''Dwyt ti ddim mor hamddenol â d'olwg, nac wyt?'

'Nac ydw i?' Nid oedd yn gadarnhad nac yn wadiad. 'Ond os felly,' ychwanegodd braidd yn gyflym, 'pam ddaru'r rhein drafferthu i gymryd olion bysadd a llunia o'r holl gawdal?'

'Y creadur bach diniwad.'

'Ia, ella.' Gwenodd. ''Dw i ddim yn hyddysg ym mhetha'r byd.'

Cawsant fws. 'Roedd Osian am fynd i chwilio am y garafán cyn gwneud dim arall. 'Roedd ganddo gyfeiriad o fath, a hwnnw mewn ardal hollol ddiarth iddo. Ond daethant o hyd iddi'n lled ddidramgwydd ar ôl holi. 'Roedd ar ei phen ei hun ar dir diffaith yn cael ei amgylchynu a'i gysgodi gan lwyni ar wrychoedd blêr. Carafán werdd dlodaidd, fudr, a dim arlliw o fywyd ar ei chyfyl. 'Roedd llenni rhad yn gorchuddio pob ffenest. Gwyddai Osian cyn curo na ddeuai ateb.

''Dydyn nhw ddim yna.'

Troes. 'Roedd dyn yn eu gwylio o ardd tŷ dros y ffordd. Croesasant ato.

'Plismyn ydach chi?' holodd.

'Naci.'

'Mae hi 'di bod yn llawn yma. Chwilio pob twll yn y lle. Be mae o 'di'i wneud, 'dwch?'

'Wyddoch chi ddim lle mae hi?'

'Trowch i'r dde yn y pen draw 'cw. Y cynta i'r dde wedyn, a'r trydydd tŷ ar y dde ar ôl hynny.'

Aethant. 'Roedd y tŷ newydd gael ei beintio'n fflamgoch a'r paent wedi gorchuddio hanner y plât metel bychan gyda'r rhif arno ar ben y drws. 'Roedd botwm cloch drydan ar y postyn. Pwysodd Osian arno. Daeth tinc deusain y gloch a rheg yn syth ar ei ôl. Agorodd y drws bron ar unwaith. 'Roedd dyn tenau a sbectol ddu hanner y ffordd i lawr ei drwyn yn syllu'n ddiamynedd elyniaethus arno. Daeth wyneb bychan rhyw deirblwydd heibio iddo i rythu'n chwilfrydig. Daeth wyneb arall ieuengach a bron yr un ffunud heibio iddo yntau.

'Ia?'

'Ydi—ym . . .' Yn rhy hwyr, sylweddolodd Osian nad oedd ganddo'r un syniad o'i henw. 'O'r safla ydw i, lle mae Tim yn gweithio.'

'Be t'isio?'

'Wedi dŵad â chyflog Tim.'

Tynnodd yr amlen o'i boced ac 'roedd llaw wedi'i bachu a'i thynnu oddi arno'n ddisymwth. Ni ddaeth nac ebwch na dim. Dechreuodd y drws gau.

'Ydi'n bosib cael gair hefo hi, os . . .'

'Mae hi yn y bath.'

Ac 'roedd y drws wedi cau.

'A diolch i chitha hefyd.'

Llais Nesta a dorrodd ar y tawelwch. Trodd y ddau oddi wrth y drws.

'Ia, bath,' ychwanegodd.

'Hidia befo. Mae'n siŵr 'u bod nhw 'di hen laru bellach.'

'Ac mae'n siŵr dy fod titha wrth dy fodd yn meddwl yn dda am bawb.'

'Nid pawb.' Gwenodd arni. 'Ond o leia 'fedar Tim ddim cuddio'i frîd.'

'Be 'ti'n feddwl?'

''Roedd 'na stori hyd y fan 'cw nad oedd neb yn siŵr iawn pwy pia'r plant 'na.' Dechreuasant gerdded. 'Be rŵan?'

'Ni pia'r diwrnod. Paid â gori ar ddim ond hynny. 'Rydan ni 'di gwneud ein gwaith da. Oes gen ti lan môr i'w gynnig i mi?'

'Oes.'

'Nid rhyw ffidlar o dywod diddiwadd chwaith. Clogwyni a chilfacha. Ydi hynny'n bosib?'

'Ydi, i radda. Rhyw saith milltir o'ma.'

Aethant. Cawsant fws sgrytiog a gymerodd hanner awr i fynd â nhw at yr arfordir digymeriad ac ar ei hyd am ryw dair milltir arall. Câi Osian hwyl wrth glywed y gwawdio wrth ei ochr a gorfu iddo sicrhau fwy nag unwaith bod gwell i ddod. Daethant i lawr ar bromenâd o bopeth, a'i sgrealu hi oddi yno nerth eu traed. 'Roedd craig fawr yn codi'n uchel a bron yn syth yn y pen draw.

'Heibio i nacw yr awn ni. Fan'no mae hynny o glogwyni a thraethella y doi di o hyd iddyn nhw yn y partha yma. Tir gwyllt.'

'Gwâr.'

'Bwyd yn gynta. 'Dw i'n g'luo.'

45

Gwyddai o'i deithiau am dafarn ar y ffordd weddol gul a ddringai heibio i'r graig ac ymlaen gyda'r arfordir yn fras. Cerddasant yn weddol gyflym am fod stumogau'n galw, gan gyflymu'n fwyfwy heb sylweddoli hynny pan ddaeth y dafarn i'r golwg yn y pellter. 'Roedd yn adeilad pur fawr, yn gyforiog o drimins ffuantus Fictoraidd ar y tu allan. 'Roedd hanner dwsin o geir yn y maes parcio eang wrth ei ochr.

'Mae o'n westy hefyd,' meddai Nesta.

'Ydi,' atebodd yntau'n ddidaro.

Cawsant frechdanau salad tewion blasus a diod. Cyn bwyta aeth Osian i ffonio Jonathan rhag ofn, ond nid oedd ganddo ddim o'r newydd i'w ddweud. Pan ddaeth yn ôl nid oedd olwg o Nesta. 'Roedd wedi bwyta'i siâr cyn iddi hi ddychwelyd.

'Be fuost ti'n 'i wneud?'

'Busnesa mymryn.'

Dechreuodd hi fwyta'n gyflym. Gwenodd yntau.

'Cymer bwyll.'

'Mae'n rhy braf i stelcian yn fa'ma. Mi gawn ni frechdana cario allan ar gyfar y pnawn.'

Cerddasant lwybr o fath a gychwynnai yn y ffordd ychydig ymhellach na'r dafarn. Aethant dros gamfa bren simsan ym mhen draw cae, a thrwy giât fochyn ym mhen draw'r nesaf, yna 'roeddynt uwchben y môr, a neb ar gyfyl y lle. 'Roedd llwybr defaid yn rhimynnau yma ac acw yn y byrwellt ac aethant draw yn araf gan aros bob hyn a hyn i edrych ar y môr a'r creigiau. Bu bron iddynt fynd heibio i filidowcar heb ei weld. Safai ar graig flaen yn edrych i'r môr. Ymledodd ei adenydd unwaith am eiliad neu ddwy ond yna ailsetlodd. Safasant hwythau yr un mor llonydd i'w wylio a gadael iddo yn y diwedd.

'Yli.'

'Roedd Nesta wedi sefyll uwchben cilfach, porth bychan rhyw ddecllath ar hugain o led ar y mwyaf ac yn culhau i ryw ddecllath o bosib at ei ben. 'Roedd y traeth yn gerrig gan mwyaf ond yn troi'n gymysgfa o dywod a cherrig a gro cyn cyrraedd y môr.

'Fedrwn ni fynd i lawr?'

Chwiliodd y ddau. Nid oedd llwybr na lle i un. Codai'r ochr bellaf yn syth i fyny ac o'r hyn a welent nid oedd eu hochr nhw'n darogan gwell chwaith.

'Ella bod 'na un ymhellach draw,' cynigiodd o.

'Mae hwn yn braf, hefyd,' mynnodd hithau'n ddi-droi. 'Be am drio o'r gwaelod? Yli,' pwyntiodd yn ôl i gyfeiriad y bilidowcar a oedd yn dal yn y golwg i lygaid cyfarwydd, yn smotyn llonydd ar ei graig, 'mi awn ni i lawr yn fan'cw a'i thrio hi wedyn.'

'Chwara cuddiad rhag y byd.'

Aethant yn eu holau ac at i lawr, hi ar dipyn mwy o frys na chynt. Daliai'r bilidowcar i yfed yr haul yn y pellter. Daethant at y creigiau, a'u cael yn ysgithrog a hawdd, dim ond camu yn hytrach na cherdded. Cafodd Osian yr arwyddion y chwiliai amdanynt yn fuan.

'Mae 'na obaith,' meddai, gan bwyntio at linell y llanw. ''Ddaw o ddim uwch na hyn.'

'Treio mae hi, prun bynnag,' meddai hithau.

'Sut gwyddost ti?'

'Mi edrychis i yn dy bapur di neithiwr. Tua hannar dydd 'roedd hi'n ben llanw.'

'O. A be arall oedd yn y papur?'

''Des i ddim i chwilio am ddim byd arall.'

Plygodd Osian i archwilio pwll bychan. Cip gafodd arno, oherwydd 'roedd Nesta'n dal i brysuro ymlaen. Ni welodd ddim yn symud nac yn llechu ynddo, dim ond mân blanhigion ac ychydig wichiaid, a chragen cranc ar ei phen i lawr gyda thameidiau ohoni wedi mynd. 'Roedd cregyn gleision yn glwstwr bychan ar ei ochr a llymeirch yma ac acw. Cododd a mynd ar ôl Nesta gan synhwyro'r llwyddiant yn ei chamau. Gwelodd hi'n dringo'n chwim dros graig ac yn diflannu gyda gwaedd fuddugoliaethus. Cododd gwylan gyda phrotest fechan. Petrusodd o am ennyd cyn dringo i ben y graig ac aros yno am ychydig i'w gwylio. 'Roedd hi wedi tynnu'i bag oddi ar ei hysgwydd a'i roi ar y cerrig ac wedi mynd i archwilio. Syllodd arni'n plygu mymryn i sbaena ar dun bychan coch a glas ac yna'n troi dwylath o froc cul drosodd â'i throed, wedi ymgolli'n llwyr. Dim ond y porth a hi a gwaddod y môr. Tynnodd hi ei chôt a'i thaflu ar ben y bag cyn diflannu o'i olwg. A'i hapusrwydd anghyfrifol yn ailddechrau'r cynnwrf eto, neidiodd yntau i lawr. Cerddodd yn araf i fyny'r traeth. Syllodd mewn rhyfeddod ar anghydffurfiad trawiadol yn y graig yr oedd newydd neidio oddi arni. O dan yr anghydffurfiad 'roedd y graig wedi'i phlygu nes bod ei haenau tenau bron yn union at i lawr, ac uwchben ei linell unionsyth gorweddai haenau llawer mwy trwchus o graig frau a edrychai fel carreg laid o fath. Codai'r anghydffurfiad yn raddol a diflannu i'r pridd coch caregog ym mhen uchaf y porth. Nid oedd i'w weld o gwbl yn yr ochr arall.

'Roedd Nesta o'r golwg o hyd. Cerddodd yntau at y cerrig. 'Roeddynt wedi'u pentyrru nes eu bod yn codi'n serth o'r tywod am ryw lathen cyn gwastatáu. 'Roedd rhyfeddod arall yn y pen draw ar ffurf dau ddarn o graig yn codi bum troedfedd o'r cerrig a chlamp o graig arall ar eu pennau'n ffurfio cromlech naturiol. Y tu ôl iddi disgynnai dŵr ffos i lawr y graig i ymgolli yn y cerrig. Ychydig iawn o'i sŵn a glywid am ei fod wedi creu cefn o fwsogl i'w lwybr. Tun a chaead hen drefn arno oedd y tun coch a glas, a sgrifen Sbaeneg arno. 'Roedd poteli plastig o bob lliw a llun hyd y lle, darnau eraill o froc, rhaffau plastig a gweddillion rhwydi ymhleth wrth wymon a phyrsiau môr-forwyn, a phytiau o esgyrn. Draw o dan y graig yr ochr arall gorweddai dafad a oedd wedi colli brwydr y clogwyn. Tynnodd yntau ei gôt a'i gosod ar ben un Nesta. 'Roedd hi mewn ogof fechan yn y gornel y tu ôl i'r gromlech yn chwilio a chwalu. Aeth ati, a theimlo'r ias yr eiliad y cafodd graig uwch ei ben. Rhyw deirllath oedd hi, ei tho'n gostwng a'i hochrau'n culhau'n ddim yn gyflym a'r cerrig yn codi i gyfarfod â'i tho yn ei phen draw. 'Roedd hon eto'n llawn sbwriel, ac efallai ei bod yn llawer mwy a dyfnach pe bai rhywun yn mynd ati i glirio'r holl gerrig.

'Cyfra'r rhein a doro'r un faint i bob cilfach a thraeth dros y byd a dyna i ti lygredd,' meddai Nesta gan roi cic ysgafn i un o'r poteli plastig.

'Llygru'n hunain ydan ni. Pan ddechreuwn ni lygru'r blaned mi geith hi warad ohonon ni'n ddigon buan.'

'Faint o amsar sy' arni hi'i isio?'

''Does arni hi ddim angan cyfri'r oria.'

''Ti'n swnio fel 'tasat ti'n poeni dim a geith hi warad â ni ai peidio.'

''Ddaru hi mo'n gorfodi ni i gredu mai ni 'di'r meistri. Tyrd i'r haul.'

Aethant allan, dan wrando ar atseiniau cyfriniol y cerrig dan eu traed. Plygodd o ei gôt i'w defnyddio fel gobennydd a gorweddodd yn ôl ar y cerrig i fwynhau'r haul a oedd yn taro'n boeth fel gwanwyn ar y traeth diawel. Aeth hi i gael golwg chwilfrydig ar y ddafad ddilygad, a dychwelyd ar ôl rhai munudau o bensynnu uwch ei phen i eistedd wrth ei ochr a syllu i'r môr a'i fymryn tonnau, a'i breichiau'n gorffwys yn ddioglyd ar ei chluniau. Daeth dwy wylan yn isel o ochr arall y graig a glanio gyda'i gilydd i siglo yn y môr.

'Be am fynd i'r dŵr?' gofynnodd yn sydyn.

Ni chafodd ateb. Troes ato. 'Roedd a'i lygaid yngháu, ac ni wyddai prun ai cyn neu ar ôl ei chwestiwn 'roedd hynny wedi digwydd. Pwniodd o.

'Hei!'

'Tachwadd,' meddai yntau'n dawel.

'Be 'di o bwys?'

'Mi fydd barrug bora fory'n g'letach ac yn fwy trwchus nag un bora heddiw.'

''Chydig iawn o farrug weli di ar y môr.'

'Clyfar.'

''Sonis i ddim am fynd yn bora, prun bynnag. Os ydi'r môr yn cymryd mwy o amsar na'r tir i g'nesu yn y gwanwyn mae o'n cymryd mwy o amsar i golli'i wres yn yr hydref hefyd.'

'Mae o 'di cael deufis.'

'Ond mae'r gwahaniaeth rhwng tymheradd y dŵr a'r tu allan yn llai rŵan nag yn yr ha. 'Fyddwn ni ddim chwinciad yn torri'r ias.'

''Does gen i ddim trowsus nofio.'

''Fasai'n well i ni fynd i bwll nofio llawn yn barchus a chyfrifol 'ta?'

'Mewn cystadleuaeth rhwng y môr a phwll nofio mi fyddwn i'n atal yr ail wobr.'

'Dyna chdi 'ta. 'Does gen inna ddim dillad nofio chwaith. Ond mae gen i lian. Mi sychith hwnnw ni mewn chwinciad.'

Trodd o ei ben draw a syllu ar yr anghydffurfiad yn y graig. Bu felly am eiliadau cyfan cyn codi'n araf ar ei eistedd. Edrychodd i fyw ei llygaid sicr.

''Ti 'di trefnu hyn i gyd yn fanwl, 'twyt?' meddai.

Nid oedd dim yn gecrus nac yn gyhuddgar yn ei lais. Os rhywbeth 'roedd bron yn llywaeth.

'Anodd braidd.' 'Roedd hi'n chwareus yn ei buddugoliaeth. ''Dydi'r map sy' gan Miriam ddim yn credu mewn lleoedd fel hwn, dim ond mewn traffyrdd a manna biwtiffwl. Fi sy'n gyfrifol am yr haul hefyd?'

'Ond dyna ddiben y bag. Nid dal brechdana.'

'Naci. Mi ddois â'r bag hefo fi am nad oedd gen i gartra iddo fo na minna.'

Trodd yntau i edrych ar y môr. Ni allai edrych arni hi o gwbl.

'Dim ond am neithiwr 'ro'n i'n cael aros hefo Miriam,' ychwanegodd hi, bron yn ddidaro, 'a chael a chael oedd hynny. Mae Robin yn aros hefo hi a mae arnyn nhw isio'r lle i gyd iddyn nhw'u hunain. Ar soffa yr o'n i neithiwr.'

Ni fedrai o gael ei gwestiwn allan.

'A heno,' atebodd hithau, yr un mor ddidaro, ''rydw i 'di codi stafall i ni'n dau yn y gwesty 'na. A 'di talu amdani.'

Wedi talu amdani. Hynny oedd yn ei gorffen hi. 'Roedd cryndod bychan yn hyglyw yn ei anadl wrth iddo astudio'r cerrig wrth ei draed, un yma, un acw. Edrychai hi i'r môr, yn gwylio'r ddwy wylan yn stelcian yn y dŵr. Nid oedd brys. 'Roedd gan y dydd efallai ddwyawr o wres ar ôl.

'I be ddaru ti sgwennu hynna yn dy lythyr 'ta?' gofynnodd toc. Nid oedd yn disgwyl ateb chwaith. Dechreuodd dynnu amdani.

'Mi 'rhoswn ni cyn mynd i'r dŵr i ni gael cynefino â'r awyr ar ein crwyn ni, a mi feddyliwn ni drwy'r adag am ddŵr rhewllyd yn rhedag droson ni. Agwedd sy'n gwneud dŵr yn oer, nid 'i dymheradd o.'

'Un o ddarganfyddiada gwyddonol mwya ysgytwol yr oesoedd.'

'Wel mae o'n gallu siarad! Haleliwia!'

Gydag ochenaid anfwriadol, dechreuodd yntau ddadwisgo. Gwnaeth hynny'n ara deg ac yn daclus, gan blygu pob dilledyn yn syth ar ôl ei dynnu, fel plentyn newydd feistroli'r grefft. Nid aeth hi i'w ddynwared. Eisteddasant wrth ochrau'i gilydd fel cynt, hithau er yr holl hyder di-lol yn cael pwl dirybudd o swildod. 'Roedd mor annisgwyl fe chwarddodd. Y munud nesaf 'roedd wedi diflannu ac ni theimlai ddim ond rhyddid llwyr corff diorchudd allan mewn haul tyner. Nid oedd gwên na chwarddiad wrth ei hochr chwaith. Daliai o i edrych ar y cerrig. Dechreuodd eu codi fesul un a'u hastudio.

'Diddorol?'

'Ydyn. Wyddost ti rwbath amdanyn nhw?'

'Dim ond 'u bod nhw'n brifo pan maen nhw'n cael 'u taflu atat ti.'

Cododd o un, a'i hastudio am ennyd. Yna rhoes hi ar un arall wastad a'i tharo'n sydyn gydag un gron. Holltodd yn ei hanner.

'Gwneud bwyall wyt ti?'

Chwarddodd. Gallodd edrych arni. 'Roedd gwrid yn prysur beidio â bod yn rhagfur.

'Ithfaen fras.' Chwiliodd am un arall a'i hollti hithau. 'Ithfaen fân. Yli'r gwahaniaeth yn y graen.' Torrodd un arall. 'Yli mân 'di hwnna 'ta. Basalt ddu bitsh. Tair carrag hollol wahanol i'w gilydd o Duw a ŵyr ble 'di cyrraedd fa'ma, a mae 'na gannoedd o rai hollol wahanol eto yn 'u plith nhw. Yn fa'ma mae hanas, nid mewn disgrifiada edmygus o raib yn 'i wahanol grwyn.'

'Maen nhw yma ers canrifoedd.'

'Be 'di hynny i'r blaned ond chwinciad?'

'Honno eto.'

'Naci, hon.'

'Calonna'n curo ydi hanas.'

''Run peth. Nid yr ymdrechion i'w stopio nhw.'

Rhoes hi ei llaw ar ei ysgwydd i godi. Nid llaw i'w chynorthwyo ar ei thraed ond bysedd yn cyffwrdd ac yn teimlo. Canolbwyntiodd o'n ffyrnig ar y cerrig. Aeth hi â darnau o'r cerrig newydd eu malu hefo

50

hi at y graig. Cymharodd, fel pe bai'n chwilio am eu tarddle. Blinodd yn fuan, a gollyngodd y cerrig wrth ei thraed. Trodd i wynebu'r haul a phwyso'i phen a'i chefn ar y graig, a gwneud yr un peth yn araf gyda'i breichiau a chledrau'i dwylo. Plygodd fymryn ar un pen-glin ac aros felly, heb ddim ond yr anadl gynnil gyson yn ei chorff yn creu symudiad. Caeodd ei llygaid er mwyn cael teimlo'r haul yn iawn ac i wrando ar gleciadau cyson carreg ar garreg wrth iddynt gael eu torri i dreulio munudau ansicrwydd. 'Roedd ambell glec ar ffin cerddoriaeth.

Toc, peidiodd y sŵn. Agorodd hithau ei llygaid, a'i weld o'n edrych arni. 'Roedd yntau hefyd yn llonydd, ar wahân i'w fysedd a oedd yn mwytho carreg yn araf a pheiriannol. Troesai ei ben ond nid ei gorff. Chwarddasant ar ei gilydd. Yna cododd o a dod ati.

'Ella bod y creigia 'ma'n hen gyfarwydd â phobl noethlymun yn trin cerrig,' cynigiodd hi.

'O bosib.'

'Ond bod gan rheini fwy o flew.'

Chwarddodd o eto.

'Dychymyg llunia llyfra rhad.'

''Ti 'di tyfu ers pan welson ni'n gilydd ddwytha.'

'Ddwytha?' Sylweddolodd. 'Do, debyg.'

'Yr hen bitsh uffar iddi hi.'

Ar draeth oedd hynny hefyd, glan môr neis, llawn. 'Roedd o'n ddeg oed, a Nesta'n saith. 'Roeddynt wedi bod yn chwarae yn y môr ac wedi gadael Idris yno gan mai yn y dŵr yr oedd hwnnw'n mynnu byw a bod, ac wedi mynd y tu ôl i graig fechan yn troi allan o'r clogwyn, lle bach iddyn nhw'u hunain o olwg pawb. Cyn hir 'roedd gogwydd y chwarae wedi rhyw droi, ac 'roedd y dillad nofio wedi'u tynnu a hwythau'n chwarae posmans noc yn eu cilfach ddiogel. 'Roedd pen-gliniau wedi suddo i'r tywod a dau drwyn yn sownd yn ei gilydd ac yna 'roedd gwaedd ddiawledig yn eu clustiau ac 'roedd llaw egr ei fam yn ei lusgo ar ei hôl ac yn ei roi ar draws ei glin ac yn ei slasio a'i slasio yng ngŵydd y byd, ac yn dal i wneud hynny hyd yn oed ar ôl i Rhian weiddi dyna ddigon, Susan! A phawb yn edrych arno, yn gydnabod a dieithriaid, yr holl ffordd ar hyd y traeth, yr holl ffordd i fyny'r allt at y car, yr holl ffordd adref. A ffrae arall i'w chlywed wedyn o'r llofft a'r byd am fod Dad yn gwrthod cyfrannu'i siâr at y slasio.

'Carrag filltir oedd honno hefyd, 'te?' ychwanegodd Nesta. 'Nid dechra'r daith, naci?'

Nid atebodd.

''Dwyt ti ddim ar frys i gydnabod petha, nac wyt? Ddoi di i'r dŵr rŵan 'ta?'

Safai'n ddigynnwrf o'i blaen, yn edrych arni hi a'r tu hwnt iddi bob yn ail, wedi'i ddal yn llwyr. Ysgydwodd ei ben yn araf, araf.

'Mae 'na filiyna o flynyddoedd rhwng dy sgwydda di a thop dy ben di.'

Chwarddodd Nesta dros y lle, chwarddiad hapus yn ymateb difyfyr i sylw annisgwyl. Symudodd y ddwy wylan rywfaint yn y dŵr, ond ni chodasant. Daeth hi ato a throi i wynebu'r graig gan roi ei llaw ar ei ysgwydd a'i gadael yno. Ymhell uwch eu pennau ar y byrwellt arhosodd dyn a fu'n chwilio ond na allai ddod yn ddigon agos i gael cadarnhad, a dechreuodd ei lygaid geisio lle i gael gwell golwg. Dynesodd yn slei a gwyliadwrus at yr ymyl.

'Da iawn chdi am sbio ar y graig.'

'Chdi a hi.'

'Mi fasai'n braf 'i gyflymu fo ddigon i'w weld o'n digwydd. Hon yn cael 'i chreu a'i suddo a'i gwasgu a'i throi a'i chodi eto a'i gwisgo'n fflat a'i suddo eto fyth.' Symudai hi ei bys yn ôl ac ymlaen ar hyd llinell yr anghydffurfiad. 'A hon yn cael 'i ffurfio ar 'i phen hi, a'r cwbwl yn codi eto i gael 'u colbio gan y tonna er mwyn temtio defaid a chreu'r porth 'ma i ni.'

'Ella.'

Drwy'r adeg 'roedd y llaw ar yr ysgwydd yn cyfathrebu'n ddygn yn ei llonyddwch.

'Nid ella. Mae o'n wir am fod arnon ni isio iddo fo fod. Tyrd i'r dŵr. Mae 'na waith oeri arnat ti.'

Y llaw wedi gwneud ei gwaith. Chwiliodd am ateb, ond 'roedd hi wedi'i ollwng ac wedi rhoi slaes fechan chwareus ar ei din cyn rhedeg o dan y gromlech ac at y môr.

'Y cynta i fynd dros 'i ben!'

'Paid â deifio! Ella bod 'na greigia dan dŵr.'

'Hen blaned flêr!'

Cychwynnodd ar ei hôl gan chwerthin. Chwerthin a pheth arswyd ynddo wrth weld y dŵr yn oeri gyda phob cam a ddeuai ag o yn nes ato. Rhedodd Nesta iddo at ei phen-gliniau. Arhosodd a dechrau dawnsio yn ei hunfan. Rhedodd yn ôl cyn troi drachefn a rhuthro ymlaen. Yna 'roedd ei holl gorff yn codi ac yn plygu ymlaen bron fel pe bai'n cynnal seremoni gyfarch cyn diflannu o dan y dŵr. Cododd a deifio eilwaith. Symudodd y gwylanod ychydig ymhellach draw. Daeth i'r wyneb eto. Fry ar y byrwellt ciliodd pen yn gyflym wrth iddi ddod i'r golwg odano. Daeth yn ôl yn wyliadwrus.

'Tyrd, y babi!'

Aeth Osian. Daeth yn ôl wedi cam.

'Rhed!'

Rhedodd. Arhosodd. Daeth hi ato, a'i gwallt gwlyb yn dynn am ei phen yn ei gwneud yn wahanol ac eto'n cadarnhau.

'Paid â lluchio dŵr.' Ymbil a oedd yn batrwm o ddiffuantrwydd.

''Wna i ddim, siŵr. Hen dric budr, plentynnaidd.'

'Ydi, mae o.'

''Dydi'r dŵr ddim yn oer 'sti.'

Yna 'roedd wedi gafael yn ei ysgwydd ac wedi rhoi hergwd iddo. Daeth oerni fel diwedd byd i'w goncro'n ddi-feind a didrafferth wrth i'r môr ruthro dros ei gorff a'i ben. Llyncodd gegiad anfwriadol a straffagliodd i fyny'n argyfyngus. Ceisiodd rwbio'r dŵr o'i lygaid.

'Eto!'

Cafodd hergwd arall. Caeodd y môr eto dros ei glustiau a sŵn y chwerthin. Cododd yn syth a hel ei hun ato cyn rhuthro ymlaen i ddŵr dyfnach a deifio i'r gwaelod. 'Roedd hi wedi cyrraedd ato cyn iddo godi.

'Dyna fo. Mi ddudis i y bydda fo'n iawn, 'ndo?'

'Rhyw fath o iawn.' Troellodd ei gorff i geisio'i gynhesu. ''Rhoswn ni ddim yn hir chwaith.'

'Mi awn ni'n ôl rŵan, os 'ti isio. 'Dw i 'di cael 'y ffordd fy hun.'

'Do debyg.'

A dechreuasant nofio a chwarae, un yn deifio dan gorff y llall, ambell dro'n deifio'n groes i'w gilydd a chyfarfod o dan y dŵr. 'Roedd yr antur yn prysur foddi pob swildod. Unwaith neu ddwy aeth yn ras o un yn ceisio dal y llall o dan y dŵr, neu i fod y cyntaf i godi carreg o'r gwaelod. Am bod y tonnau'n fach 'roedd y dŵr ar ei gliriaf ac 'roedd yn hwyl bod odano'n gweld terfyn yn troi'n siâp a siâp yn troi'n gorff a chorff yn troi'n wyneb ac yn wên, a'r cwbl o fewn ychydig eiliadau. Chwarddodd hi wrth ddod o hyd i chwip wymon a rhoi slaes arall ysgafn iddo. Llwyddodd o i osgoi'r ffrwgwd a fwriadwyd drwy roi deif hir a gosgeiddig a'i wyneb tua'r môr mawr. Yna, heb iddo'i disgwyl, 'roedd un o'r cyfarfyddiadau wedi gorffen mewn dwy law angerddol o amgylch ei wegil a chusan danfor orlawn ar ei wefusau. Daeth i'r wyneb, a nofio ar ei gefn draw oddi wrthi mewn ymdrech braidd yn ddigri i ddangos dihidrwydd neu naturioldeb. Nofiodd hithau ato a chwistrellu cegiad o ddŵr ar ei wddw ac i lawr ei gorff yn araf.

'Paid.'

'Roedd hynny'n swnio'n amheus ei argyhoeddiad hefyd. Trodd o, a dechreuasant nofio ochr yn ochr, a'r gwylanod yn dal yn fusneslyd ond yn nofio draw os oedd y ddau newyddian yn bygwth dod yn rhy agos.

'Mi awn ni rownd y graig i weld sut le sy'r ochor arall.'

'Iawn,' atebodd hi.

Aethant, gan nofio'n hamddenol i fwynhau eu hunain. Yn raddol, dechreuai o ddygymod a gwerthfawrogi'r cyferbyniad rhwng yr haul ar ei ben a'r dŵr am ei gorff, cyferbyniad llawer mwy trawiadol nag yn yr haf. Am hynny nid oedd ots bod mwy o waith amgylchu'r graig nag a dybid, na bod gofyn cadw golwg barhaus am greigiau'n codi'n rhy agos i'r wyneb.

''Ti ddim yn difaru, wyt ti?' gofynnodd hi ymhen sbel.

'Nac 'dw. Ond mae o'n dal yn oer.'

'Sôn am dy lythyr di'r o'n i.'

'Canolbwyntia ar dy nofio, wnei di?'

'Gyda phlesar. Dim ond fel hyn mae rhywun yn sylweddoli mor gaethiwus ydi dillad nofio.'

Ymataliodd rhag porthi hynny, er mor gryf y cytunai. Nid oedd gan yr ochr arall ddim i'w gynnig ond creigiau digroeso, ac ar ôl ychydig rhagor o chwarae a busnesa troesant yn eu holau a nofio'n dawel yn erbyn y tonnau bychain gan deimlo mymryn o swildod yn ailgodi'i ben wrth feddwl am y lan a'r traeth. Cerddasant o'r dŵr ochr yn ochr. Plygodd hi i agor ei bag a thynnu lliain mawr melyn a gwyn ohono.

'Dos i bwyso ar dy filiwn blynyddoedd i mi gael dy sychu di.'

'Mi sycha i fy hun, hogan!'

'Dim ond cynnig.'

Sychasant gyda'i gilydd ac ar draws ei gilydd. Gwisgodd o ei ddillad mewn tipyn llai o amser nag a gymerasai i ddadwisgo, ac yna aeth o amgylch i fusnesa a chwilota tra bu hi'n dal i stwnsian efo'r lliain. Ond eisteddodd yng ngheg yr ogof i'w gwylio drwy'r gromlech. 'Roedd angerdd annisgwyl ei sylwadau am ei fam yn dal i'w ysgwyd braidd. Cyn hir, wedi gwisgo amdani, daeth hi ato. 'Roedd golwg braidd yn drist, ymbilgar efallai, yn ei lygaid.

'Mi fydd pob dim yn iawn, 'sti,' sibrydodd hi.

'Roedd yn methu ateb. Eisteddodd hi yn ei ymyl a gafael ynddo i'w dynnu ati. Nid cofleidio fel yn yr orsaf chwaith, ond gafael fwy mwythus, mamol. 'Roedd ei wallt yn wlyb ac oer yn erbyn ei gên a'i boch, ond ni faliai. Pwysai fel plentyn arni, yn rhy gythryblus i deimlo curiad ei chalon er bod ei wyneb yn dynn yn ei siwmper.

'Os 'ti isio ailfeddwl, dim ond deud.'

Brifai hynny. Tynnodd o yn dynnach ati, gan afael â'i dwy law yn ei ben. Eisteddodd yn llonydd felly, gan adael i su hudolus y tonnau bychain yn torri'n ddioglyd gyfeilio i'w syllu breuddwydiol. Toc, estynnodd grib a'i roi yn ei wallt yn dyner, ond bu'n rhaid iddi wenu'n sydyn wrth i styfnigrwydd yr heli ynddo dorri'r hud yn dipia.

'Aw!'

Torrodd pa hud bynnag yr oedd o yn ei ganol hefyd. Cododd ei ben a swatio'n ôl y munud hwnnw. Ceisiodd hithau ddatgordeddu'r gwallt.

'Isio mwytha 'ti rŵan 'te?'

'Paid.'

'Tyrd ag o allan. Dim ond fi sydd yma i wrando. 'Ti'n meddwl nad ydw inna 'di colli cwsg hefyd?'

Cododd ei ben i edrych arni. Nid oedd dim yn chwareus nac yn herfeiddiol hyderus yn ei llygaid bellach. Edrychai'n ôl arno, yn dangos mewn sobrwydd trwm disymwth iddo pam. Pam y siwrnai drên, pam y rhegi'i fam ar ôl yr holl flynyddoedd. Wedi ennyd a setlodd bopeth cododd oddi wrthi a throi i wynebu'r môr, hwnnw wedi treio mwy na'r disgwyl ers iddo wisgo amdano. Cymerodd y crib oddi arni a gorffen gwneud ei wallt cyn mynd i nôl y bag. 'Roedd y brechdanau'n fwy blasus na hyd yn oed amser cinio. Synnai braidd ei fod yn gallu gwerthfawrogi hynny. Daeth gwylan i lawr atynt mewn gobaith, ond ni chafodd friwsionyn am fod meddyliau'n rhy bell.

'Ers pa bryd mae'r ofn 'ma'n dy gnoi di?' gofynnodd hi yn y diwedd.

Bu bron iddo â dechrau gwadu, yn wirion ddifeddwl.

''Rioed, siŵr,' meddai ar ôl ysbaid fer o edrych ar y tonnau. 'Wel, ers pan 'dw i 'di dechra sylweddoli be oedd yn digwydd, beth bynnag. Sylweddoli'n iawn. Llythyr Mam oedd yr hoelan ola. Mi gymrodd hi dri mis i droi'r peth yn frawddag.'

Pan fu gartref ar ei wyliau yn yr haf aethai gyda'i fam i dŷ Rhian a Meurig ar un o'r ymweliadau lled-gyson arferol. Peth od oedd arfer â thyndra, ond tyndra oedd yno bob tro'r oedd ei fam yno hefyd. 'Roedd Nesta ac yntau yn y lobi, ac mae'n siŵr fod yr hyn oedd yn eu meddyliau yn eu llygaid hefyd, yn gwrthod cadw'n gudd. Daethai ei fam drwy'r drws ar eu gwarthaf, a'u gweld. A deall. Y munud nesaf 'roedd hi wedi cofio rhywbeth mawr ac 'roeddynt ar eu ffordd adref a sŵn y car yn gwneud dim i dorri ar y distawrwydd dychrynllyd.

''Dydi o ddim yn gwneud gwahaniaeth,' meddai Nesta.

''Dwyt ti ddim yn 'i nabod hi. 'Fydd storm Idris yn ddim o'i chymharu.'

'Be 'di o bwys i neb?' Dechreuai tôn herfeiddiol amddiffynnol galedu'i llais. 'Meindiad nhw 'u busnas.'

'Ond mae o, 'tydi?' Pledodd garreg ar hyd y traeth o'i flaen nes ei bod yn clecian hyd y cerrig eraill ac yn sglefrio i lonyddwch yn y tywod islaw. 'Be am Rhian a Meurig? A Dad?'

'Pawb ond hi.'

'Mi hwylith hi yn 'i storm 'i hun.'

'Mae Rhian a Dewyrth yn gwybod,' meddai hi'n dawel.

'Roedd carreg arall wedi'i chodi i fynd ar ôl y llall, ond nid aeth. Arhosodd yn ei law, yn caledu'r pinnau bach a ruthrodd drwy ei gorff.

'Nid ama, ond gwybod. Dyna pryd y dechreuis i golli cwsg. Y noson y buoch chi acw yr ha 'ma.'

'Sut gwyddost ti?' 'Roedd yn dal yn llonydd, llonydd.

''U cl'wad nhw'n 'y nhrafod i, a gwrando. 'Roedd ych ymadawiad chi mor ddramatig, 'doedd 'na ddim testun arall i fod.' Tynnodd ei llaw oddi ar ei ysgwydd a chodi carreg, a'i throi drosodd a throsodd yn ei dwylo, bron fel pe bai hynny am ddod â'u meddyliau'n nes at ei gilydd. 'Dyma Rhian yn deud bod holl ofna Susan yn mynd i ddod yn wir. Mi 'tebodd Dewyrth be haru ti, ddynas, fel bydd o. 'Does 'na neb tebyg iddo fo am ddeud hynny heb arlliw o gweryl yn 'i lais. Mi 'chwanegodd hitha 'i fod ynta'n gwybod yn iawn bod y ddau, chdi a fi, yn tynnu fwy a mwy at 'i gilydd bob tro'r oeddan ni'n cwarfod. 'Dydi hynny'n profi dim, medda fynta mor hamddenol ag erioed. Nes bydd hi'n rhy hwyr, medda hitha. A dyma fi'n dechra mynd yn ddiymadfarth i gyd a ffwrdd â fi i'r llofft i grio.'

Rhoes y garreg i lawr. Crynodd yn sydyn.

''Finna 'di credu mai 'nghyfrinach fach i oedd hi. 'Doeddwn i ddim yn hollol siŵr faint oeddat ti'n dirnad y peth, heb sôn fod rhywun arall yn ama. A phrun bynnag, pan o'n i'n 'i ystyriad o 'ro'n i'n argyhoeddedig y byddan nhw'n 'y hel i o adra 'tasa fo'n dŵad i'r amlwg.'

Tawodd. Drwy'r adeg 'roedd wedi bod yn edrych i'r môr, heb weld fawr ddim. Trodd ei phen i edrych arno fo. 'Roedd wedi plygu'i ben ac wedi cau'i lygaid. Rhoes ei llaw ar ei ysgwydd eto a'i thynnu'i hun yn nes. Agorodd o ei lygaid a syllu unwaith eto, yn hir a llonydd a chyda llawer llai o wrid na'r tro cynt, ar y cerrig wrth ei draed.

'Be ddigwyddodd wedyn?' gofynnodd toc, bron yn floesg.

'Mi ddaeth Rhian i fyny mewn rhyw awr, ddwyawr ella. Finna 'di crio pwceidia. A fanno buon ni'n ista ar y gwely, a hitha'n gafal yno' i fel bydda hi ers talwm. Mi griodd hi hefo fi hefyd, ella. 'Ddudwyd

56

dim, dim ond aros yno felly. Wedyn mi aethon ni i lawr. 'Ddudwyd
dim wedyn chwaith. Ond mae Dewyrth 'di bod yn nes ata i ac yn fwy
o ffrindia hefo fi ers hynny nag y buo fo 'rioed. 'Wn i ddim pam, os
nad oes 'na ryw reddf yn deud wrtho fo am drio fy helpu i i dynnu'r
peth ohono i.'

'A 'dwyt titha ddim ar feddwl gwneud dim o'r fath.'

'Mwy na chditha.'

Methodd yn llwyr ag ateb.

Crynodd hi eto. Ystwyriodd.

'Tyrd. Mae hi'n oeri. 'Ddychmygis i 'rioed y cawn i bnawn fel hwn
ym mis Tachwadd. Beth bynnag arall ddigwyddith mi fydd hwn
gynnon ni.'

Codasant. Aethant gyda'i gilydd i nôl eu cotiau a'u gwisgo.
Dringasant dros y graig ger y dŵr heb astudio dim a chychwyn yn ôl
yn araf.

'Ond mae 'na fwy o sgyrsia wedi'u stopio ar 'u canol ers yr ha na
fuo 'cw 'rioed,' meddai hi. 'Ac eto, 'dydyn nhw'n edliw yr un o'n
llythyra ni, chwaith.'

'Ydyn nhw'n 'u darllan nhw?'

'Ydyn, siŵr. Wel, dy rai di. Er 'u rhyfeddad. Jôc ydi co' byr,
debyg, medda Rhian nos Iau. Hwyl bach ffwr' â hi, medda finna.'

'Am fod abwyd mor amlwg 'di'i lyncu.'

''Dydi o ddim yn abwyd os ydi'r 'sgodyn yn gwybod be ydi o.'

Methodd o ag ateb hynny hefyd.

''Wn i ddim be oedd arnyn nhw Nos Ferchar chwaith.
'Rarglwydd! lle Osian ydi hwnna, medda fi pan oedd ych hanas chi
ar y bocs. Mi fuo'u ll'gada nhw'n neidio hyd y lle am oria.'

Dringasant yn araf. 'Roedd y bilidowcar wedi mynd. Er nad oedd
yr haul wedi machlud, nid oedd dim o'i wres i'w deimlo fel cynt.
Codai awel fain o'r môr i oeri'r heli ar eu crwyn ac yn eu gwalltiau,
ond nid oeddynt am brysuro. Cerddasant yn dawel bob un yn ei
feddyliau'i hun yn ôl at y giât fochyn a'r gamfa a'r ffordd. Troesant
at y gwesty. Bron nad oedd arno fo ofn edrych arno. Daeth car heddlu
tuag atynt, ac arafu, arafu'n fusneslyd. Aeth heibio ac aros ychydig
ymhellach.

'Gogoniant!'

''Rarglwydd, hogyn! Mae dy nerfa di'n deilchion.'

'Sori.'

Sadiodd, neu gymryd arno wneud. Tynnodd hi o ar ei hôl.
Cerddasant.

'Tim 'ta ni'n dau oedd yn gyfrifol am hynna rŵan?'

'Paid, wir Dduw.'

Cerddasant yn eu blaenau gan osgoi temtasiynau dibaid i edrych yn eu holau. 'Roedd llygaid yn nau ddrych y car yn eu hastudio'n ddyfal.

'Rheina ydyn nhw,' meddai'r gyrrwr.

'Ella.'

'Mae 'u gwalltia nhw'n wlyb.'

'Wel dyna fo. Maen nhw 'di bod felly, 'tydyn? Rhy hwyr i'w dal nhw rŵan, 'tydi?'

'Pwy ddaru achwyn 'ta?'

''Ches i ddim gwybod.'

'Mi ffonia i i ofyn.'

'Duw, paid â thraffarth. 'Wyddwn i ddim bod 'na le i 'drochi yn fan'na prun bynnag. Dim ond clogwyni sy' 'na. Mi fasa'n wahanol 'tasan nhw'n noeth ar y prom, basa?'

'Ond mae pwy bynnag ffoniodd 'di'u gweld nhw 'tydi? Be ddeudan ni?'

'Deud na welson ni neb 'te? Os nad oes gynnon ni reitiach petha na hynna i'w gwneud ar bnawn Sadwrn mae'n swydd ni'n un sâl braidd, 'tydi? Gad iddyn nhw rhag ofn bod niwmonia'n rhwbath sy'n rhedag.'

Aeth y car. Daliodd Osian a Nesta i osgoi troi i edrych arno. Daethant at ddau gilbost llydan mynedfa'r gwesty ac arafu'u camre.

'Be wnawn ni?' gofynnodd hi. 'Mynd ymlaen i fusnesa 'ta mynd i mewn?'

Ond aros wrth y cilbost wnaeth o. Rhoes ei ddwy benelin arno a chuddio'i dalcen yn ei ddwylo. Arhosodd hithau, a gadael iddo. Dychmygion lled-ddiogel unigrwydd yn cael eu troi'n ffeithiau a gâi eu rhannu. Efallai mai ei thwyllo'i hun oedd hithau hefyd gyda'i thawelwch meddwl penderfynol, ac y deuai'r ofn mawr i'w tharo hithau unrhyw funud, rhagbaratoi neu beidio. Nid oedd angen dangos na phregethu. Cyn hir symudodd at ochr fewn y cilbost a phwyso'i chefn arno, yn gadael iddo o hyd. Daeth gwylan heibio uwchben y cae gerllaw a mynd o'r golwg i gefn y gwesty. Draw i'r de dynesai cymylau trwchus hyllion ac 'roedd yr awel yn prysur droi'n wynt. Ni fyddai barrug trannoeth yn galetach. Ni fyddai'n ddiwrnod cerdded clogwyni chwaith.

Nid oedd fyth symudiad wrth ei hochr.

'Mis Awst y bûm i drwy hyn,' meddai'n hollol ddigyffro yn y man, bron fel pe bai'n siarad wrthi'i hun. 'Yr unig beth sy' yn dy feddwl di ydi be ddigwyddai 'tasa pobl yn dŵad i wybod. 'Ti'n ein gweld ni'n cael cop ac yn mynd yn brae i lysoedd barn ac yn destun gwawd a dirmyg papura newydd. 'Ti'n poeni am ymatab dy Fitchell. 'Ti'n arswydo rhag ymatab dy Ffyrm, S.M., y gweithwyr yn y safla. A 'ti'n arswydo fwyaf un rhag ymatab y bwystfil mawr 'ma sy'n 'i alw'i hun yn gymdeithas. A rŵan hyn mae'n amhosib trio dy ddarbwyllo di bod 'na filoedd erill 'run fath â ni.'

'Roedd y gwynt i'w hwyneb ac yn dechrau'i hoeri. Trodd, a rhoi'i phenelin hitnau ar y cilbost. Mwythodd ei ên un waith â chefn ei bys.

'Dyna pam ma' fi sy 'di gwneud y pwyso i gyd, neithiwr a heddiw. Os 'ti isio mwy o amsar, ne' hyd yn oed os 'ti isio ailfeddwl . . . chdi sydd i ddeud. Mi fedri di aros yma mewn stafall arall, ne' fynd yn ôl. Ni'n dau fyddwn ni o hyd. Mi fedrwn dreulio fory'n cerddad y lle ne'n mochal tywydd. Ne' mi fedri di fynd â fi i'r stesion rŵan a mi ffonia i Rhian pan gyrhaedda i. Mi fydd hi a fi am y gora'n crio, ond yng ngwaelod 'u bolia mi fydd Dewyrth a hitha'n fodlonach nag os y 'rhosa i.' Tynnodd ei chôt yn dynnach amdani. 'Paid â rhuthro.'

Ni wnaeth. 'Roedd rhyw ddau gariad wedi serio'u teimladau a'u henwau yn y concrid ar ben y cilbost a bu'n dilyn y llythrennau anghelfydd gyda'i lygaid. Rhoes gip swil efallai arni hi cyn edrych ar y gwesty, a dal i syllu arno. Wedyn aeth dros y llythrennau'n araf gyda'i fys. Troes hi eto i wynebu'r gwynt a hynt y cymylau duon. Yna 'roedd o'n mynd heibio iddi ac yn cerdded heb frysio tuag at y gwesty â'i ddwylo'n dynn yn ei bocedi.

'Fi sy'n talu,' meddai.

'Mi fydd gen ti reitiach petha i'w gwneud hefo dy bres.' Aethant i mewn. 'Paid ag edrach fel hogyn bach yn mynd i wneud dryga.'

Rhoes dinc ar gloch, a daeth dyn drwy lenni atynt yn syth. Gwisgai siwmper drwchus a chrys agored. 'Roedd yr anffurfioldeb hwnnw'n beth cysur.

'Mae 'na stafall i ni at heno,' meddai Nesta.

'O, ia. Dyma chi.'

''Dach chi ddim yn llogi sychwrs gwalltia, debyg?'

'Nac 'dan.' Chwarddodd y dyn, ac edrych yn fanwl ar eu gwalltiau, yn amlwg yn ymdrechu i gadw'r sylwadau ychwanegol iddo'i hun, rhag ofn bod ei westeion newydd yn brathu mwy na'u golwg. 'Ond mi gewch chi fenthyg un.'

''Ro'n i'n gobeithio y basach chi'n deud hynna.'

Gwenodd yn siriol arno wrth iddo afael mewn goriad a chychwyn o'u blaenau. Aethant i fyny, a'r ddau am ennyd yn canolbwyntio ar aroglau cŵyr sgleinio a bwyd a chwrw'n gymysg ag arogl cryfach gwres canolog. Er bod Osian yn gwybod mor fwriadol oedd, ac er ei fod wedi llwyddo i'w berswadio'i hun ei fod yn barod amdano, 'roedd gweld y gwely dwbwl yn ysgytwad, yn setlo'i dynged. Aeth sgwrs a chyfarwyddiadau clên y dyn yn syth allan drachefn.

Aeth y dyn. Tynnodd Nesta'i sgidiau a neidio ar y gwely. Plygodd ymlaen a phlethu'i dwylo o dan ei phen-gliniau. Aeth Osian o amgylch y stafell i fusnesa, yn chwerthinllyd o ymwybodol. Agorodd bob drôr a chwpwrdd, gan geisio anwybyddu'r wên fechan a'i dilynai. Cadwodd y Beibl Saesneg a oedd wrth ochr y gwely mewn drôr, heb edrych arno. Wedyn aeth i eistedd ar gadair a rhwbio'i ddwylo'n araf ar hyd ei breichiau main. Nid oedd dim yn annifyr yn y distawrwydd chwaith. Cyn hir daeth cnoc ar y drws ac ar archiad Nesta daeth y dyn i mewn gyda sychwr gwallt bychan.

'Yn y môr buoch chi?'

'Ia,' atebodd Nesta.

'Iych!'

'Llawn brafiach nag yn yr ha.'

'Os ydach chi'n deud. Peidiwch â bod ofn y dŵr poeth. Mae 'na ddigon ohono fo.'

'Diolch.'

Ymadawodd y dyn. Dychwelodd y distawrwydd. Oddi allan, nosâi yn raddol a chynyddai'r gwynt. Cododd Osian a mynd i gau'r llenni. Gwelai oleuadau'r strydoedd a stribed unionsyth goleuadau'r promenâd yn y pellter odano. Miloedd eraill, meddai Nesta. Efallai bod dau y tu ôl i ffenest yn un o'r strydoedd hynny, yn malio dim yn neb nac yn busnesa ym mywydau neb. Efallai mai felly oedd bod. Caeodd y llenni a chyffwrdd ei law yn y rheiddiadur poeth o dan y ffenest. Trodd. 'Roedd hi'n ei wylio.

''Does 'na ddim creigia yn fa'ma i fynd â dy sylw di, nac oes?'

Ceisiodd o chwerthin.

''Cheith petha'r fam ddaear ddim dŵad i'r golwg mewn stafall fel hon.'

'Y blaned ddudis i.'

''Run peth.'

'Naci. Ffaith ydi honno. Stwnsh teimladwy ydi'r llall.'

'O.'

''Radag honno 'dan ni'n meddwl mai ni pia hi a'i bod hi 'di mynd yn ddibynnol arnon ni yn 'i henaint. Fanno mae'r llanast yn dechra.'

'Mi wna inna beidio deud mam ddaear felly.' 'Roedd golwg ddiniwed iawn ar wyneb Nesta. 'Prun o'r ddau air 'ti'n 'i gasáu fwya?'

'Paid, hogan.'

Daeth at y gwely ac eistedd arno a'i gefn ati. Gwrandawsant ar y gwynt. Ar ôl munud neu ddau o hynny cododd hi a dod at draed y gwely. Eisteddodd ar y carped a phwyso'i braich ar ei lin.

'Gwranda.' 'Roedd ei llais yr un mor bendant ddi-lol ag y buasai drwy'r dydd. ''Rydan ni 'di treulio pnawn cyfa heb gerpyn amdanon yn chwarae a nofio, yn siarad a synfyfyrio. A hynny mor naturiol â'r diwrnod hwnnw y chwipiodd y filast dynas 'na chdi ers talwm. 'Ddaeth 'na'r un awydd i droi'r pnawn yn seiat ddyrnu. Wel, dim llawar,' ychwanegodd gan roi gwasgfa sydyn iddo. 'A mi fedrwn ni wneud yr un fath heno, rŵan. 'Does dim rhaid i wely dwbwl olygu cnychu drwy'r nos. Mi fedrwn fod yn union fel pnawn 'ma.'

'Fedrwn ni?'

'Ac os eith hi fel arall, wel dyna fo. Nid mynd i'r gwely ar y dêt cynta ydan ni, naci?'

Carped melyn oedd o, a rhyw felyn arall tywyllach yn cyrnewian yn ddibatrwm trwyddo.

'Paid ag atab, siŵr Dduw.' Cododd. ''Dw i am fynd i olchi 'ngwallt a chael mad â'r heli 'ma o 'motwm bol. S'gin ti ffansi arbad costa dŵr poeth y dyn bach clên 'ma?'

'Nac oes!'

'Dim ond gofyn.' Tynnodd ei siwmper a'i sodro am ei ben. 'Rhag ofn i ti ddechra sbio ar genod yn tynnu amdanyn.'

Rhoes o y siwmper ar y gwely, a chodi.

''Dw i'n mynd i ffonio'r Fitchell. Ne' mi geith gathod.'

Yna'n ddirybudd 'roedd hi wedi neidio arno ac wedi plannu'i breichiau o amgylch ei wddw.

''Rydw i 'di bod yn dychmygu amdanat ti'n deud hynna ers hannar awr wedi pump y bora 'ma!'

A thynnodd y ddau ei gilydd ar y gwely. 'Roedd y cusanu'n wyllt ac yn flêr, y gafael yn dynn a gwancus, weithiau'n egr braidd. Storm aflywodraethus ildiad. Gafael fel crancod am ei gilydd. Dwylo'n neidio yn hytrach na symud, hithau lawn cymaint ag yntau, er yr holl hyder a chynllunio rhag blaen. Yr un mor aflywodraethus oedd derbyn o'r diwedd mai ni ydi ni ac i'r diawl â phawb, a'r rhyddhad newydd sbon yn gryfach ganmil na'r hen ofnau gorgyfarwydd. Byddai'r rheini'n dychwel ond i'r diawl â hynny hefyd.

O dipyn i beth tynerodd y gafael. Gallodd dwylo a breichiau ymryddhau a dechrau mwytho. Cynyddu dyhead wnaeth hynny, ac aeth rheoli hwnnw'n her ac o dipyn i beth hefyd aeth yr her yn felys ac yn hwyl. Ni ddywedasant yr un gair, dim ond gorwedd yno am awr gyfan, yn cydnabod ac adnabod, a'r dyhead erbyn hynny'n gyffro hyfryd beryglus.

''Dw i'n mynd i ffonio rŵan. Ne' mi fyddwn ni 'di mynd i gysgu.'

'Ne' rwbath gwell.'

Cododd at yr erchwyn ac eistedd arno. Ymestynnodd hithau ei llaw i fwytho'i gefn, ac ar ôl eiliad neu ddwy hapus freuddwydiol o hynny cododd ato a mowldio'i ysgwyddau. Rhoes ei cheg yn ei glust.

'Torri'r ias,' sibrydodd gan greu llanast yr holl ffordd i lawr asgwrn ei gefn nes gwneud iddo riddfan. ''Does 'na ddim tebyg iddo fo, nac oes?'

Cusanodd o y bysedd ar ei ysgwydd cyn codi a mynd drwy'r drws heb edrych yn ôl. Pan ddaeth hi allan ymhen ychydig funudau i fynd i'r stafell 'molchi 'roedd o'n dal i sefyll yno, a'i ben ar y cilbost.

'Ni pia hi.'

Cusanodd o ar ei foch a mynd drwodd. Arhosodd o i edrych ar y drws ar ei hôl am ychydig, bron yn gyndyn o symud. Ni wnaeth chwaith nes clywed hymian trwm y gawod a sŵn y dŵr. Aeth i lawr at y ffôn a oedd rhwng dau ddrws. Pwysodd y rhifau fel iâr gysetlyd yn pigo bwyta. Tri chaniad a gymerai fel rheol i'r Fitchell gyrraedd ei ffôn sidêt.

'Mrs Mitchell? 'Fydda i ddim yn ôl heno. Mae . . .'

'Caerfyrddin, wir!'

'Sut?'

'Mam wedi ffonio. Ypsét iawn!'

A bu'n gwrando, neu'n hanner gwrando, ar stori ar ffurf ebychiadau cyforiog o ddrama a siom wneud. Rhoes y ffôn i lawr yn y diwedd, heb wybod a oedd hi wedi llawn orffen ai peidio. Daeth y dyn heibio â phapur newydd yn ei law.

'Y stafall yn iawn?'

'Siort ora, diolch. Mi ddôn ni â'r peth gwallt yn 'i ôl munud.'

'Dim brys. Mae 'na grŵp yn canu yma heno, os oes arnoch chi ffansi.'

Yna gwelodd stori ar y dudalen flaen. Rhythodd arni.

''Rarglwydd! Ga i weld hwn am funud?'

'Cewch, siŵr. Mi fyddwn ni'n barod i fynd i mewn yn syth ar ôl y Dolig, ella.'

Y stori uchaf oedd honno, o dan lun arlywydd a'i fys i fyny y tu ôl i ddesg a'i fathodyn ar ei blaen.

'Mae—mae hwn yn gweithio yr un lle â fi.'

'Roedd llys arbennig wedi'i gynnal, a Tim wedi'i gyhuddo o ladrad arfog o dair amgueddfa ar hyd a lled gwlad, ac o gynllwynio i ladrata. 'Roedd cyhuddiadau eraill ar y gweill, yn ôl yr adroddiad, ac nid oedd cais wedi'i gyflwyno am fechnïaeth.

'Tim 'di hwn!'

A gorfu iddo ddweud y stori wrth y dyn chwilfrydig. Holodd a chroesholodd hwnnw. Ar ôl iddo'i fodloni nad oedd mymryn o'r stori'n dal heb ei dweud, aeth i fyny, er bod y dyn a'i fryd ar ymhelaethu ar y stori arall. Clywai sŵn y sychwr gwallt yn chwyrlïo. 'Roedd Nesta'n eistedd ar y gwely ac yn symud y sychwr yn araf chwareus ar hyd ei gwallt. 'Roedd lliain y gwesty ar y gwely a'i lliain hi wedi'i olchi o'i heli ac wedi'i roi ar y rheiddiadur i sychu.

'Mi fydd yn rhaid i ni adael y lle 'ma'n o fuan fory ne' dalu am noson arall, felly mi swatiwn ni yn fa'ma drwy'r gyda'r nos. Wedyn mi awn ni i lawr am fwyd os byddwn ni'n llwglyd.'

'Mae Mam yn gwybod ein bod ni hefo'n gilydd ac mae Tim 'di'i gyhuddo o ddwyn. Lleidar a dim arall.'

'O.' Nid oedd yr ymgais i fod yn ddigyffro'n llwyddiant mawr. 'Sut ffendiodd hi?'

''Ddaru'r Fitchell ddim deud. Ffonio Rhian, ella.'

'Ia, mwya tebyg.'

Diffoddodd Nesta'r sychwr a'i adael ar y gwely. Cododd ato, a gafael amdano. Ceisiodd yntau'i orau i gadw'i ddwylo iddo'i hun. Penderfynodd ar gusan fechan ar ei thalcen, cyn ei gwthio ymaith.

''Ti'n barod amdani?' gofynnodd hi.

'Nac'dw siŵr. Mi fydd hi'n uffar o storm. Ond rhyngddi hi a'i phetha bellach.'

'Dyna chdi!' Neidiodd ato a gafael yn angerddol amdano drachefn. 'Dyna'r unig beth arall 'ro'n i isio dy gl'wad di'n 'i ddeud!'

'Gwisga amdanat, wir Dduw.'

Gwthiodd hi ymaith drachefn. Gafaelodd yn y lliain ar y gwely a mynd i'r stafell 'molchi heb edrych yn ôl. Aeth i'r gawod, a phwyso'n ôl ar y teils fel pe bai wedi'i gornelu. 'Roeddynt yn dal yn gynnes ar ei hôl hi. Golchodd ei gorff a'i wallt gyda'i sebonau hi. Nid arhosodd yn hir, nid mor hir ag y bwriadai i ddechrau. Daeth yn ôl ati, a'i ddillad yn ei freichiau a'r lliain am ei ganol. Gwenodd hi arno o'r gwely.

'Llian swildod. Mi sycha i dy wallt di.'

Fe wnaeth hefyd, gan ddefnyddio'r crib fel pe bai hi'n creu cerflun, yn sychu a chribo a gosod siâp ei wallt gyda'i llaw bob yn ail, heb frys yn y byd. Wedyn tynnodd o i'r gwely ati.

'Fel gynna, ne' fel arall. 'Waeth gen i.'

'Fel gynna. 'Dw i 'rioed 'di bod hefo hogan prun bynnag.'

Cododd hi ar ei phenelin fel siot. 'Roedd hapusrwydd brwd yn llenwi'i llygaid.

'Wir?'

'Hollol wir. 'Ddaru mi ddim meddwl y bydda hynna'n beth mor hawdd i'w ddeud.'

Dechreuodd hi chwerthin yn dawel.

'Ia. Dyna chdi. Hwyl iawn.'

Cafodd bwniad ganddi.

'Nid chwerthin am dy ben di ydw i, y lob.'

'Am be 'ta?'

'Pan oeddan ni yn yr ysgol mi ddaeth 'na holiadur mawr heibio ryw ddiwrnod. Un o'r cymdeithasa crand cyfrifol 'ma. 'Roeddan nhw 'di pigo ysgolion ar hyd a lled y wlad i wneud ymchwil i fywyd rhywiol genod dan un ar bymthag. Mi welson ninna'n cyfla. Mi neuthon ni'r peth hefo'n gilydd, a gofalu nad oedd 'na neb i fynd cweit dros ben llestri, dim ond pawb i grafu'r ymylon. Sôn am syfrdandod cyfiawn, myn diawl. Rhaglenni teledu am y gwelat ti, yn llawn o seiciatryddion a chymdeithasegwyr a gweinidogion am y gora'n malu cachu.'

'Llyncu'r cwbwl.'

'Y cwbwl lot. Mi ffendiodd y Bos be oedd 'di digwydd, ac yn lle myllio mi chwerthodd. Am ddyrnodia. Mi fuo tempar dda arno fo am dymor cyfa.'

''Ti 'di bod 'ta?'

'Hefo hogia?'

'Ia.'

'Do.' Swatiodd ato. 'Unwaith ne' ddwy. Dim ond ran myrrath. Iawn am sbort i basio rhyw awran.' 'Roedd un bys wedi dechrau chwarae ar draws ei fynwes. 'A meddwl am rywun arall drwy'r adag. Mi chwerthis i dros yr holl sir pan ge's i 'nghyhuddo gan un ohonyn nhw o beidio â bod yn bositif wrth ymatab. 'Roedd 'i eiriadur o'n ddigrifach na'i frwdfrydadd o.'

''Welwn i ddim pwrpas i'r peth.'

'Whiw!'

'Roedd ei ysgwyddau'n dechrau mynd yn oer, a thynnodd hi o i lawr ati a thaenu'r dillad drosto. Gorweddodd yno'n llonydd ar wastad ei gefn, yn syllu ar y golau yn y nenfwd. Cyn hir, 'roedd hi'n hepian wrth ei ochr. Edrychodd arni, a gwylio'r hepian yn graddol droi'n gwsg esmwyth. Trodd ei ben yn ôl i syllu ar y golau eto, ei fam a'r Fitchell a Tim yn iasol gymysg â'r teimladau eraill. A thrwy'r cwbl 'roedd yn barhaol ymwybodol o bwysau newydd braich fodlon ar ei gorff.

Pennod 5

'Os nad wyt ti'n dymuno deud rhwbath, 'ofynna inna ddim ond rhyw gwestiyna bach diniwad. Sut oedd Miriam?'

'Iawn.'

'Hynny welist ti arni.'

'Roedd y car yn brafiach na'r trên. 'Fyddai o ddim chwaith oni bai bod y trên yn llawn gydol y siwrnai a rhyw 'laru cyfansawdd yn cnoi pawb bron wrth iddynt syllu'n ddibwrpas ar ei gilydd gan gymeryd arnynt nad oeddynt yn gwneud hynny, ac ar y stribedi glaw yn gwneud popeth ond golchi'r ffenestri budron. Cawsai Nesta gwmpeini digroeso dwy ddynes yn eistedd gyferbyn â hi ar hyd y daith, un yn siarad a'r llall yn gwrando, neu'n ymddangos felly. Porthai weithiau, yn hynod amyneddgar. Bu'r amynedd yr un mor driw iddi pan ofynnodd y llall ar ryw berwyl, gyda phwyslais na allai ddod o unman ond o'i godi yn ei grynswth o gylchgrawn, beth oedd hi wedi'i wneud efo'i bywyd. Daeth gwên ddireidus i'w genau ac un fwy i'w llygaid. Cynhesodd Nesta ati'n syth.

Rhian oedd yn gyrru am fod Nesta wedi penderfynu ei bod wedi blino gormod i wneud. 'Roedd y ddwy wedi cadw'n ddistaw tra bu Rhian yn canlyn trafnidiaeth brysur cyffiniau'r orsaf, a Rhian nid Nesta oedd wedi dechrau teimlo'r distawrwydd yn troi'n annifyr.

'Mae helynt y fall 'di bod,' ychwanegodd pan welodd nad oedd Nesta am ymateb.

'Y ddynas uffar 'na.'

Daeth i ffordd glir a dechreuodd yrru.

'Go brin bod 'i galw hi'n enwa fel'na yn mynd i fod o fudd i neb.'

''Waeth gen i.'

'Mi ffoniodd dynas y tŷ lojin hi i ddeud nad oedd Osian am ddŵad yn ôl neithiwr. 'Roedd hi'n ddigon drwg cynt.'

'Hwran fusneslyd.'

'Dyna chdi. Mae 'na ddigon o eiria hyll ar gael. 'Roedd hi 'di ffonio acw ddwywaith yn ystod y dydd yn lluchio'r bai arna i am adael i ti fynd.'

''Dydi'i sterics hi ddim yn mynd i gael unrhyw effaith arna i.'

'Paid â bod yn rhy siŵr o hynny.'

''Does ganddi hi ddim hawl ar Osian, a 'fuo 'nelo hi 'rioed ddim â fi.'

'Wel . . .'

'Dim ond blydi twlsyn.'

'Y siwrna 'ta'i diban hi sy'n gyfrifol am y tempar?'

'Dewyrth a chdi sydd â'r unig hawl arna i. A 'fynnwn i ddim iddi fod ond felly. Dim am bris yn y byd.'

Er ei gwaethaf daeth y geiriau ac angerdd eu dweud â lwmp a oedd yn llethol am funud i wddw Rhian. Gorfu iddi arafu am fod goleuadau a glaw'n ymdoddi'n beryglus aneglur drwy ddagrau disymwth. Caeodd ei llygaid yn ffyrnig i gael gwared â nhw.

'A phan glywodd hi hynny,' ymdrechodd mewn ychydig heb boeni bod ei llais yn bradychu'r dagrau bychain, ''doedd 'na ddim diwadd arni hi. Mi dri'is gynnig nad oedd dim byd o'i le ar i chi fod hefo'ch gilydd, ond 'roedd hynny'n swnio mor hurt iddi hi ag i minna.'

'Hurt.'

'Felly, mae'n rhaid i ti sylweddoli be fyddai'n digwydd 'tasach chi'n . . .'

Gorffan o, Rhian! Dros y car. Dros yr lle i gyd. Unwaith, dwywaith.

'Sut aeth hi 'ta?'

'Iawn.'

Hyd yn oed ar ôl y noson honno ym mis Awst, nid oedd neb wedi dweud dim, hyd yn oed frawddegau anorffen.

'Gair pawb at bob peth.'

'O'r gora 'ta.' O'r diwedd. 'Ar wahân i ryw betha'n torri i mewn i swyddfa Osian nos Wenar a malu pob dim yn dipia, 'roedd ddoe'n ddiwrnod aruthrol. 'Roedd heddiw'n ddiwrnod diawledig.'

'Ffrae?'

'Nid ffrae. Paid â chodi dy galon.'

'A fel'na wyt ti'n meddwl 'dan ni isio dy drin di?'

'Sori.'

'Wyt ti'n meddwl nad ydi dwy flynadd ar hugian o dy fagu di'n golygu dim inni?'

'Sori.'

'Ella'n bod ni wedi bod yn rhy dawedog am hyn.'

''Dydw i ddim yn dy ddrwgama di. Wir rŵan.'

'Mae'r peth yn amlwg ers blynyddoedd, iti fod yn dallt. Ond bod pawb 'blaw Susan 'di cadw'n ddistaw.'

Y peth. 'Roedd geiriau gwaeth ar gael. Wrth i droadau pwll stumog gyhoeddi bod trafod am y tro cyntaf erioed ar ddechrau, 'roedd hynny'n rhywbeth i lynu wrtho. Pawb yn twyllo pawb a neb yn twyllo neb ers blynyddoedd. Nid ers yr haf.

Distawrwydd. Nid eu bod yn chwilio am yr hyn i'w ddweud nesaf, chwaith. Pwysai Nesta'i phen yn ôl. 'Roedd yn dda ganddi mai Rhian oedd yn gyrru.

Un, dau, tri, plymio.

''Rydw i am chwilio am waith yno.'

'Roedd wedi ymarfer y frawddeg ar hyd y daith yn y trên, ac wedi'i pherswadio'i hun y byddai'n chwalu allan o'i genau'n un llanast o iaith brain pan ddeuai'r adeg. Ond cafodd ail.

'Ac am fynd i fyw hefo'ch gilydd.'

Cymaint o sioc â bore ar ôl hwyr.

''Dydi o ddim yn gwybod eto. Tan geith o ffôn fory ne' lythyr fora Mawrth.'

'O.'

''Doedd heddiw ddim yn ddiwrnod i drafod petha fel'na.'

Rhyw fath ar sioc oedd hi, o bosib. Dim byd gwaeth, gobeithio. 'Roedd hi wedi deffro tua naw o'r gloch y noson cynt, a'i braich ar draws corff Osian o hyd. Cysgai o, yn drwm. Ar ôl pum munud o syllu arno a'i braich yn ddisymud o hyd 'roedd wedi'i ddeffro am fod arni eisiau bwyd. Gan osgoi'n weladwy bob temtasiwn arall, gwisgasant, a mynd i lawr. Cawsant fwyd, a diod ddiniwed. Wedyn buont yn gwrando ar y grŵp a ddaethai yno yn canu caneuon eildwym nes i gwrw canu wneud y gynulleidfa'n rhy swnllyd. Dychwelasant i'r stafell ac i'r gwely fel cynt, fo'n llonydd ar wastad ei gefn yn canolbwyntio ar y nenfwd, hithau'n swatio ato ac yn gadael iddo, ac yn rhyw led-wrando weithiau ar y sŵn islaw. Cyn hir, 'roeddynt yn hepian drachefn ac yn cysgu, a'r golau heb ei ddiffodd. Gefn nos ryw dro 'roeddynt wedi hanner deffro ac wedi caru. Celfydd neu garbwl, ni wyddai ac ni faliai. Dim ond y traeth a'r môr a'r gwely a hwythau'n ymdoddi. Hithau wedyn yn effro, yn gwrando ac yn llyncu'r ocheneidiau ysbeidiol yn ei chlust, ocheneidiau bychain, bron yn ddiymadferth. Cyfrannodd hithau ambell un, heb feddwl, heb geisio. Cysgodd.

Yn y bore y dechreuodd y drafferth. Ar goll yng nghyrff ei gilydd wrth ddeffro ac 'roedd o wedi codi i eistedd ar yr erchwyn â'i ben yn ei blu. Ac felly y bu drwy'r dydd. Nid oedd yn flin, dim ond yn drist, trist ac ofnus. Wrth y bwrdd brecwast fe ddaeth rhyw synau tebyg i ymddiheuriad ohono, a'i eiriau'n gyndyn fel cildwrn cybydd. Be? gofynnodd hi. Cymryd mantais arnat ti, atebodd yntau fel o foeschwedl. Mantais, myn diawl, a'r gwahoddiadau wedi bod yn cyhwfan fel baneri gwersyll gwyliau ers deuddydd. Ers yr ha'. Ers blynyddoedd. Ond nid oedd cysuro arno. Yn y diwedd rhoes hi'r gorau iddi ar ôl awr neu ddwy o geisio'i ddarbwyllo, a threuliasant y diwrnod cibog yn mochel ar fwsiau ac mewn dwy ganolfan hamdden, yr oriau'n llusgo ac yntau'n mynd yn fwy a mwy distaw ac annifyr ei fyd fel nad oedd erbyn y diwedd yn gallu edrych arni bron. Troes clecian sgitlau'n aflafar; troes siarad pobl yn grawcian. Dim ond y cofleidiad ffyrnig cyn i'r trên ymadael oedd wedi gwrthbrofi anobaith.

Cyraeddasant. Aeth Rhian yn syth i'r cefn i orffen paratoi'r swper bychan. Lluchiodd Nesta'i bag ar y grisiau a'i chôt ar ei ben cyn mynd drwodd. Rhoes flaen ei throed ar fotwm y teledu i gau ar awyrennau'n glanio un ar ôl y llall er ei bod yn gwybod fod Dewyrth yn eu gwylio. Cododd o. Gafaelodd hi ynddo a'i gofleidio fel plentyn a rhoi clamp o gusan ar ei foch fel y gwnâi ers talwm. Nid cynllwyn oedd o chwaith. Nid i gyd. Mwythodd y ddwy stribed o wallt du o boptu'r moelni mawr ar ei ben, a'i wasgu ati.

'Osian newydd ffonio.'

'Ydi o?'

'Roedd o wedi gallu gwneud. 'Doedd dim ots am funud be oedd gan y ddau i'w ddweud wrth ei gilydd. Gollyngodd Dewyrth. 'Roedd ei ymateb wedi ceisio cyfleu Dewyrth y tad, rhyw gymysgedd o ofal a rhywbeth arall, llai hapus. Dim byd annisgwyl chwaith. Efallai ei fod yn mynd i ddweud rhywbeth, ond galwodd Rhian arnynt a'r unig beth a wnaeth o oedd codi aeliau cynnil, ac aethant drwodd i fwyta.

'Roedd rhywun heblaw hi am gael dechrau siarad. Datgelai'r wynebau bwyllgora diddiwedd. Dewyrth a'i wyneb difynegiant diarth yn canolbwyntio'n llwyr ar ei fwyd, a Rhian yn fwy diarth fyth yn troi llygaid siomedig efallai yn ôl ac ymlaen o un gwpan i'r llall. Rhy hwyr.

'Mae hi am fynd,' meddai Rhian wrth ei phlât toc.

'Doedd cusanau ar foch yn ddim ond hynny. Daliodd yr wyneb difynegiant i gnoi am eiliad.

'O.' Ebychiad pawb at bob peth. 'Pa bryd?'

Ar Rhian yr edrychai Meurig.

'Pan ga' i waith yno,' atebodd Nesta.

'O, ia.'

'A 'dydach chi ddim yn cymeradwyo,' ychwanegodd heb bwt o her, yn gwybod rŵan nad oedd noson setlo am fodloni ar ddim ond ei chwys ei hun.

Dyfarnodd y distawrwydd natur y sylw.

'Ydi hynny o bwys?' gofynnodd Meurig wedyn mewn llais digon fflat.

'Ydi'n tad,' atebodd hithau ar ei hunion. ''Does 'na ddim byd arall yn cyfri.'

68

''Dw i newydd gael testimonial reit dda inni'n dau yn y car,'
meddai Rhian, a sŵn bron fel hiraeth yn ei llais. 'Ond osgoi petha'r
wyt ti.'

''Dydw i'n osgoi dim.'

'Nac wyt.' Llais Rhian wedi newid ar ei union i dinc dweud popeth.
'A 'ti'n trio deud wrthon ni nad wyt ti 'di llawn 'styriad be mae hyn
yn mynd i'w olygu.'

'Ac ar ôl llawn 'styriad, 'dw i fod i gallio, debyg.'

'Weli di fai arnon ni?' gofynnodd Meurig yr un mor fflat.

'A difetha bywyda pobol hollol ddiarth. 'Waeth i chi wynebu hynny
ddim. 'Taswn i'n mynd hefo rhywun arall 'fasa fo'n ddim ond
cwninganydda. Twyll noeth.'

'Roedd rhywbeth yn synnu yn y sgwrs, bron yn afreal, a gwyddai
Nesta beth oedd o. Nid oedd neb yn siarad ar draws ei gilydd, neb yn
codi'i lais. 'Roedd digon o gyfle i ystyried. Gobeithio. Byddai'n rhaid
iddi fod yn anodd condemnio ar ôl trafod.

''Ti 'di penderfynu hynny cyn rhoi cyfla i ddim, 'twyt?' meddai
Rhian.

'Naddo,' atebodd hithau ar ei phen, yn methu am ennyd ag atal
gwên fymryn yn chwerw. 'Nid chwiw ydi o, naci?'

'Mae hynna'n ddigon gwir, mae'n siŵr,' meddai Meurig.

Sur oedd y llais, nid fflat.

'Ond mae 'na rwbath arall yn wir, 'toes?' daliodd Rhian ati.
''Waeth faint o drimins rowch chi o'i gwmpas o, brawd a chwaer
ydach chi a brawd a chwaer fyddwch chi.'

'Hannar.'

'O'r gora 'ta. Hannar brawd a hannar chwaer. 'Run peth . . .'

'Naci.'

'Ia. O'r un groth.'

'Croth, o ddiawl! Blydi inciwbetar.'

'Dyna fo, wrth gwrs. Blydi inciwbetar. Am y ddau air yna'r ydw i
'di bod yn chwilio am ddwy flynadd ar hugain.'

'Temp yn dechra codi rŵan, ylwch. Gwynt o'r môr.'

'Deud ydw i, mor blaen â phob dim 'rydw i 'di'i ddeud wrthat ti
'rioed gobeithio, fod y berthynas 'rwyt ti fwya tebyg ar fin 'i dechra
hefo Osian yn un annaturiol.'

Mwya tebyg, meddai hi.

'Mae 'na filoedd yr un fath â ni.'

'Swcwr mewn tyrfa. Ond yr un ydi'r canlyniad. Perthynas
annaturiol fydd hi.'

'Ac anghyfreithiol,' meddai Meurig, yn rhyw synnu ar ei blât wrth ddweud. 'Nid bod hynny ynddo'i hun o bwys mawr, ond mae o'n adlewyrchu be fasa pobol yn 'i feddwl. Heb sôn am adlewyrchu be ydi o,' ychwanegodd, gan edrych i lygaid Rhian eto wrth wneud. 'Testun rhyw hen grechwan fasach chi,' meddai wedyn, a thinc mwy rhesymol yn ei lais, 'a dirmyg. Mi fyddach chi'n herio hynny ac yn methu sylweddoli y byddach chi'n mynd fwy a mwy i'ch cregyn wrth wneud, nes y byddach chi yn y diwadd yn dyfeisio'ch gelynion ac yn troi pob gair ac edrychiad o'u heiddo nhw'n wenwyn.'

''Fydd 'na neb yn ein nabod ni,' meddai Nesta, yn dechrau digalonni am fod pe ac nid pan mor fwriadol yn sylwadau Dewyrth. ''Fyddwn ni ddim yn hel at Blant Mewn Angan.'

'Mae hyn yn anobeithiol, 'tydi?' meddai Rhian. ''Does 'na neb yn mynd i'w tynnu nhw drwy'r baw, ylwch.'

Caledwch pethau wedi'u meddwl ond heb eu dweud tan rŵan yn llond y llais. Rhy hwyr.

'Ella dy fod di'n iawn,' ychwanegodd Meurig, yn dal i geisio cadw'i resymoldeb, 'a bod 'na frodyr a chwiorydd hyd yr hen fyd 'ma 'di bod yn rhyw fyrrath hefo'r naill a'r llall o bryd i'w gilydd . . .'

'Nid myrrath, Dewyrth!'

'O'r gora. Ella ddim. Mi fasa'n well 'tasa fo. Mi faswn i feddwl mai rhwbath wrth dyfu ydi hynny, a dim byd dyfnach.'

'Naci. Mae 'na gannoedd,' meddai Nesta'n ddi-droi.

'Os oes 'na, 'wela i ddim 'i fod o'n gwneud unrhyw wahaniaeth.'

Byddai'n anodd condemnio ar ôl siarad. Byddai'n anodd. Dal, dal, dal i gredu hynny.

'Ond wrth gwrs,' meddai Meurig wedyn, yntau bron â chredu'i eiriau, 'mi fedrwch chi fwynhau cwmni'ch gilydd yn hollol naturiol fel brawd a chwaer. 'Does 'na ddim o'i le ar hynny, siŵr. 'Does dim rhaid—ym . . .'

'Rhyw.'

'Ia.'

Dirprwy brifathro a'i fryd ar guro dwyfron wrth geisio argyhoeddi llond neuadd nad ymarferiad llenwi cylla oedd bwyta. Pob agoriad ceg fwy na thwll din iâr Saesneg yn anwaraidd. Ond beth bynnag oedd bwyta, nid ymarferiad troi bochau oedd siarad. Noson setlo.

'Mae'n rhy hwyr i chdi ddeud hynna, Dewyrth.'

Y distawrwydd clecian cyntaf. Fel un, troes Rhian a Meurig eu golygon i lawr ar eu platiau. Gadawodd Nesta lonydd iddynt.

'Dyna oedd llanast heddiw,' meddai bron yn freuddwydiol yn y man, a llygaid Meurig yn codi y munud hwnnw i edrych ar Rhian wrth glywed rhywbeth newydd sbon. 'Mae o'n ystyriad, yn poeni. Llawn mwy cyfrifol.'

'Gobeithio . . .' dechreuodd Rhian yn gadarn a phetruso yr un munud.

'Do, mi ddaru ni. Be 'di diban cadw'r ddyletswydd ond i gyfrannu at elw ffatri Diwrex?'

'Nid dyna be oedd gen i a 'dydi peth fel hyn ddim yn jôc.'

Ar ymylon chwerwedd na wyddai Nesta ei fod. Distawrwydd drachefn.

'Nid fi ydi'r unig un y mae 'na angan iddi lawn sylweddoli petha, naci? Mi wyddoch gystal â minna nad ar fin dechra 'dan ni.'

Nid oedd neb am ateb hynny.

'Dudwch y gwir 'ta,' meddai hithau heb boeni, 'mae o ers cyn i mi allu cofio 'tydi? Ers cyn i'r ddynas 'na . . .'

'Dy fam.'

'Ers cyn i honno benderfynu mynd o'i cho. Fel 'tasai hi ddim cynt.'

'Yli!' 'Roedd Rhian yn arthio. Newydd iawn a diarth iawn. ''Dydi lluchio petha fel 'na am dy fam, a mae hi'n fam i ti, ddim yn mynd i helpu dim ar neb. Pryd wnei di sylweddoli nad oes gan y ddynas yr un gradd o help am 'i chyflwr?'

'Pan neith hitha sylweddoli nad oes gen inna'r un gradd o help am 'y nghyflwr inna.'

Dylent fod wedi tynnu'r lle i lawr y noson honno ym mis Awst.

'Ac mae'n hen bryd i chitha sylweddoli bod angan rhwbath amgenach na fersiwn awdurdodedig y stori erbyn hyn. Y petha sy' heb 'u deud. Pam aeth hi'n sâl, pam oedd 'y nympio i'n gwella petha.'

'Dympio,' meddai Rhian yn dawel.

'Duw Duw, Rhian.'

''Does 'na ddim fersiwn awdurdodedig ohoni,' meddai Meurig.

'Mae Osian yn cofio,' palodd hithau.

'Ydi o?' meddai Meurig ar ei union. 'Mae co hogyn chwech oed yn llawar mwy dibynadwy nag un pawb arall, siŵr.'

''Does dim rhaid iddo fo gofio'r manylion.'

Y pendantrwydd yn swnio'n well na'r disgwyl, yn hen ddigon da i dwyllo Dewyrth.

'O'r gora. Mae'r—mae'r—beth bynnag ydi o—yr atyniad 'ma rhyngoch chi 'rioed. O'r crud.'

'Arnoch chi mae'r bai felly, 'te?'

'Ia, siŵr,' meddai Rhian. 'Am beidio â chwipio'r peth ohonat ti, debyg.'

'Os oedd y peth mor amlwg, pam na che's i 'ngyrru i ffwrdd yn ddigon pell o'ch golwg chi i gyd pan—pan aeth hi'n ffliwt?'

Rhian oedd yn edrych ar Meurig. Gydag ochenaid hir ac amlwg fwriadol, gafaelodd Meurig yn ei getyn a dechrau'i lwytho. Cymerodd Nesta'r pwrs baco oddi arno a'i ffroeni am eiliad cyn ei roi'n ôl. 'Roedd gobaith o hyd. Nid am ei fod ar fin dweud stori yr oedd Dewyrth wedi gwelwi chwaith. Taniodd o. Chwythodd hithau'r mwg ar chwâl.

'Wel.' Cymerodd Meurig ei getyn fel canllaw. 'Rhyw flwyddyn ar ôl iddyn nhw briodi y doist ti i'r byd ac Osian yn glapyn rhyw dair oed. Mi welwyd ar unwaith 'i fod o wedi gwirioni'n lân arnat ti. Chdi oedd pob dim, ddydd a nos. Mi gafodd y peth 'i drin fel jôc i ddechra, a ffordd wych o'ch cael chi'ch dau'n ddiddig. Ond mi sylweddolwyd 'i fod o'n prysur fynd dros ben llestri. 'Wnaet ti ddim byd ond strancio hebddo fo a 'wnâi ynta ddim ond pwdu a malu pob dim wela fo os oedd neb yn ych gwahanu chi. Mi aeth ar nerfa Susan.'

'Roedd y cetyn wedi diffodd. Rhoes Meurig o yn ei geg i'w danio, ac ailfeddwl. Tynnodd o, a phwyso'i fys canol, y bys yr oedd bwyell wedi mynd â'i hanner flynyddoedd ynghynt wrth dorri pren i wneud plygiau, yn araf ar y baco.

'Yna,' aeth ymlaen yn ei amser ei hun, 'bymthag mis ar d'ôl di mi ddaeth Idris. Mi 'ddyliodd pawb y byddai hynny'n setlo petha, ond 'ddaru o ddim. Er bod Osian yn ffrindia hefo Idris ac yn 'i fwytho fo bob hyn a hyn, chdi oedd pob dim o hyd, a hynny'n mynd yn waeth ac yn waeth. Mi graciodd Susan. Paid â gweld bai arni hi. Ond mi benderfynodd fod y diafol 'i hun yno, a gwaetha'r modd mi dechreuodd gyhoeddi hynny o benna'r tai. Mae'n rhaid iddi gael gwybod,' meddai wrth Rhian wrth weld llygaid honno'n gwgu. 'Dyna'r pryd y buo'n rhaid iddi fynd i ffwr.'

'Roedd wedi petruso mymryn wrth ddwoud hynny. Nid oedd Nesta'n ddigon siŵr mai'r ansicrwydd arferol wrth sôn am seilam oedd yr achos.

'A finna i'w chanlyn hi,' meddai.

'Yn y cyfamsar, 'roedd Rhian a minna 'di colli Gwilym yn bythefnos oed, fel gwyddost ti, ac wedi cael rhybudd i beidio â thrio wedyn wrth ein bod ni wedi colli dau arall yn y groth.'

'Dyna be sy'n dy wneud di'n werth y byd, Dewyrth!'

'Roedd Nesta wedi rhuthro i'w fraich ac wedi'i gwasgu'n sydyn.

'Be?' syfrdan.

'Pan sonist ti am y groth mi ddwedist ti 'ni'. Dyna'r gwahaniaeth rhyngoch chi ac inciwbetar.'

'Paid, hogan.'

'Roedd llais Rhian yn dawel. 'Roedd rhyw anobaith yn y rhythu a wnaeth Meurig arni. Rhoes ei getyn ar y bwrdd a sodro dwy law dros ei dalcen.

'Dduw mawr!'

''Roeddan ninna 'di rhoi'n henwa i lawr i fabwysiadu,' meddai Rhian, a'i llygaid yn wastadol ar ddwylo Meurig, 'a dyma benderfynu tynnu'n henwa oddi ar y rhestr a dy gymryd di. I atab dy gwestiwn di . . .'

'Prun?'

'Pam na che'st ti dy yrru i bellafoedd byd. 'Roeddan nhw'n anfodlon iawn dy ollwng di, y ddau fel 'i gilydd. Ac unwaith 'roeddan ni 'di trafod ac ystyriad yn iawn 'roedd Meurig a minna'n g'luo isio dy gael di, ac 'roeddan ni'n argyhoeddedig nad oedd y dynfa rhyngoch chi mor anarferol na fyddai hi'n diflannu'n raddol wrth i chi dyfu, ac yn enwedig wrth i chi gael ych magu ar wahân. Dyna sut cytunodd Henry. 'Chollon nhw mohonot ti.'

'A dyna pam nad ydw i'n cael traffarth i'w alw o'n Dad.'

'Deud o.'

'Hi fydd hi tra bydda i. 'Dydi'r ddynas 'rioed 'di siarad hefo fi i ddechra arni hi.'

''Dydi hynna ddim yn wir, Nesta, heb sôn am fod yn deg.'

''Rydw i'n deud calon y gwir. Mae hi 'di siarad ata i droeon, mae hi 'di siarad wrtha i amball dro. Ond siarad hefo fi, 'rioed.'

Gadawyd hynny heb ei ateb. Nid oedd y pendantrwydd yn gwahodd hynny, prun bynnag.

'Ond mae 'na un tamad o'r stori sydd ddim yn gwneud synnwyr, 'toes?' meddai Nesta drachefn.

'O?'

'Pam fi? Pam nad Osian ddaeth yma i gael 'i fagu?'

Saib fechan, ystyriol.

''Dydi'r patryma sy'n ffitio'n daclus ar y papur ddim yn ffitio bywyda go iawn bob amsar,' meddai Meurig yn dawel, a'i sylw i gyd ar ei getyn.

'O ia. Nid isio cadw Osian, ond isio cael mâd â mi.'

''Does 'na neb yn dewis salwch meddwl, Nesta,' meddai Rhian.

'Nac oes, siŵr.' 'Roedd dyhead sydyn am i'r sgwrs ddod i ben am y tro. Cododd. ''Ro'n i 'di meddwl mynd i fyny i'r llofft am ryw grei fach. Ond 'da i ddim rŵan chwaith. Tyrd. Mi olchwn ni'r llestri i'r diawl.' Dechreuodd glirio, a rhoi'r gorau iddi ar eu canol. 'Osian.'

'Be?' gofynnodd Rhian.

'Mi geith o ddal i ddŵad yma, ceith?'

'Ceith,' meddai Rhian ar ei hunion, a'i llygaid a'u poen newydd ar Meurig o hyd. 'Mi geith.'

Pennod 6

'Tria'i gweld hi, Osian bach, wir Dduw.'

'Roedd Mick wedi gofyn rhywbeth iddo, ac unwaith eto heb gael ateb. Fe'i cafodd ei hun yn serennu uwchben pensel, fel pe bai hi y gyntaf a grewyd. Gydol yr wythnos yr un fath.

'Be, Mick?'

''Rydan ni'n barod i gau ar y peipia dwytha 'na i'r pwmp.'

'Iawn. Mi ddo' i rŵan.'

'Ia, dyna chdi.'

Fel pe bai'n blentyn.

'Sori, Mick. Rŵan hyn.'

'Syndod fel medar pobol newid mewn wythnos.'

Dim ond ar yr wyneb, gobeithio. Gadawodd Osian ei fwrdd llunio ac estyn ei offer profi peipiau cyn mynd ar ôl Mick. Rhoes chwibaniad ar Gari a oedd yn trafota yn y fynedfa. 'Roedd Gari'n gynorthwyydd brwd, yn enwedig pan ddarganfu nad oedd Osian yn mynd i deyrnydda a stwardio uwch ei ben fel S.M.

Dal i fod yn y niwl oedd ei hanes ynglŷn â Tim. 'Roedd wedi bod yn ceisio dyfalu sut i gael gwybodaeth am y lladrata o'r amgueddfeydd heb ymddangos yn fusneslyd. O hynny o wybodaeth a gawsai, darluniau oedd wedi'u dwyn gan mwyaf. Am y rheini'r oedd pawb yn sôn. Ni fyddai waeth o brocio Mick chwaith.

''Dydi o ddim yn gwneud synnwyr, Mick.'

'Be?'

'Os ydi Tim yn gymaint o leidar â mae'r rhein yn 'i awgrymu, pam oedd o'n byw mewn carafán a honno cyn hyned ag Adda?'

'Er mwyn i bobol fath â chdi ofyn hynna, ella.'

'Dim i'r gradda yna, Mick. 'Welis i 'rioed beth mor ddigysur i drio byw ynddo fo, yn enwedig hefo plant.'

'Mae 'na lawar iawn o betha y medri di wario dy bres arnyn nhw. Ac amball dro mae'n rhaid i ti, faint bynnag sy'n dŵad i mewn.'

'Ond Tim? Sut medra Tim fod mewn cysylltiad â neb i gael mâd â'r llunia 'na?'

''Doedd dim rhaid iddo fod, nac oedd? Mae un yn ddigon i hynny.'

Dim oedd dim. Un cynnig arall.

''Fasai hi ddim yn gallach iddo fo ddwyn rhwbath llai?'

'Fel be?'

'Wel... 'Does gen i ddim syniad. Be arall gafodd 'u dwyn?'

'Paid â gofyn i mi. Pam nad ei di i chwilio am restr?'
'Lle ca' i beth felly?'
Arhosodd Mick.
'Duw, s'gen ti gymaint o ddiddordab â hynny?'
'Wel ...' 'Roedd wedi'i ddal, yn daclus. Gwridodd. 'Roedd
hynny'n mynd yn beth mwy a mwy mynych yn ei hanes hefyd. 'Dim
ond ar un wedd. Nid be—be fasat ti'n 'i feddwl.'
'Wel taw ditha.' Coelio dim.
Bu bron iawn iddo ildio ac egluro, ond daeth Gari atynt.
'Pam nad ei di at 'i dwrna fo?' gofynnodd Mick.
'I be?'
'Os na wyddost ti be 'ti 'i isio, pwy sy'n gwybod?'
'Roedd y sgwrs yn prysur fynd yn llanast. Yr un eiliad aeth yn
amherthnasol, am y tro beth bynnag, a deallodd Osian arwyddocâd
stumiau anghynnil Gari. Gwelodd y crwb cyfarwydd yn cael ei gynnal
gan y ffon. 'Roedd S.M. wedi mynnu dod yno. Gwyddai Osian pam,
hefyd. Safai gerllaw swyddfa Jonathan, hwnnw wedi'i gornelu'n
daclus a golwg felly arno.
'O ble doth hwn?'
'Wyddost ti'r drafnidiaeth gyhoeddus 'ma 'ti mor hoff o ganu'i
chlodydd hi?'
''Chei di mo dy dair wythnos hebddo fo, felly, na chei?'
''Dwyt ti ddim yn dryst i fod ar dy ben dy hun, yli.'
Cyraeddasant o fewn clyw.
'... a medda fynta "In the gutterhrh!" hrh! hrh! hrh! hrh!'
Ni chofiai Osian iddo erioed chwerthin o'i wirfodd am ben yr un jôc
o eiddo S.M., er bod tuedd gref i'r rheini ddisgyn yn rhifedi o gwmpas
rhywun. Ond fe fyddai'n chwerthin pan fyddai'r jôc un ai'n Saesneg
neu'n gorffen gyda dyfyniad Saesneg a llythyren olaf y gair olaf yn r.
'Roedd yn bwysig iawn siarad Saesneg fel Sais, a golygai hynny
seinio'r llythyren honno fel Americanwr. A chan fod S.M. yn dechrau
chwerthin yn union ar lythyren olaf gair olaf ei jôc, yr un sŵn â'r
llythyren honno a gadwai wrth chwerthin. A'r sŵn gorau o ddigon
oedd yr r feddal, nid yn unig oherwydd y sŵn ond hefyd oherwydd y
siâp. Âi'r bochau'n fwy crwn gan symud yn uwch i geisio gorchfygu'r
llygaid, a cheisiai'r mwstás yntau gael yr un oruchafiaeth ar y trwyn.
'A 'dw i'n cofio rhyw dro arall ...'
Oedd, oedd. Ddegau ohonyn nhw. Symudai esgyrn boch Jonathan
i mewn ac allan yn rheolaidd. Anelasant hwythau am y tu arall wrth
fynd heibio. 'Roedd y demtasiwn i rythu o dan swyddfa Jonathan
bron yn drech nag o, 'waeth pwy oedd yn bresennol, ac ofnai Osian

fod y pecyn odani'n dechrau dweud arno. Cyn waethed bob tamaid oedd yr ansicrwydd a oedd yn dal i fod yno ai peidio. Daethant at y peipiau newydd a diolchodd am eu nodded. Canolbwyntiodd yn rhy drwyadl am ychydig ar eu harchwilio gyda'i lygaid. Dim ond y peipiau o'r tanciau derbyn ym mhen ucha'r safle oedd heb eu profi. Gan eu bod yn unionsyth rhoes lamp i Gari i fynd i'r pen uchaf, a dringodd i lawr yr ysgol i bydew y pwmp i gyfarfod â'r pen arall, yn ddiolchgar o gael mynd o sylw pawb am ennyd. Nid oedd angen defnyddio'r drych gan fod digon o le i edrych i mewn i'r peipiau. Nid oedd angen y lamp chwaith, oherwydd gwelai olau dydd yn glir o'r pen arall. Gwaeddodd ar Gari drwy'r peipiau a rhoes ei ddrych yn ôl yn ei boced, yn barchus ohono am yr wythnos gwas newydd arferol. 'Roedd popeth yn ei feddiant yn newydd sbon, y Ffyrm a Jonathan wedi gofalu amdano mor gynnar â phnawn Llun. Ond llwynog oedd yr ymateb digyffro i'r malu yn ei swyddfa hefyd. 'Roedd pobl wedi bod trwy'i bethau ac wedi dinistrio popeth, yn drwyadl a bwriadol. Er ei waethaf tyfai arwyddocâd hynny'n fwy a mwy ysgeler yn ei feddwl a chysur digon gwag oedd bod y Ffyrm wedi cymeryd arni mai hi oedd piau ei sbienddrych hefyd ac wedi hawlio un newydd iddo yn erbyn yr yswiriant. Nid oedd yr heddlu wedi dal neb ac nid oedd neb i'w weld yn malio.

Ond 'roedd gwaeth na hynny. Eilbeth oedd yr ymateb i'r malu, eilbeth oedd yr ansicrwydd ynglŷn â Tim a'i becyn. Y gwir ddychryn oedd y peth arall. 'Roedd pleser annioddefol caru rhwng cwsg ac effro wedi troi'n hunllef gyda thoriad gwawr ac wedi aros felly. Arno fo'r oedd y bai wrth gwrs. Ni wyddai sut y medrodd Nesta'i oddef drwy ddydd Sul ac yntau mor dursiog. Os tursiog. Euog, ofnus, digalon, euog, hapus efallai, di-sgwrs, euog. Gwaethygu wnaeth pethau ddydd Llun, er gwaethaf y teganau newydd a phresenoldeb meddwol hapus Gari. A chymysgedd o frwdfrydedd, hanner anghrediniaeth ac arswyd oedd ei ymateb i'r alwad ffôn amser cinio yn sôn am y tŷ ar werth neu ar osod yr oedd i chwilio amdano'n ddi-oed iddynt ill dau, a'i bod hi eisoes wedi sgrifennu at bump o'r hysbysebwyr a oedd yn cynnig swyddi yn y papur a brynasai o nos Wener, ac yn sôn dim, dim un ebwch, am ei surbychni ddydd Sul. Aeth pethau'n waeth byth ddydd Mercher, pan beidiodd Tim a'i achos llys â bod yn hoff sgwrs y safle, ac i achos arall am ddyn lleol a fu wrthi'n dygn dreisio'i ferch yn ddyddiol am ddeuddeng mlynedd ddechrau yn Llys y Goron ac ar dudalennau'r papurau newydd. Nid y treisio oedd y pwdin ond y berthynas. Yr unig beth y medrodd o ei wneud oedd cymeryd arno bod ei stumog ohoni. Os cymeryd arno.

77

'Roedd rhywbeth arall hefyd. Gwaeth neu well, nid oedd wedi penderfynu eto. 'Roedd wedi ffraeo hefo'r Fitchell. Honno'n busnesa ac yn edliw ac yn cnulan yn ddi-daw am ei anturiaethau dros y Sul ac am bryder ei fam, a chafodd yntau lond bol sydyn arni a dywedodd wrthi am fynd i'r diawl. Nos Lun oedd hynny, ar ôl galwad ffôn Nesta. Rhagluniaeth am roi hwb ymlaen iddo neu ei dynnu i'w thrap. Ond erbyn amser gwely nos Lun 'roedd wedi cael rhybudd i ymadael o dŷ'r Fitchell. 'Roedd ei feic eisoes wedi'i dynnu o'r cwt, ac 'roedd ganddo wythnos i ddod o hyd i gartref newydd iddo fo ac yntau. Yr adeg honno y sylweddolodd gymaint yr oedd yn dirmygu'r ddynes a'i thŷ a'i phopeth. Ond ni fedrai yn ei fyw ddangos unrhyw awydd i fynd i banig am y byddai ar y pafin ymhen dyddiau. 'Tasai hi'n mynd i hynny, medrai brynu sach cysgu a'i roi ar lawr ei swyddfa prun bynnag. 'Roedd ganddo ddŵr a gwres. A thridiau.

Gadawodd i Gari roi'r prawf aer i'r peipiau. Bodlonodd o ar fod yn was bach yn cau'r pen yn y pydew, gan aros o'r golwg. Ffurfioldeb o oes aur S.M., gyda'i pheipiau pridd llathen yn cael eu rhoi wrth ei gilydd efo sment, oedd profi peipiau erbyn hyn, prun bynnag. 'Doedd yr un hyd a brofodd o erioed wedi methu. Ond o leiaf fe gaent hwyl am fod y peipiau'n cael eu profi yng nghefn S.M. ac yntau o fewn cyrraedd. Llechodd yno, yn fodlon ar ei le am y tro. Ond ni pharodd hynny'n hir. Daeth bloedd hanner gondemniol hanner argyfyngus ryw bum munud ar ôl i Gari a'i osgordd fynd i'r pen arall. Dringodd yr ysgol.

'Be sydd?'

''Dydi hi ddim yn dal.'

'Aros funud.'

Dychwelodd i'r pydew. Dadsgriwiodd yr atalydd a glanhau'r rhwber â'i fys. Glanhaodd o gwmpas y beipan hefyd, ond nid oedd dim i'w weld ar yr un o'r ddau. Daeth i fyny drachefn.

''Sgin ti saim, Mick?'

'D'o weld.'

'Dos â'r llall hefyd.'

Dadsgriwiodd Gari'r atalydd arall a'i roi i Mick. Prysurodd o o'u golwg i gwt bychan. Gwrandawsant arno'n rhegi'n ffri.

'Gollwng yn raddol oedd hi?' gofynnodd Osian.

'Naci. Dal dim.'

Daeth Mick yn ôl a'r ddau atalydd yn laddar o saim melyn trwchus. ''Deith 'na ddim heibio iddyn nhw rŵan.'

Rhoed yr atalyddion yn eu holau gan sgriwio'n dynn. Cysylltodd

Gari'r offer a chwythodd i beipan fechan. Ni symudodd yr arian byw yn ei fesurydd gwydr ddim o gwbl.

'Mae o'n mynd yn syth allan,' meddai Mick, a'i drem yn trafaelio'r peipiau yn ddigri braidd fel pe i chwilio amdano.

'Galw S. M. Jones,' cyhoeddodd Gari.

'Dim peryg yn y byd, Pero.'

Dychwelodd Osian i'r pydew. Edrychodd ar hyd y peipiau wrth fynd, ond nid oedd dim i'w weld o'i le. Tynnodd yr atalydd a goleuo'i lamp ar hyd y peipiau, o ran 'myrraeth yn fwy na dim arall am nad oedd yn disgwyl unrhyw ddatgeliad o olau lamp. Diffoddodd hi ac edrych i'r tywyllwch, o ran 'myrraeth eto. Yna craffodd. Rhegodd. Daeth i fyny.

'Cliriwch 'i hochra hi.'

Cafwyd hyd i un y munud hwnnw, twll tua thri chwarter modfedd wedi'i ddrilio a'i guddio gan bridd blêr er mwyn i bopeth ymddangos yn naturiol. Cliriwyd gweddill y peipiau ar frys, a daethpwyd o hyd i wyth twll arall yr un fath yn union â'r cyntaf, a'r cwbl mor agos at waelod y beipen ag y gellid gweithio'r dril.

'Dos i nôl Jonathan,' gorchmynnodd Mick Gari'n swta. 'Brysia!'

Ond nid oedd angen. 'Roedd Jonathan ac S.M. yn llusgo dod tuag atynt, a'r un olwg â chynt ar wyneb Jonathan. Nid bod S.M. yn ymwybodol o hynny.

'. . . a thair wsnos oedd gin y Ministri o' Difféns i wneud y gwaith. 'Roedd hi'n rhaid iddyn nhw gael y mast ar ben y mynydd ond 'roedd pawb wedi methu cael lle i wneud lôn i fynd i fyny ato fo, gormod o glogwyni ym mhob man. Roeddan nhw wedi trio'u hinjaniars 'u hunain i gyd, a dipyn o rai erill hefyd, siŵr gen i, rhai gora'r wlad 'ma. A phob un ohonyn nhw wedi methu. Mi wnes i'r cwbl iddyn nhw mewn deuddag diwrnod.'

'Jonathan!' arthiodd Mick. 'Ma'r peipia 'ma 'di cael 'u tyllu!'

Yr eiliad honno y penderfynodd Osian y byddai'n hoffi llindagu Mick. 'Roedd Mick i fod yn ddigon call i fynd at Jonathan a'i dywys o'r neilltu i ddweud y newydd wrtho o glyw S.M. Edrychodd mewn anobaith ar Gari. 'Roedd hwnnw hefyd yn cytuno.

Penododd S.M. ei hun yn ddisymwth yn brif oruchwyliwr. Dechreuodd bentyrru gorchmynion a chwestiynau ar draws ei gilydd, y cefn wedi ceisio ymsythu a'r awdurdod angenrheidiol eisoes yn llenwi'i wyneb. Ni fedrai neb meidrol ddod o hyd i'r atebion i'r rhan fwyaf o'i gwestiynau mewn cyn lleied o amser, ond nid dyna'u diben. Brysiodd Jonathan i archwilio'r tyllau gan ei anwybyddu'n llwyr, a chyflwynodd Osian weddi fer fer o ddiolchgarwch iddo.

'Ffoniwch y plismyn,' meddai Jonathan.

'Mi a' i,' meddai Osian, a chychwyn cyn i neb gael cyfle i ddweud dim. Calla heglo.

Ar y ffordd i fyny y cafodd y syniad, wrth weld cribin yn gorffwys yn erbyn llwyth o flociau concrid. Edrychodd o'i gwmpas. Nid oedd neb yn edrych tuag ato. Gafaelodd yn y cribin a phrysuro ymlaen. Cymerodd gip arall o'i amgylch pan gyrhaeddodd swyddfa Jonathan, yna stwffiodd y cribin yn frysiog rhwng y distiau, ei gollwng i'r ddaear, a'i thynnu'n ôl tuag ato mor gyflym ag oedd ddoeth. Daeth y pecyn i'r golwg, a bachodd o'n ddiymdroi a'i gadw yn ei boced. Gadawodd y cribin wrth y swyddfa gan adael i arall ddyfalu a damio ac aeth i ffonio. Gwnaeth hynny o'i swyddfa ei hun ac arhosodd yno, gan fodio'r pecyn a dyfeisio melltithion ar S.M. yr un pryd.

Nid fandaliaeth oedd y tyllau, ond gweithred fwriadol gan rywun i greu llanast. 'Roedd yn anodd ceisio ystyried dim mor fuan ar ôl eu darganfod; nid oedd am geisio chwaith cyn cymryd digon o amser i wneud hynny. Ond 'roedd yn amlwg bellach nad fandaliaeth oedd malu'i swyddfa nos Wener chwaith.

Agorodd y pecyn yn araf, gan gadw'i fysedd y tu ôl i hances bapur. Deuai'r hen chwilfrydedd yn ôl ar unwaith bob tro y gwelai stampiau cath mewn cwd. Ond daeth y chwilfrydedd â rhywbeth arall i'w ganlyn y tro hwn. Nid aeth i gyfrif, ond 'roedd tua chant a hanner o stampiau yn y waledi, a phob un o wledydd Llychlyn neu Wlad yr Iâ. Dyna oedd ar yr amlenni hefyd. Nid oedd wedi sylwi hynny y tro cynt. Y Ffindir, Norwy a Gwlad yr Iâ oedd y gwledydd yr oedd o'n eu casglu. Cwestiwn Nesta fore Sadwrn oedd ai cyd-ddigwyddiad oedd o, a hynny heb wybod pa wledydd. Rhoes nhw yn eu holau'n frysiog, a chadw'r tun yn ei boced. Aeth allan, ac yn ôl at y peipiau. Trodd S.M. arno ar unwaith.

'Lle 'dach chi 'di bod? Yn fa'ma ma'ch lle chi!'

'Ydi dy gamera di gen ti, Gari?'

'Ydi.'

'Atebwch 'y nghwestiwn i, wnewch chi?'

'Fedri di wneud rhwbath o'r peipia 'ma?'

'Be, cael llunia'r tylla?'

'Ia.'

'Go dam it ôl! Wnewch chi wrando arna i!'

Astudiodd Gari'r peipiau. 'Roedd wrth ei fodd.

'Medra, 'dw i'n meddwl.'

'Tria hi 'ta.'

Aeth Gari ymaith. 'Roedd yn ffotograffydd da, ac yn prysur brentisio'i hun yn un gwell. Trodd Osian yn hamddenol at S.M.

'Ia, Jôs?'

Sgrytiodd y mwstás.

'Fi sy'n deud be sy'n digwydd yn y lle yma!'

'Naci, Jôs. 'Dach chi'n dŵad yma am ryw hannar awr bob pythefnos. 'Weithith hi ddim felly. Mae petha'n mynd yn iawn yma fel mae hi.'

'Be mae'r tylla 'ma'n 'i wneud yn y peipia 'ma 'ta?'

'Croeso i chi ddŵad yma ar sifft nos. 'Ddaw 'na neb i'w tyllu nhw wedyn.'

'Pwy 'dach chi'n 'i feddwl ydach chi, y clap?' 'Roedd y llais wedi gostwng, ac wedi troi'n chwyrnu llawer mwy bygythiol.

'Ac mae'r ffaith ein bod ni wedi dŵad o hyd i'r tylla'n dangos bod petha'n mynd yn iawn yma.'

'Mynd yn iawn! Pob dim yn dipia, plismyn yma dair gwaith mewn un wythnos!'

'Pedair.'

'Y?'

'Mi ddoth 'na un yma ddydd Gwenar hefyd pan oedd Gari a chitha yn y gwaelod 'ma.'

'Be—be . . .'

'Isio matsian ne' rwbath.'

'Ylwch!'

Ond 'roedd Gari wedi dod yn ôl. Trodd Osian a mynd ato. 'Roedd arno flys ailadrodd ei berfformiad i'r Fitchell nos Lun wrth S.M. hefyd er gwaethaf ei wên ddiniwed a'i oslef ddi-hid. Roedd Gari eisoes yn astudio'r peipiau, yn troi ei ben i ddilyn yr onglau posibl ac yn anelu'r camera heb dynnu llun bob hyn a hyn.

'Wel?'

'Hm.' Crychai drwyn braidd. 'Mi fasa fo'n fwy pendant 'tasan ni'n stwffio rhwbath fel beiro i'r tylla.'

'Dyna chdi 'ta. Ne' ffon hwn.'

'Mi dduda i wrthach chi be 'di'r drwg hefo chi!' Roedd S.M. wedi llusgo o flaen Osian. Y tu ôl i'r gwydrau sbectol a oedd yn felyn gan fwg baco 'roedd y llygaid bychain mor fawr ac mor ffyrnig ag y gwelsai Osian nhw erioed. 'Diffyg dylanwad tad go iawn ar yr aelwyd!'

'Roedd y distawrwydd yn syfrdanol. Dim ond cloc fedrai fesur ei hyd. 'Roedd pawb wedi troi i edrych arnyn nhw neu ar ei gilydd. Aeth Osian yn chwys, hen chwys annymunol yn dechrau rywle tua'i wddw a'i sgwyddau ac yn prysuro fel ias i lawr gweddill ei gorff. Ond dim ond am funud, dim ond tra bu S.M. yn prysur welwi wrth sylweddoli fod pob tewin o gyfeillgarwch a pharch a chyd-ddeall rhwng cydweithwyr, faint bynnag fu yno erioed, wedi diflannu i'r entrychion gyda datganiad awdurdodol yr oedd yr her o'i wneud yn bwysicach ar y funud na dim arall. Yn gwrthod cydnabod ei lanast, ceisiodd yr hen ŵr ddal ei dir.

'A finna a'r Ffyrm yn ych cymryd chi ac yn ych hyfforddi chi, i drio gwneud rhwbath ohonoch chi.' Nid oedd ganddo ddewis ond canlyn arni. 'A fel hyn 'dach chi'n diolch...'

'Ia, Jôs. Be sydd, 'dach chi'n gweld, oedd bod Mam mor ffyrnig bod neb yn awgrymu 'i bod hi wedi gori allan, mi ge's i 'ngalw'n fabi'r Ysbryd. A mae hynny 'di 'ngwneud i'n uffar o ben bach. Wel, naturiol, 'tydi? Y pen, hynny ydi, nid yr enedigaeth.'

Yr unig beth a fedrai'r ffon druan ei wneud oedd crafu twll fel twll sylfaen iddi'i hun yn y pridd.

'Tyrd, Gari. Mae isio chwilio pob modfadd o'r gwaith rhag ofn bod 'na rwbath arall 'di chael hi.'

Meiddia anghytuno, meddai'i lygaid wrth y mwstás a'r sbectol felen. Ond nid oedd peryg o hynny.

Daeth Gari atynt a'i gamera'n dynn yn ei law. Deuai rhyw sŵn digon anarferol o'i grombil. Cychwynasant. Ar ôl dau gam trodd y sŵn yn ffrwydrad.

'Mae un peth yn ddigon saff i chi!' 'Roedd Gari wedi troi a chamu'n ôl nes bod ei geg yn nhrwyn S.M. Codai ei lais gyda phob gair. 'Mi fasa'n well gin i gael babŵn yn dad na'r lolyn 'na 'dach chi'n byddaru pawb hefo'ch brywela diddiwadd amdano fo! Hen ŵr 'y nhad hyn, hen ŵr 'y nhad llall. Hen ŵr 'y nhad yn llnau a pholisho'i gar ar ôl pob un siwrna. 'Doedd gan y gornchwiglan ddiawl ddim byd arall i'w wneud, siŵr Dduw! Mistar pob crefft dan haul yn llyfu tina pawb oedd o'n meddwl 'u bod nhw'n uwch 'u stad na fo, ac yn sbio i lawr ar bawb arall. 'Run fath yn union â'i blydi mab!'

Teimlo'n gachwr braidd wnâi Osian am fod cyhyd cyn gafael ynddo a'i dynnu'n ddiseremoni oddi wrth S.M. Ond 'roedd Gari mor anfoddog i orffen bwrw'i lid cyn dechrau bron fel bu'n rhaid iddo ddal i'w dynnu am gam neu ddau. 'Roedd S.M. yn dal i fod yn hollol lonydd a'i law'n glasu am fagl ei ffon.

'Os bydd y plismyn isio ni, doro waedd,' meddai Osian wrth Jonathan.

Nodiodd hwnnw gytundeb, braidd yn llywaeth. 'Roedd pawb arall yn eithriadol o dawel o hyd. Aethant.

'Dowch yma!'

Beth oedd pwrpas yr hanner gwaedd gryglyd, ni wyddai neb, nac S.M. ei hun chwaith. Trodd Gari'n ôl ar ei union.

'Y basdad!'

'Fi 'di hwnnw. Tyrd!' Tynnodd o. 'Naci. Y llunia.'

'Fedra i ddim rŵan, na fedra?' Daliai i weiddi. ''Dw i 'di myllio gormod, 'ndo!'

'Tyrd 'ta.'

Cerddodd y ddau yn eu holau i gyfeiriad y swyddfeydd a'r ffyrnigrwydd yn chwyrnu drwy anadl Gari. Yn raddol dechreuai dicter amharu ar anadl Osian hefyd a cheisiodd ei reoli. Rhoes ei law yn ei boced i deimlo'r bocs pan welodd y cribin, ac yna aeth i'w swyddfa i nôl ei oriadau manol. 'Roedd am gael golwg ar bob un drwy'r stad er mwyn cadw'i hun yn ddigon pell. Pan deimlodd yr haearn oer yn ei law gwasgodd o'n ffiaidd a chlecian y ddau oriad yn erbyn ei gilydd gan ysgyrnygu. Saethodd rhegfeydd allan un ar ôl y llall, ond heb bwt o lais i'w cyhoeddi. Trawodd y goriadau'n erbyn ei gilydd drachefn a rhoi un gic iawn i waelod y cwpwrdd ffeiliau newydd cyn mynd allan. 'Roedd Gari wedi rhedeg at ei gar i gadw'r camera. Daeth car a dau heddwas ynddo i lawr drwy'r fynedfa, ac arafu. Pwyntiodd Osian i gyfeiriad y peipiau islaw ac aeth y car yn ei flaen, diolch am hynny. Daeth Gari'n ôl ato a cherddasant tuag at ffyrdd y stad.

'A dyna finna wedi cael 'y mhedigri,' meddai toc. Nid oedd yntau chwaith wedi bwrw digon o'i lid i wneud i siarad ymddangos yn naturiol.

'Nid 'i fod o wedi'i ddeud o, naci?' meddai Gari a'i fileindra'n caledu'i lais o hyd. 'Ond mae o wedi bod yn 'i feddwl o, 'tydi, o'r diwrnod cynta y gwelodd o chdi 'rioed.'

'Ydi.'

Dyna oedd.

'Pa blydi oes mae o'n byw yn'i hi?'

'Y Moesa Cyfiawn.'

'Chditha wedi bod yn cowtowio iddo fo ar hyd yr adag. Cymryd arnat 'i ddallt o. Goddafgarwch am 'i fod o'n fusgrall ac wedi bod yn uffar o fôi yn 'i ddydd. 'Does 'na ddim yn fusgrall yn 'i dafod o.'

'Paid â gwylltio.' Un da i ddweud. ''Dydi o ddim mo'i werth o.'

'Ella y basa'n well i titha ddechra gweiddi a bygwth.'

''Dw i'n gwybod ers pan 'dw i'n bump oed nad ydi Dad yn dad go-iawn i mi. Felly be 'dw i haws?'

''Fasat ti ddim gwaeth.'

'Ond mi fydd hi'n waeth arnat ti, mêt, os ceith o 'i ffor'.'

'Poeni dim arna i. Os ydi cadw 'ngwaith yn dibynnu ar hynna . . .'

Tawodd Gari, gydag ansicrwydd siarad heb feddwl yn dechrau trechu. 'Roedd ysfa troi'r stori ar Osian prun bynnag. Nid oedd angen hynny am ychydig chwaith. Aeth Gari'n dawel, a cherddasant heb frys tuag at y manol cyntaf.

''Sgin ti hanas fflat ga i?' gofynnodd cyn hir.

'Pam?'

'Wedi ffraeo hefo'r ddynas 'dw i. Mae gen i tan nos Lun i chwilio am rwla.'

'Be, ffrae iawn?' Yn frwd i gyd mwya sydyn. ''Fath â Crwb?'

'I radda.'

'Wyddwn i ddim y medrat ti. Be oedd yr achos?'

'Pob dim, debyg.'

'Sut fath o fflat?'

'Dim ond rhwbath dros dro. 'Dw i am brynu tŷ . . . wel, mae—ym—mae Nesta a minna am brynu un.'

Am y tro cyntaf erioed. Nesta a fi, yn bendant ddiamwys. 'Roedd mor gyffrous, mor aruthrol ryfygus. Bu bron iddo â'i ailadrodd.

'Pwy 'di Nesta?'

'O,—Nesta.'

'Be 'ti'n 'i olygu hefo dros dro?'

'Hynny o amsar gymrith hi i brynu a chael petha drwodd. 'Cawn i dŷ gwag fory mi fedrai fod cyn lleiad â mis.'

'Os mai am chydig fydd o, mae 'na le i ti acw.'

'O?'

''Dim gwely, na stafall. Ond mae fy stafall i'n hen ddigon mawr i ddau. Pryna fatras . . . ond 'dw i'n deud wrthat ti, mae golwg y diawl acw.'

Llai na phum munud o holi a pherswadio ac 'roedd y ddau wedi cymryd awr ginio gynnar ac wedi mynd yng nghar Gari heb ddweud wrth neb. 'Roedd yn fwy na dymunol cael mynd. Aethant i siop a phrynu matras, un ddwbl am fod Gari'n dweud bod digon o le iddi ac na fyddai angen dim ond gwely i'w roi odani ar ôl i Osian gael tŷ i'w rhoi ynddo. Dyna'r ffordd i brynu gwely dwbl heb fynd yn groen gŵydd. Ceisiodd Osian osgoi dyfalu faint o jocian a fyddai pe bai Gari'n gwybod pwy oedd Nesta. Prynodd sach cysgu a gobennydd a mân ddilladach. Ni fedrai'r siop gynnig danfon y fatras tan ddydd Llun a chlymwyd hi ar ben y car a'i g'leuo hi tua'i chartref newydd dros dro. Tŷ trillawr oedd o, a'r olwg arno gynddrwg bob tamaid ag y bygythiodd Gari. 'Roedd ar ganol ei ail-wneud, gyda pharwydydd newydd heb eu plastro, gwifrau trydan heb eu cysylltu i socedi, lloriau concrid diorchudd. Y perchennog yn ei ail-wneud bob yn bwt gyda pheth o'r arian a gâi o rentu pum stafell, eglurodd Gari. Ni fyddai'n rhaid i Osian dalu dim os na châi gopsan, ond mynnodd Osian y byddai'n talu hanner rhent Gari, fan leiaf. Gwyddai ar ei wyneb y byddai'r trefniant hwnnw'n dderbyniol. 'Roedd pawb yn rhannu'r un gegin a'r un stafell molchi, ac nid oedd yr un o'r rheini'n batrwm i ddim. Llusgwyd y fatras i fyny'r ddau risiau i stafell fawr lom ac oer. Gwthiodd Gari ei wely sengl o i gornel a rhoed y fatras yn y gornel arall. Penderfynodd Osian beidio â'i thynnu o'i pholythin.

Wedyn aethant tua'r Fitchell, am y tro olaf un. Diolch am gynnwrf braf am newid. 'Roedd Osian eisoes wedi lledbacio'i bethau ac ni fu chwinciad yn gorffen y gwaith ac yn cario'r cwbl i'r car. Ar deledu'r Fitchell 'roedd llawfeddyg a gawsai alwad i'r tywod yn edrych ymlaen at yr her o drin y clwyfau newydd a ragwelid. Rhoed y beic yn y gist a chau arno gyda llinyn. Mewn pedwar munud union ar ôl cyrraedd 'roedd goriad y tŷ'n cael ei drosglwyddo i ddwylo hi-gafodd-ail-yn-y-diwedd y Fitchell. Yr unig beth a ddywedodd Osian oedd ta-ta. Duw a ŵyr beth ddywedodd y Fitchell, cynt nac wedyn. 'Roedd y gorfoledd anghyfrifol ar y ffordd oddi yno'n well na'r cwbl i gyd.

Awr a hanner a gymerwyd. Dau faich oddi ar war, ei lety a sarhad S.M. Cymaint â hynny mewn cyn lleied o amser. 'Roedd ysbryd diolchgarwch Osian mor gryf fel ei fod yn parablu fel plentyn ac yn chwerthin am y peth lleiaf. Gosodwyd y beic yn daclus yn un o'r stafelloedd gweigion ar y llawr isaf. Wrth gario'r bag olaf i'w stafell newydd y cafodd Osian ysfa anorchfygol i ddweud wrth Gari pwy oedd Nesta. Os mêts.

Eisteddodd ar gadair wichlyd.

'Gari.'

'Be?'

'Mae 'na—wel . . . diolch i ti.'

'Iawn.' Wedi disgwyl clywed rhywbeth pwysicach. 'Iawn, siŵr Dduw.'

'Roedd yn dri chwarter awr arall ar y ddau'n cyrraedd yn ôl i'r safle, a phawb wedi gweld eu colli.

''Roeddan ni'n meddwl ych bod chi wedi mynd ar streic,' meddai Jonathan. 'Nid y byddai neb yn gweld bai arnoch chi.'

'Ydi'r plismyn wedi mynd?' gofynnodd Osian.

'Do. A'r ffliwt chwech arall 'na. Mi driodd sgrownjo reid ond 'chafodd o ddim cynigion, na benthyg ffôn i'ch riportio chi chwaith. 'Dw i newydd ffonio dy fos di i achub dy gam di,' meddai wrth Gari.

''Neith o ddim drwg i chditha wneud chwaith,' meddai wrth Osian, 'cyn iddo fo gyrraedd yn ôl.'

'Ia, mi wna i. Oedd 'na ryw ddamcaniaeth?'

'Nac oedd, siŵr. Llai fyth o ddiddordab.'

'Mi fydd yn rhaid rhoi peipia newydd, mae arna i ofn.'

'Bydd. 'Roeddan ni am dynnu'r lleill gynna ond mi gofiodd Mick fod ar Gari isio tynnu'u llunia nhw.'

'Wyt ti'n iawn hefo'r siwrans?'

'Ydw. 'Rydan ni am roi weiran bigog ar ben y ffens derfyn 'ma, i weld 'neith honno 'u cadw nhw draw. Ei di rŵan?' gofynnodd i Gari, 'inni gael gosod a chladdu'r cwbl cyn nos.'

'Iawn.'

''Dydan ni ddim 'di cael cinio eto,' meddai Osian.

'Mi ddeil hwnnw bum munud,' meddai Gari.

Aeth i nôl ei gamera, a mynd i lawr at y peipiau. Gwelodd Osian Mick yn dod ato ac yn rhoi pwniad iddo yn ei ysgwydd dan chwerthin. Chwarddodd Gari hefyd. Aeth Osian i'w swyddfa a thyrchu i'w frechdanau. Blasus, blasus. Cododd y ffôn. Dim gobaith o gael Nesta. Ond 'roedd yn rhaid siarad efo Rhian yn hwyr neu'n hwyrach.

'Fi sy 'ma.' 'Roedd cryndod bychan er ei waethaf.

'O. Chdi.'

'Ia.'

'Sut wyt ti?'

'Iawn. Ydi Nesta yna?' Cwestiwn call.

'Nac'di, debyg. Ge'st ti dŷ, bellach?'

'Naddo. Ond 'dw i wedi newid 'y nghyfeiriad. Mi aeth hi'n storm nos Lun.'

'A 'does dim angan gofyn pam.'

'Ti'n dallt, 'twyt Rhian?'

Saib fechan, fechan.

'Ydw. Ydw, 'dw i'n dallt.' A phwyslais ar y dallt.

'Doedd ganddi hi, mwy nag yntau, ddim arall i'w ddweud.

'Deud wrthi y ffonia i heno.'

'O'r gora.'

Deialodd eto heb betruso.

Cynddrwg â'r disgwyl. 'Doedd ei fam ddim am gymeryd arni. 'Doedd yntau ddim am gymeryd arno mai codi bwganod yr oedd hi. Nid oedd twyll mwyach. 'Roedd yn disgwyl ochain, ond llais tawel a hunanfeddiannol oedd yn ei glust, er nad oedd y neges felly. Hynny oedd yn codi ofn arno. Idris hyn, chditha hyn, plant anniolchgar, sut medrai hi wynebu neb,—'roedd yn ddiddiwedd, ac am hynny dylai

86

fod yn gweiddi. Nid oedd yn sôn am Nesta, dim ond amdano fo ac
Idris. Wrth sylweddoli hynny yr aeth ei feddwl oddi ar y truth ac y
dechreuodd geisio ystyried sut daeth yr elyniaeth i fod.
Camddealltwriaeth, debyg, nid gelyniaeth. Ond go brin y byddai
unrhyw wahaniaeth pe bai'r ddwy y ffrindiau mwyaf fu erioed. Ar ôl
rhoi'r ffôn i lawr wedi'r cofiwch fi at Dad ymollyngol y sylweddolodd
nad oedd wedi dweud ei neges. Nid oedd ganddo galon i ffonio'n ôl y
munud hwnnw.

Pennod 7

Brian Griffith oedd yr un a roes Osian ar ei wyliadwriaeth. 'Roedd wedi dod ar un o'i ymweliadau achlysurol â'r safle ac wedi mynd drwy'r gwaith yn llawer mwy trwyadl a llawer llai busneslyd nag S.M. 'Roedd Gari'n was bach parotach nag arfer, yn enwedig gan nad oedd unrhyw sylw wedi'i gynnig o'r brif swyddfa ar y ffrae gydag S.M. yr wythnos cynt. Aethai Brian Griffith gyda Jonathan wedyn a bu hefo fo am beth amser cyn dychwelyd at Osian.

'Tyrd hefo fi am funud.'

Cerddasant tuag at y gwelyau sychu yng ngwaelod y safle, gan fynd yn lled frysiog ac ymddangosiadol bwrpasol. Bach a brysiog oedd o. Arafodd ymhen ychydig.

'Isio dŵad â chdi o gyrraedd clyw,' meddai.

'O?'

'Gwranda.' Yn gyflym a thaer fel pob amser yr oedd ganddo rywbeth o bwys i'w ddweud. Nid ei fod yn un am siarad gwag, prun bynnag. 'Os wyt ti ar fin gwneud rhwbath drwg, mae'n well i ti ailfeddwl.'

'Be?'

'Mae 'na bobol wedi bod yn holi yn dy gylch di.'

'O?'

'Ddwywaith. Yr un rhai bob tro. Dau dditectif.'

Yr un hen chwys yn dechrau yn yr un hen le.

'Fi atebodd 'u cwestiyna nhw y tro cynta, ddechra'r wythnos dwytha ryw dro, wrth mai fi sy'n dy nabod di ora ac yn gwneud mwya hefo chdi. Ond pan ddaethon nhw wedyn pnawn ddoe, mi aeth hi'n gwarfod swyddogol arnon ni. Y tri Phardnar y tu ôl i ddesg yr hen Barri, a nhwtha bob un 'i gadair o'n blaena ni.'

Nid oedd Osian yn ddigon o actor i wneud wyneb dibechod.

'Be—be oedd gynnyn nhw?'

'Dim o unrhyw sylwadd. Gofyn dy hanas di, pryd dechreuist ti hefo'r Ffyrm a rhyw rwdlan felly, a gofyn oedd gen ti gysylltiada hefo'r hogyn 'na.'

'Roedd ei lais yn gyfeillgar gyfrinachol. 'Roedd hynny'n dechrau bod o gymorth.

'Tim?'

'Ia. A dyma nhw'n gofyn wedyn oedd gen ti gysylltiada hefo rhyw grwpia gwleidyddol ne' rwbath tebyg,—beth bynnag sy 'na'n debyg i wleidyddiaeth. A'r hen Barri, yn ddiniwad ne'n graff, yn deud wel wir, gyfeillion, fel bydd o, oni fasai'n well i chi ofyn y cwestiyna 'ma iddo fo? 'Chymson nhw ddim sylw o hynny, dim ond dal ati fel 'tasan nhw heb 'i glywad o.'

Cyraeddasant y gwelyau, ac aros i edrych heb sylwi.

'Wedyn dyma nhw'n gofyn am dy gariad di, pwy oedd hi, oedd gynni hi gysylltiada â rhwbath.'

'Arglwydd mawr!'

Cafodd bwniad bach chwareus yn ei fol.

'Diawl, 'wydda neb dy fod di'n canlyn! Ond mi ddechreuson ni gael llond bol arnyn nhw a dyma ni'n mynd ati i'w croesholi nhw. 'Doedd hynny ddim yn plesio, ond mi lwyddon ni i gael ar ddallt mai'r rheswm penna dros iddyn nhw ofyn y petha 'ma oedd 'u bod nhw'n ama dy fod di wedi rhybuddio'r Tim 'ma a'r ddau arall. Ydi hynny'n wir?'

'Nac'di. Mick ddaru hynny,—wel, rhybuddio pawb bod y lle'n cael 'i wylio o'r lôn. Fi ffendiodd mai plismyn oeddan nhw.'

'A chdi ddaru rybuddio Mick.'

'Ia.'

'Dyna'r cwbl oedd gynnyn nhw. A rhyw awgrymiada'n cael 'u lluchio bob hyn a hyn. Dim byd pendant. Dan din, braidd.'

'Diawlad.'

'Erbyn y diwadd 'roedd hi'n ddigon amlwg mai pwrpas yr holl beth oedd ein cael ni i dy ddrwgdybio di a dim byd arall. Mi gawson nhw wybod hynny hefyd.'

Dyna beth oedd yn dda yn y Ffyrm. Dyna pam mai ploryn ac nid draenen oedd S.M. Nid oedd y dychryn pan glywodd am Nesta'n atal Osian rhag gwerthfawrogi hynny.

'Ac erbyn meddwl, mae'r darna erill yn disgyn i'w lle hefyd, 'tydyn?' Gafaelodd Brian Griffith yn ei fraich a'i dywys i gychwyn cerdded ar draws at y ffens derfyn. 'Y digwyddiada yn fa'ma.'

'Un, ella.' 'Roedd yn anodd canolbwyntio.

'A'r llall hefyd. Os oedd y tylla yn y peipia 'na'n cael 'u darganfod, mi fyddai pawb yn cysylltu'r peth hefo'r malu yn dy swyddfa di. Hynny ydi, llanast o dy herwydd di am yr eildro o fewn wythnos, a phobol erill yn gorfod talu amdano fo.'

'Braidd yn anodd i'w lyncu.'

''Does dim rhaid i neb 'i lyncu o, dim ond cael un ne' ddau o'r bobol iawn i ddechra ama, pobol fel Jonathan a ninna a'r cwmni siwrans.'

'Ia, ella.'

'Roedd ei feddwl yn dal i fod yn rhannol ar y peth arall. Os—pan—os deuai pawb i wybod, byddai'r hyder a ddangosai'r Ffyrm ynddo'n troi'n chwerw iawn, a byddai'r adwaith yn ffyrnig a ffiaidd. 'Roedd pob tewin o reswm ynddo'n dweud hynny, ac yn gwneud iddo'i gasáu ei hun gyda'r un ffyrnigrwydd. Ond 'roedd Brian Griffith yn mynd rhagddo.

'A bwria am funud bach bod y tylla yn y peipia ddim yn cael 'u darganfod. Mae'r lle'n dechra gweithio, ac yn hwyr ne'n hwyrach mae 'na lygradd o'r peipia'n cyrraedd yr afon. Mae'r afon yn fach a'r llygradd yn gry. Mae'n rhaid mynd i'r afael ag o, ac mae hynny'n golygu costa dychrynllyd. Cyn hir maen nhw'n sylweddoli bod y llygradd ar 'i waetha pan mae'r peipia yna wedi bod ar iws. Maen nhw'n agor atyn nhw, ac yn gweld y tylla y munud hwnnw. Y peth cynta un maen nhw'n 'i ofyn ydi pam na chawson nhw'u darganfod wrth brofi'r peipia. Gesia pwy fasa mewn helynt wedyn.'

'Roedd Osian hefyd wedi meddwl hynny ond wedi'i wrthod.

'Ond mi fasai'n fisoedd ar fisoedd cyn y byddai llygradd felly'n dŵad i'r amlwg.'

'Ydyn nhw'n gwybod hynny?'

'Ydyn, os ydyn nhw'n ddigon gwybodus i feddwl y peth yn y lle cynta.'

Ysgydwodd Brian Griffith bolyn ffens i brofi'i gadernid. Troesant yn ôl at y swyddfeydd.

''Tasan nhw mor wybodus â hynny,' meddai, yn sicr ohono'i hun, 'mi fasan wedi gofalu na welat ti byth mo dy ddyddiadur. Rŵan, ella 'mod i'n hollol anghywir ac yn codi bwganod ar ddim.' Nid oedd ei lais yn awgrymu hynny chwaith. 'Yn 'y ngwely neithiwr y gweithis i hi. Ond mae un peth yn saff i ti,—os ydi'r rhein ar d'ôl di, paid â disgwyl tegwch. Pan mae'r rhein ar dy wartha di 'does gan y plismyn cyffredin sy'n dŵad yma i sbio ar dylla ac i dynnu llunia petha 'di malu ddim syniad be sy'n digwydd. Pan 'ti'n ystyriad y peth, mi fasa pwy bynnag fuo yma nos Iau wedi gallu creu llawar mwy o lanast na hannar dwsin o dylla modfadd mewn peipan.'

'Mae hynny'n wir.'

'Felly cymer bwyll.'

'Diolch.' Gobeithio mai'r gair symlaf oedd y callaf.

'O, ia. Mi ofyn'son hefyd oeddat ti'n cael digon o gyflog i brynu tŷ.'

''Rarglwydd annwyl!' Yn ei gorffen hi. 'Dydd Sadwrn yr es i rownd swyddfeydd arwerthwyr gynta!'

'Dyna fo, yli. Mae 'na rywrai o ddifri ynglŷn â'u gwaith. Felly, os byddi di isio help, doro waedd.' Yr un mor hyderus a ffyddiog ag erioed. 'Rŵan 'ta, be am y creadur arall 'ma?'

'Gari?'

''Dydi 'i enw fo mwy na d'un ditha ddim yn perarogli ymhlith pob aelod o'r staff ar y funud.'

'Ella bod llawar o'r bai arna i. Mi . . .'

'Duw, paid â thraffarth. Dim ond gair yn 'i glust o sy' arna i 'i isio. Fedri di ffendio digon o waith iddo fo am ryw bythefnos arall, i betha dawelu mymryn?'

'Medra. Mi fydd wrth 'i fodd.'

'Dyn yr awyr iach ydi ynta hefyd, 'te?'

Trodd Brian Griffith at swyddfa Jonathan, gan roi golwg sarrug ar ei wyneb wrth weld Gari. Methodd Osian ag atal gwên am eiliad wrth weld yr wg. Aeth i'w swyddfa, y wên wedi diflannu.

Cododd y ffôn, a'i roi i lawr. Yn sydyn, 'roedd arno ofn ei ddefnyddio.

A dyna'r cynlluniau ynglŷn â'r stampiau i'r gwellt un ac oll. 'Roedd wedi gwrthod pob syniad o gysylltu â Tim, drwy ei gyfreithiwr neu rywfodd arall, ond 'roedd wedi chwarae â'r syniad o geisio cael gafael unwaith eto ar ei gariad. 'Roedd ganddo gynlluniau mwy pendant i fynd i'r tair amgueddfa i holi ac i stilian. Edrychodd eto ar y ffôn, a'i ddamio.

Dechreuodd sgrifennu llythyr brys at Nesta. Ar ei ganol sylweddolodd nad oedd Brian Griffith wedi sôn dim am unrhyw gwestiwn a awgrymai wybodaeth am y pecyn. Felly nid oedd y plismyn yn gwybod dim amdano, ac 'roedd hynny'n golygu bod damcaniaeth ryfedd Brian Griffith yn wannach o dipyn, a chymeryd mai'r rhai oedd yn chwilio am y stampiau a falodd y swyddfa. Ond efallai eu bod yn rhy gyfrwys i sôn am hynny. Efallai hyn, efallai llall. Nid oedd fymryn elwach, a daliodd ati i sgrifennu.

Pennod 8

'Roedd llygaid Osian wedi'u sodro yn nrych y car. 'Roedd hyd yn oed gyrwyr tractor a gweithwyr ochr lôn yn heddlu cudd ganddo, pob un yn bregliach i'w radio y tu mewn i'w gôt neu i fyny'i lawes yn syth ar ôl iddo fynd heibio. 'Roedd wedi troi oddi ar ei ffordd ddwywaith a dilyn ffyrdd bychain, gan aros yn ddirybudd mewn cilfachau slei i weld pwy a ddeuai heibio. Ni ddaeth neb wrth gwrs, ond ni theimlai'n well am hynny.

'Darpar garthion yn talu'n dda.' 'Roedd Idris yn busnesa o gwmpas y car yng ngolau lampau'r stryd.

'Wedi'i logi o ydw i. Tan ddydd Llun.'

'Talu'n well byth, felly.'

Aethant i fyny i'r fflat. Chwarddodd Osian wrth weld y gwahaniaeth rhyngddo a'r stafell yr oedd o'n byw ynddi. Peidiodd â chwerthin pan welodd y cadeiriau. Trodd yn syn at Idris.

'Cyd-ddigwyddiad llwyr,' meddai yntau. ''Wyddwn i ddim 'i bod hi wedi rhoi 'i chas arnyn nhw i'r fath radda.' Pwyntiodd. 'Stedda. Soffa'r cwymp.'

Eisteddodd Osian.

'Lle mae Gwyn?' gofynnodd.

'Mae o wedi mynd adra. Claddu'i nain fory.' Diffoddodd Idris y set deledu cyn mynd i eistedd. ''Ro'n i wedi gwir fwriadu sgwennu atat ti ne' ffonio, ond 'doeddwn i ddim digon siŵr o'r ymatab.' Gwenodd, bron am ei ben ei hun. 'Sut c'est ti afael arna i?'

'Nesta.'

'O, ia. Sut mae hi?'

''Dydw i ddim 'di bod yno eto.'

'Ofn Rhian.'

Dau air bach yn swadan ym mhwll ei stumog. Ond Idris i'r dim. Cymerodd eiliad neu ddwy i ddod ato'i hun.

'Ia, mae'n siŵr,' atebodd gydag ochenaid fechan. ''Titha 'di cl'wad.'

'Do.'

'Nesta ddudodd?'

'Naci. Mam.'

'O.'

'Hefru, ddyn bach!'

''Rwyt ti'n dal i fynd yno, felly?'

'Ydw, siŵr. 'Dw i ddim yn siŵr prun ai cynefino hefo fi mae hi 'ta methu peidio â rhoi'i meddwl i gyd arnat ti, ond mi ge's i'r peth 'gosa welist ti 'rioed at groeso gynni hi echdoe.'

'Be am Dad?'

Nid atebodd Idris, dim ond codi'i sgwyddau. Synfyfyriodd am ennyd.

'Be sydd, wrth gwrs,' meddai'n araf, 'ydi bod be 'dw i 'di'i wneud yn newydd sbon iddyn nhw. Horwth o sioc, ond mi eith drosodd ynghynt. Ond Duw a ŵyr faint o frygowthan y mae hi 'di'i wneud amdanat ti a Nesta yn ein cefna ni ers pan oeddan ni'n blant. Ar y ffordd mae hi'n siarad rŵan mi faswn i'n deud nad ydi o 'rioed wedi bod oddi ar 'i meddwl hi.'

'Dyna pam aeth hi i ffwr'.'

'Tria'i chael hi ne' fo i gydnabod hynny.'

'Cyfrinach tŷ ni.'

'Ond os wyt ti'n meddwl y medri di fynd i fyw hefo Nesta heb i Mam wneud y peth mor gyhoeddus ag y gwnaeth hi hefo Gwyn a minna, mae'n well i ti ailfeddwl. Beth bynnag fydd natur ych perthynas chi.'

Tro Osian oedd hi i synfyfyrio. Prin glywadwy oedd fflamau bychain y tân nwy o'i flaen. 'Doedd o ddim fel Idris i ddefnyddio geiriau braidd yn ffansi ac amhersonol fel natur eich perthynas. Ceisiai chwilio am arwyddocâd i hynny.

'Be amdanat ti 'ta?' gofynnodd, a'i lygaid ar y fflamau.

'Fi?'

'Pan glywist ti.'

'Wel...'

'Mi ge'st sioc?'

'Do.' Gwenodd Idris, ac ysgwyd ei ben. 'Do. Pan sylweddolis i nad malu awyr 'roedd Mam. Mi fedrat ti 'i galw hi'n sioc.'

'Oeddat ti ddim wedi ama?'

'Nac o'n.'

''Rioed?'

''Rioed.'

'O.'

'Ddylwn i?'

'Na. Go brin.'

'Ella 'mod i â'm meddwl ar betha erill.'

'Be 'ti'n 'i feddwl rŵan 'ta?'

Cododd Idris ei sgwyddau drachefn.

'Un o'r bwledi'r ydw i wedi'u cael drosodd a throsodd yn ystod y mis dwytha 'ma ydi nad oes gen i le i basio barn am neb na dim.'

''Dydi hynny ddim yn d'atal di rhag meddwl.'

'Cred yn y Newyddion a dyna chdi'n eilun i gymdeithas.'

'Gofyn am dy farn di amdanon ni wnes i.'

'Fi?' Chwarddodd, braidd yn sur, efallai. 'Oes arnat ti angan cysur mor ddrwg â hynna?'

'Mae arna i isio gwybod be 'ti'n 'i feddwl ohonan ni.'

'Wyt ti 'di gofyn hynna i rywun arall?'

'Naddo! Atab, wnei di?'

''Ro'n i'n ama. O leia mi fydd y brawd bach yn cymryd arno'i fod o'n dallt, pa mor ryfadd bynnag ydi o.'

'Deud rwbath, Idris, bendith Dduw i ti!'

Plygodd Idris i ddiffodd un rhes o fflamau. 'Roedd yn anodd penderfynu beth oedd wedi gwneud hynny'n angenrheidiol.

'Wyt ti'n 'y nghofio i'n ffendio bod Nesta'n chwaer i ni?' gofynnodd yn dawel gan edrych ar gochni'r fricsen ridyllog yn diflannu'n gyflym wrth golli'r gwres. 'Yn chwaer go-iawn? Finna wedi gwirioni gormod i ofyn pam na sut. Dim ond swnian a swnian arnyn nhw i adael iddi ddŵad i fyw aton ni. Gwrthod pob atab a phob ymresymu, a swnian yn waeth. Y cwbl 'dw i'n 'i gofio wedyn ydi cael slaes nes 'mod i'n codi. A 'fedrwn i ddim meddwl am Nesta wedyn heb gofio am honno hefyd. 'Welis i 'rioed ddynas yn gallu difetha petha mor rhwydd â hi.'

'A Dad yn deud dim.'

'Ia.'

Aethant yn dawel. Nid oedd Osian am ofyn eto.

'Os nad wyt ti'n teimlo fel wynebu Rhian tan fory mae'n well i ti aros yma heno,' meddai Idris ymhen ychydig. Gwenodd, braidd yn drist. 'Un gwely sy' 'ma. Mi gei di gysgu ar honna os 'ti'n meddwl nad ydw i'n ddigon saff.'

'Ia, aros, am 'wn i.'

'Tyrd am beint, 'ta.'

Cododd Idris a diffodd rhes arall o fflamau. Cododd Osian hefyd, a gweld y botel ar gwpwrdd bychan y tu ôl i'r soffa. Cythrodd iddi. Edrychodd Idris arno fo a hithau bob yn ail.

'Offrwm rhwbath,' meddai.

'Pryd c'est ti hi?'

'Y tro cynta i mi fynd yn ôl. 'Che's i ddim gwybod offrwm be. Hedd, maddeuant, dealltwriaeth, Duw a ŵyr. Ne' dim ond 'i ffor' o'i hun o guddiad 'i siom. Mae mor amhosib cael ato fo.'

Nodiodd Osian. Ei dro o fyddai'r nesaf.

Aethant i lawr, ac i'r stryd.

'Joban iti,' meddai Osian.

'Be?'

'Pryna gar i mi.'

'Gwna i.'

'Chwilia am rwbath bach go lân, tua deg oed. 'Fedra i ddim fforddio un drud, a phrynu tŷ.'

'Mi awn ni fory. Ella daw Nesta hefo ni.'

Dull Idris o ddweud bod popeth yn iawn, ac yna 'roedd aroglau'r stryd a'r nos yn cadarnhau hynny.

'Os nad oes gynnoch chi gynllunia erill, wrth gwrs,' meddai Idris.

'Nac oes.'

'Mi awn ni'n tri 'ta. Os na fydda i ar y ffor'.'

Un ysgwydd yn rhoi hergwd sydyn ac ymollyngol i'r llall a gafodd yn ateb i hynny. Ac wrth chwarae plant felly ar hyd y pafin sylweddolodd Osian nad oeddynt ill tri erioed wedi bod hefo'i gilydd, heblaw am ychydig o funudau prin dan wyliadwriaeth pan oeddynt yn fach. Aethant i mewn i dafarn dan chwerthin. Yno cafodd Idris stori'r plismyn a'r pecyn o'r dechrau, fesul digwyddiad a theimlad, ac Osian yn cadw golwg gyfrinachol bob hyn a hyn ar weddill y cwsmeriaid, nid yn unig i ddarganfod yr heddlu cudd tragwyddol ond hefyd i weld a oedd rhyw sôn neu awgrym am Idris yn ei gefn. Am a welai, nid oedd yr un na'r llall. Heibio i'r hanner mur rhwng dau far gwelid gohebwraig yn Japan yn cwyno nad oedd y wlad honno am ailarfogi, ac na fyddai'n ymuno yn y tywod. 'Roedd rhywun wedi troi'r teledu'n uwch a daeth blydi Japs llwfrgwn diawl o enau caredig yr olwg ar y bwrdd nesaf atynt.

Drannoeth aethant yn y car llog drwy 'law cyson i dŷ Nesta. 'Roedd Idris am ollwng Osian yno ac am fynd i chwilio am gar am ryw awr neu ddwy a dod yn ôl i ddweud ei hanes. Byddai'n haws taro bargen yng nghanol glaw, meddai. Daeth Osian i lawr a rhoi'r ddyrnod arferol i do'r car i ddangos y dihidrwydd smalio a brysio at y tŷ, gan ddiolch bod y glaw'n esgus digonol iddo gadw'i ben i lawr. 'Roedd y drws yn agor fel yr oedd yn cyrraedd ato a llaw'n ei dynnu i mewn ac yn cau'n dynn ar ei ôl.

'Mi fydd Rhian yn ôl mewn eiliad.'

Ildio fel yn y gwesty. Cusanu ffyrnig, heb ddigon i'w gael. 'Roedd ei gôt yn cael ei thynnu'n wyllt oddi amdano ac yntau'n cael ei lusgo i'r stafell a'i luchio bron ar y soffa cyn iddi ddisgyn arno. Y ddau mor wyllt â'i gilydd, a dwylo'n chwyrlïo'n ddiarbed am gefnau a choesau.

'Rhag ofn i'r sglyfath Sul 'na ddŵad rhyngon ni eto.'

'Paid â meddwl am hwnnw.' Sibrwd argyfyngus uchel byr ei wynt yn ei chlust. 'Mae hwnnw wedi peidio â bod.'

'Roedd sŵn car. Rhuthrodd Osian i'r cyntedd i roi gwawl parchusrwydd am ei gôt drwy ei chadw'n daclus ar yr hongiwr mahogani. Clywai'r chwerthin braf o'r stafell. Daeth yn ôl, yn methu'n llwyr ag ymbaratoi. Darfu'r chwerthin.

''Dydi hi ddim yn brathu.'

'Dyna'r drwg.'

Rhyw wên anodd cael ati oedd ar wyneb Rhian pan ddaeth atynt.

'Wel?'

'Helô, Rhian.'

'O adra doist ti?'

'Naci. Mi 'rhosis i hefo Idris neithiwr.'

'Stedda.'

Ni wnaeth, er bod symudiad cynnil Nesta ar y soffa'n ei wahodd ati. Am anelu at gadair arall yn ddigon pell i ffwrdd oedd o, prun bynnag.

'Mae o 'di mynd i chwilio am gar imi.'

'Mae gen i ddigon o bres i brynu un,' meddai Nesta. 'Mi dala i amdano fo.'

Nid sôn am gar oedd hi. Ond ni chymerodd Rhian arni.

'Wyt ti 'di bod adra o gwbwl?'

'Naddo eto. Mi—ym. . .'

'Naddo, siŵr.' Daeth gwên ryfeddach i'w hwyneb. ''Dwyt ti ddim hannar mor sicr ohonat dy hun â Nesta ac Idris, nac wyt?'

'Mae'n braf arnyn nhw.'

'Dim ond yn dy lythyra. Sut mae'r plismyn?'

'Roedd rhywbeth yn bod ar ei chwestiwn.

'Mi fyddai'n haws i mi ddeud 'tawn i'n 'u gweld nhw.' Yn dal i chwilio. 'Ydach chi 'di gweld rhywun yn dangos diddordab yn y tŷ 'ma?'

'Naddo.' Yr un dinc. 'Paid â gorddyfeisio, chwaith.'

'Dyna'r drwg. Lle mae rhywun yn dechra a lle mae rhywun yn diweddu.'

Eisteddodd, ond nid wrth ochr Nesta. 'Roedd yn dechrau dod ato'i hun. Edrychai Rhian arno o hyd, bron yn ei astudio.

'A dyma chi.'

Edrychodd i lawr ar ei draed.

'Gan ych bod chi 'di penderfynu, 'does 'na ddim i'w ddeud. 'Dach chi'ch dau 'di cael digon o amsar i wybod. . .'

'Pymthag, ugian mlynadd,' meddai Nesta'n dawel ar ei thraws.

'Lluchio'r cyfrifoldab arnon ni eto,' meddai Rhian ar ei hunion. 'Oes 'na hanas am dŷ?' gofynnodd i Osian.

'Mae gen i restr fer,' meddai yntau, yn wrid am ei fod yn ateb rhywun heblaw Nesta, 'fel 'tasan nhw'n trio am waith ar 'Cyngor Sir.' Cynnig jôc i'r diawl. 'Mae isio i ti 'u gweld nhw'n gynta,' meddai wrth Nesta, hithau'n astudio'r gwrid yn sobr. 'Mae'r papura yn y car.'

'Wyt ti'n aros yma heno?' gofynnodd Rhian wedyn.

Aeth y gwrid yn waeth. Bron nad oedd yn destun tosturi. Pe bai Rhian yn ei bryfocio neu'n dial drwy wawd byddai'n haws ei oddef. Daeth rhyw sŵn o'i enau, a thawodd. Rhythodd ar y carped odano, yn methu'n lân â chodi'i ben na dweud dim. Pwysodd ei law'n dynn yn erbyn ei dalcen.

'Paid â bod yn greulon, Rhian,' meddai Nesta'n dawel.

''Dydi hi ddim,' ebychodd Osian, y geiriau'n ei dagu.

'Fel hyn oeddat ti hefo Idris hefyd?' gofynnodd Rhian.

Ysgydwodd ei ben.

'Ydi o 'n gwybod ych bod chi wedi cysgu hefo'ch gilydd, 'ta dim ond Meurig a minna sy'n gwybod hynny?'

'Rhian!' meddai Nesta.

'A dy fam, wrth gwrs. Go brin bod arni hi angan neb i ddarllan newyddion iddi.'

'Rhian!'

'Ac ar 'i hôl hi, Henry.'

Sef yr un oedd wedi bod yn dad dirwgnach iddo. 'Roedd y carped yn prysur fynd yn annelwig o flaen ei lygaid.

'Ydach chi 'di sylweddoli be 'dach chi'n 'i wneud?' Nid croesholi oedd Rhian, ond gofyn yn hunanfeddiannol ddi-stŵr. 'Be wnei di pan fydd rhywun diarth ne' rywun o dy Ffyrm di'n gofyn y cwestiyna yma i ti, a Nesta ddim yno i atab drosot ti nac i droi'r stori?'

Na dim arall i droi ato chwaith, fel y diolchiadau a ddaeth i'r adwy pan gachgïodd mor ddirybudd gyda Gari. Teimlai fod Rhian yn gwybod yr hanes hwnnw hefyd.

'Ydach chi'n dal yn benderfynol?'

'Ydan!' Hanner gwaedd gan Nesta.

'Nid gen ti 'dw i isio gwybod,' meddai Rhian, heb edrych arni.

Heb godi'i olygon, nodiodd Osian ei ben yn ffyrnig.

'Deud o 'ta,' mynnodd Rhian.

'Ydw.' Yn floesg fel hogyn drwg newydd gael cweir. 'Ydw!' Mwy o lais, mwy o argyfwng.

'Mi a' i wneud panad,' meddai Rhian, dim ond i ddangos. 'Pam na phrynwch chi gar Ceridwen Arallt? Pymthag mil mae o 'di'i wneud.'

Caeodd y drws ar ei hôl. Brysiodd Nesta o'i chadair.

'Paid â gadael iddi fynd 'run fath â'r Sul 'na!'

''Dydw i'n da i ddim i neb, nac'dw?'

'Paid, damia chdi!'

Tynnodd o'n egr o'i gadair a'i wthio at y soffa. Eisteddodd yno, yn anobeithiol. Crynai. Daeth hithau i eistedd ato, a'i fwytho fel pe bai'n tylino. Daliodd ati, a rhoi'r gorau iddi dim ond pan ddaeth Rhian yn ôl.

Buont yn mân siarad uwchben eu paned, dim ond Rhian a hithau, yn sôn gan mwyaf am gar chwech oed dim gwaeth na newydd yr oedd dynes y drws nesaf i gyfnither Meurig ar fin ei werthu. Ni cheisiodd Osian ymddangos yn ddi-hid a chyfrannu at y sgwrs. Nid wedi pwdu'r oedd o ac nid ymddangosai felly chwaith, ond 'roedd naturioldeb y sgwrs wrth ei ochr yn ei drechu. 'Roedd yn waeth na ffrae. O leiaf wedyn gallai wylltio a threulio'r amser yn berwi.

Toc, daeth Idris, yn wên am y'i gwelid. Rhoes ei law drwy wallt Rhian a stwffio bisged i'w geg. Rhoddai Osian y deyrnas am allu gwneud yr un peth. 'Roedd Idris wedi cael gafael ar ddau gar, a rhuthrodd Nesta am y cyfle. 'Roeddynt yn y car llog cyn i Idris gael gair arall o'i ben, gydag Osian yn gyrru i'w arbed rhag siarad. 'Roeddynt ill tri hefo'i gilydd a neb arall ar y cyfyl ac ni fedrai wneud dim o'r achlysur. Nid aethant ar ôl y ddau gar y cawsai Idris hyd iddynt chwaith. Cynigiodd Nesta fynd i weld car y ddynes yn gyntaf.

'Hwn, siŵr,' dyfarnodd Idris ar ei union.

Dynes glên ofnadwy yn cynnig dod i lawr ddau gant a hanner o bunnau ar ei hunion am mai Nesta oedd yn prynu. Hyd yn oed wedyn 'roedd yn fwy na dwbl yr hyn oedd gan Osian mewn golwg. Ond 'roedd wedi colli pob stremp i ddadlau ac am fod Idris yn tyrchu o dan y bonat ac yn gorwedd o dan y car ac yn dal i'w frolio fel pe bai o'i hun yn ei werthu a Nesta'n gwrando'n hapus arno ac yn taeru mai hi'i hun oedd am ei brynu prun bynnag bodlonodd ar daro'r fargen. Chwarddai Nesta am ei ben wrth iddi dynnu llyfr siec o'i bag a sgrifennu un ar ei hunion i'r ddynes.

'Fi sy'n talu.'

'Mi fedra i grafu digon am hwn, a dim llawar mwy.'

'Wel gad i mi wneud, 'ta.'

'Pam? Yr un gronfa fydd hi, 'te? 'Ta wyt ti'n meddwl 'mod i'n ddigon twp i gredu bod cyfri banc bob un yn arwydd o annibyniaeth?'

Gwrandawai'r ddynes arnynt, mewn ychydig o benbleth yn nhyb Osian. Efallai ei bod yn gwybod pwy oedd o. Nid oedd wahaniaeth yn y byd gan Nesta pwy a wrandawai ar eu sgwrs.

Gadawsant y papurach i Idris am ei fod o'n gwybod beth i'w wneud, a gadawsant y car i'r ddynes am fis arall, am nad oedd ei char newydd yn dod tan ddechrau'r flwyddyn. 'Roedd Osian yn hen ddigon bodlon ar hynny.

'Sori mai lliw Toris ydi o,' meddai'r ddynes gyda chwarddiad sioc y talu.

'Mae lliwia'n betha rhy werthfawr i'w cysylltu nhw â gwleidyddiaeth,' atebodd yntau, yn synnu braidd o glywed ei lais yn swnio mor naturiol.

'Ydyn,' cytunodd Nesta dan glosio ato'n ddi-lol, 'cymysga nhw hefo'i gilydd i ti gael creigia tywyll a môr amryliw ac awyr uwch 'i ben o.'

Gwnaeth hynny les hefyd. Gwenodd y ddynes yn ansicr a diolchgar. Aethant i'r car.

'Lle nesa?' gofynnodd Osian, yn dechrau bod yn hapus.

'Mi fydda i ar y ffor' rŵan,' meddai Idris.

'Paid â malu. Lle awn ni am ginio?'

'Adra, siŵr,' meddai Nesta ar ei hunion.

Rhywle heblaw fan'no oedd gan Osian mewn golwg, ond ni fedrai ddadlau.

'Roedd Meurig wedi cyrraedd pan ddychwelsant ac 'roedd yn llawer mwy tawedog nag arfer. Ond nid oedd yn swta wrth ateb. Nid oedd Idris wedi bod yno ers rhai misoedd ac efallai bod hynny'n ychwanegu at ei dawedogrwydd. Ni fennai ddim ar Idris chwaith.

'Mae'n newid cael llond bwr' i ginio,' meddai Rhian pan oeddynt ar ganol bwyta.

'Ydi,' cytunodd Meurig. 'Mi fedrach ddŵad yn amlach,' meddai wedyn ar ei union gan wneud i Osian ruthro i chwilio am arwyddocâd ac ystyron cudd.

'Roedd Meurig wedi sylwi am y tro cyntaf erioed mor debyg oedd wynebau Nesta ac Idris wrth i'r ddau blygu'u pennau i roi'u sylw ar eu platiau. 'Roedd Osian wrth ei ochr ac ni fedrai astudio'i wyneb o i gymharu. Ni wyddai chwaith prun ai digwyddiad ai trefniant dirgel oedd pwy oedd ym mha gadair.

Ac yna,

'Be wnewch chi os beichiogith Nesta?' gofynnodd Rhian o'r gwynt.

Aeth pob ymchwil am ystyr i sylwadau i ebargofiant. Fel ag o flaen Rhian deirawr ynghynt, 'roedd Osian yr un mor ddiymadferth. Nid mynd felly'n sydyn chwaith, ond yn argyhoeddedig mai felly'r oedd wedi bod erioed, yn hen gyfarwydd, ond ei fod yn mynd yn waeth ac yn waeth gyda phob eiliad. 'Roedd yn dda nad oedd ganddo fwyd yn ei geg. Ni fedrai wneud dim ond rhythu'n ddwl ar ei blat.

Rhaid bod Nesta yr un fath. Nid oedd neb am ddweud dim.

'Ne', wrth gwrs,' aeth Rhian ymlaen mor hamddenol ag erioed, 'mi fedrwch benderfynu nad ydi peth felly am ddigwydd i chi, yn union fel mae miliyna o rieni hyd y byd 'ma'n 'i ddeud yn 'u tro.'

Idris oedd yr un a lwyddodd i fentro i'r adwy.

'Os digwyddith hynny,' meddai, 'mi fyddan nhw'n 'i fagu o.'

'O, ia. 'Wela i.'

Nid oedd neb arall am ddweud dim eto chwaith. Rhoes Meurig gip cynnil cynnil ar Nesta ac Idris. Ni fedrai wneud hynny hefo Osian, ond nid oedd angen chwaith. Rhoes un arall yr un mor gynnil ar Rhian, a'r awgrym lleiaf o rybudd ynddo.

'Ia, siŵr,' ychwanegodd Idris, yn gwthio'i blât fymryn oddi wrtho cyn eistedd yn ôl, ''wela inna hefyd. Plant llosgach.'

Gair fel gordd.

'Mae'n beryg na fyddan nhw i fyny â'r gofynion, 'tydi?' meddai wedyn cyn i neb gael cyfle i ddim. 'Da i ddim i setlo Saddam.'

'Idris.' 'Roedd llais Rhian yn dawelach byth. ''Does arna i ddim isio pregath ar blant anabal gen ti.'

Tawodd Idris, yn ddisymwth, heb yr un syniad faint o awgrym ac ergyd slei yr oedd newydd ei chael, os o gwbl.

'Y cysur mwya gwag a chreulon posib,' meddai Meurig.

Cododd Nesta ei phen i edrych arno.

'Pan goll'son ni Gwilym,' meddai yntau wedyn yn ei amser ei hun. 'Pobl yn deud 'i bod hi'n drugaradd iddo fo gael mynd, a rhyw betha felly. 'Doedd gynnyn nhw'r un syniad am be'r oeddan nhw'n sôn.'

'Un peth ydi cael plant anabal,' meddai Rhian, yn poeni dim am fod y cytgord rhwng Meurig a hithau'n awgrymu paratoi ymlaen llaw. 'Mi eill fod yn fendith ne'n uffarn. Peth arall ydi trefnu i'w geni nhw.'

'Iesu! Rhian!' bytheiriodd Idris. ''Dydi hynna ddim yn deg, nac 'di?'

'Nac ydi o?'

'Siawns lled fach fasa 'na . . . mi fedar yr un siawns ddigwydd i bawb. Damia unwaith, 'does arna i ddim isio bod yn greulon, Duw a ŵyr, ond mi digwyddodd o i chi, 'ndo?'

'Mae'r siawns yn fwy na lled fach, Idris. Hyd yn oed 'tasa hynna'r unig ystyriaeth.'

'A chditha wedi deud,' meddai Nesta'n gryg. Cliriodd ei gwddw, a hynny'n gwneud i hynny o wynt a lwyddasai i'w grynhoi ddechrau mynd o'i hwyliau. 'A chditha wedi deud,' cynigiodd wedyn, 'nad oeddat ti am ddymuno'n ddrwg inni. Neithiwr ddwytha.'

'Digon gwir.'

'Ond dim am wneud yn y dirgel ddeudist ti, 'te? 'Wnest ti ddim sôn am fwr' bwyd gyferbyn â phawb, naddo?'

''Dydw i ddim yn dymuno'n ddrwg i chi.'

''Does dim rhaid i ti, os peth fel hyn ydi dymuno'n dda.'

'Am y canfad tro, a mi ddalia i i'w ddeud o am y milfad, 'dydach chi ddim wedi sylweddoli be 'dach chi'n 'i wneud. 'I drafod o fel 'tasa fo'r peth mwya naturiol dan haul. Ac os ydach chi'n meddwl bod hyn yn groesholi, mi wyddoch mai'r unig beth sydd isio i chi 'i wneud ydi mynd i weld be fydd gan Susan i'w ddeud. 'Dydw i ddim yn sgrechian y petha 'ma nac wedi gofalu bod pob ffenast a drws ar agor chwaith.'

Tawodd. 'Roedd dau blatiad o fwyd ar eu canol, a dim arwydd eu bod am wagio. Dim ond Meurig oedd yn bwyta. Sylweddolodd hynny, ac aros yn sydyn, fel pe bai'n gwneud rhywbeth o'i le. Ond ni sylwodd neb arall arno.

'A be wyt ti'n 'i feddwl ohono i?' gofynnodd Idris yn dawel yn y man.

'Chdi?' atebodd Rhian.

'Ia. 'Dwyt ti ddim wedi bod yn fyr o ddeud dy farn am y ddau yma. 'Waeth i ti 'i gorffan hi ddim.'

Ysgydwodd Rhian ei phen, bron yn ddi-hid.

'Gwna di fel mynnot ti.'

'Ond be 'di dy farn di?'

''Fydda i ddim yn pasio barn am betha nad oes 'nelo fi ddim â nhw, Idris.'

'O, clywch!'

'Na fyddaf, Idris!'

'Gofyn i Nesta pryd gwelodd hi Rhian yn hel straeon ne'n hel tai ddwytha,' meddai Meurig.

'Wrth gwrs,' meddai Rhian wedyn, wedi derbyn y geirda fel cytuniad ehangach, 'mi fedrach dalu am erthyliad. Mi fasa hynny...'

'Rhian!' 'Roedd tinc siom annisgwyl yng ngwaedd Nesta.

'Gofalwch na fydd y doctor yn 'i ddangos o i chi cyn 'i luchio fo i'r bin lludw. 'Dydi o ddim cweit mor ddel â'r petha bach gwerth y byd 'na'r ydach chi'n cael cardia sidêt glas a phinc i'w cyfarch nhw.'

'Iesu! Rhian!'

Idris y tro hwn, a'i lais yntau'n codi. Nid oedd Rhian yn cynhyrfu dim.

'Mi wn i rŵan.'

Llais Osian, o'r diwedd. Llais clir a digynnwrf, i dawelu pawb. Edrychai'n syth i lygaid Rhian, pob arlliw o ofn a gwrid wedi diflannu.

'Y ffŵl diniwad imi.'

Dyfarniad pendant, terfynol.

'Y pylia'n dŵad. Para awr weithia, bythefnos dro arall. Yr holl sôn am ein rhieni ni. A'r 'wps' yn neidio i'w hwyneba nhw os oeddan nhw'n digwydd edrach arna i am nad oedd y peth wedi dŵad i ffasiwn bryd hynny. Be fedrwn ni 'i wneud wedyn ond trio dyfalu pwy oedd o? 'Y ngweld fy hun wedi cael buddugoliaeth ysgubol pan ddois i o hyd i 'nhystysgrif geni, wedi'i chuddiad yn ofalus rhago' i a phawb, a'i hagor hi fel 'tasa hi'n bresant Dolig a gweld dim byd. Dim pwt o enw tad ar 'i chyfyl hi.'

''Wn i ddim at be 'ti'n 'nelu,' meddai Rhian yn wyliadwrus, o weld Osian yn rhoi'r gorau i siarad, fel pe bai'n chwilio am ei eiriau nesaf.

'Wedyn dyfeisio rhyw straeon bach i mi fy hun. Meddwl 'i bod hi o'i chariad yn 'i warchod o rhag loes iddo fo a'i deulu. Meddwl 'i bod hi gymaint amdani nes 'i bod hi'n cymryd pump ne' chwech ar y tro. Meddwl am rwbath yn dŵad ar gefn 'i foto beic o Lerpwl ne' rwla ac yn cael dob fach sydyn ar dwyni tywod ac i ffwr' â fo heb adael dim ar ôl ond olion 'i deiars a chynnyrch 'i nwyda. Yr hen ffŵl gwirion imi.'

Ar Rhian yr oedd o'n edrych o hyd, yn union fel pe bai'n gwneud iawn am ei fethiant cynt. Ei thro hi oedd dechrau mynd yn anghysurus. 'Roedd Meurig hefyd yn ceisio dangos i Osian ei fod yn ysgwyd ei ben mewn anghymeradwyaeth. Edrychai Nesta i lawr ar y bwrdd o hyd, ond 'roedd Idris yn rhythu'n llonydd ar Osian.

'A choelio Dad pan ddudodd o, a'i wynab fel machlud Mehefin, nad oedd gynno fo'r un syniad o gwbl pwy oedd Dad go-iawn, 'tasa'r Bod Mawr yn 'i daro fo. A'ch coelio chitha'ch dau pan ddeudsoch chitha'r un peth.'

''Ddudis i 'rioed yr un gair o gelwydd wrthat ti.'

'Nid celwydd ydi arbad rhywun rhag y gwir, naci?'

'Osian!' Awdurdod yn llais Meurig. 'Mae hi'n deud y gwir wrthat ti!'

''Wela i ddim bai arnoch chi. Y stori yna oedd y stori galla . . .'

'Am mai honna oedd yr un wir!'

'Nid ofn i Nesta a finna fod hefo'n gilydd sydd arnoch chi, ond ofn i'r peth fynd yn belan eira.'

102

'Pa beth?'

'Cynnyrch llosgach ydw inna hefyd, 'te?'

Y Rhian hamddenol wnaeth neidio ar ei thraed.

'Arglwydd mawr, hogyn!'

'Mi fyddai o'n egluro llawar o betha.' Codai yntau ei lais i fynnu cael ei ddweud. 'Pam ddaru Mam gracio. Y wyliadwriaeth ddiddiwadd arnon ni. Ych ofn chi i'r peth fynd i'r ail genhedlaeth a gwaethygu. Heb sôn am y dynfa 'i hun.'

Yna 'roedd Nesta'n wylo ac yn mynd. Gwrandawsant arni'n rhedeg i'w llofft ac yn ei chau ei hun yno. Sgrytiodd Rhian y gadair yn egr.

'Hwnna ydi'r peth mwya gwallgo imi 'i glywad 'rioed!'

''Does gen ti ddim mymryn o sail dros 'i ddeud o!' gwaeddodd Meurig. 'Paid â siarad mor ynfyd, wnei di?'

Nid atebodd Osian. 'Roedd ymadawiad Nesta wedi sgrytian mwy arno na thymer ddrwg ddiarth Rhian a Meurig. Nid ei fod yn edifar, ond teimlai ei sicrwydd newydd yn dechrau gwegian yn barod.

'Hollol dwp!' dyfarnodd Rhian drachefn, a'r ail air yn codi'n waedd.

'I be mae isio gwylltio 'ta?' Darfu'r gwegian. 'Peth newydd sbon yn ych hanas chi.'

'Wel am fod . . .' rhuodd Meurig a methu yr un munud. Cododd yntau ar ei draed. 'Arglwydd mawr!' dyfarnodd wedyn.

Deuai sŵn aneglur ochneidiau wylo o'r llofft. Gwrandawsant arno, yn ategiad i'r tyndra. Unig ddyhead Osian oedd rhedeg yno. Wedi codi heb feddwl, ni wyddai Meurig beth i'w wneud ag o'i hun. Safai Rhian o hyd â'i dwylo ar y gadair, yn edrych ar Osian, fel pe bai'n pendroni beth i'w ddweud nesaf.

'Os ydach chi'ch dau am ych gilydd dyna dy ddadl di'n racs grybîb,' meddai Idris, newydd feddwl am y syniad.

Ond 'roedd wedi ystyried hynny hefyd, a chael ateb. 'Roedd Meurig a Rhian yn nodio ar Idris i ddiolch am rywfaint o synnwyr.

'Pwy sy'n deud mai hannar chwaer ydi hi i mi?'

'Paid â siarad drwy dy blydi het, wnei di!'

'Roedd Meurig hanner ffordd at y drws cyn gorffen gweiddi. Edrychodd Rhian ar ei ôl am ennyd, ac yna ymroes i glirio'r llestri o dan eu hwynebau.

''Fydd gynno fo byth syniad be i'w wneud hefo fo'i hun pan fydd o'n myllio,' meddai mewn llais tebycach i'r arfer. 'Mae croeso i chi aros yma weddill y dydd,' meddai wedyn, wedi troi ei chefn atynt, 'a heno os liciwch chi. Ond peidiwch â disgwyl gweld llawar ar Nesta.

Anamal y bydd hi'n crio, ond pan mae hi'n gwneud mae'n tueddu i fod felly am oria.'

Ac yma terfyn y drafodaeth, meddai'r tap dŵr oer wrth gael ei agor ormod. 'Roedd ffarwel y ddau'n swnio fel esgusion, ond ni fedrent fod ddim ond felly. Aethant i'r car, ac Osian wedi lluchio'i oriadau i Idris y munud y daethant drwy'r drws a chau ar ddistawrwydd y tŷ a'r llofft. Ni ddywedwyd dim, na gofyn i ble, dim ond mynd yn ôl yr un ffordd ag y daethant.

Toc, gorfu i Idris aros y tu ôl i res o geir o flaen golau coch. Hanner trodd i edrych ar Osian. Daliai o i syllu drwy'r ffenest o'i flaen.

''Doeddat ti 'rioed yn disgwyl gwahoddiad i fynd i fyny ati?'

''Wnes i ddim llawar cyn iddi fynd chwaith, naddo?' Yn chwerw, ddiflas.

'Pa obaith oedd gen ti, was?'

Daeth y golau gwyrdd, a chychwynnodd y car. Gyrrai Idris yn ddiamynedd agos at lorri fechan orlwythog gan ddodrefn. Ni fyddai wahaniaeth gan Osian pe bai'r cwbl yn dymchwel ar eu pennau.

'Rhesymu mewn panig wyt titha hefyd.'

'Ia?'

''Dwyt ti 'rioed yn credu'r peth, debyg?'

Arhosodd y lorri'n ddirybudd. Arhosodd Idris fodfeddi oddi wrthi ar ôl i'w freciau sgrechian digon i droi pob pen o fewn cyrraedd.

'Uffar dân!'

'Ella,' atebodd Osian yn ddigyffro.

Canolbwyntiodd Idris ar ei regfeydd a'r diolchiadau ar eu holau wrth iddo gael mâd â'r lorri. Ond canlynodd arni'n fwy gofalus.

''Ti'n dallt nad ydi hynny o ddadl oedd gen ti'n gwneud 'run pwt o synnwyr?'

'Nac 'di?'

'Nac 'di, siŵr.'

'Helpa fi 'ta.'

'I be?'

'I gael gwybod pwy 'di o.'

Idris oedd yn iawn. Panig oedd o. Dim ond ar ôl iddo glywed sŵn ei gais y daeth hynny'n amlwg iddo yntau hefyd. Ond 'roedd ymhell y tu hwnt i bethau fel 'difaru gofyn.

'Roedd Idris wedi arafu'r car heb feddwl.

'A sut wyt ti'n mynd i gael gwybod hynny?'

'Dim syniad.'

'Paid â rhuo. Mi wyddost ti'n iawn mai'r unig obaith sy gen ti ydi gofyn iddi hi.'

'Ia.'

'A phob lwc i ti.'

'Ella bod gen ti well gobaith o gael gwybod gynni hi.'

'Fi?'

'Mi wnest ti lawar gwell joban ohoni hefo Rhian nag a wnes i. Tria hi hefo Mam hefyd.'

'Doedd dim yn annisgwyl yn y bytheirio dan ei wynt wrth ei ochr chwaith.

'Ne' mi fedrwn roi cynnig arni hefo'n gilydd. Hwnnw 'di'r gobaith gora,' ychwanegodd, newydd feddwl am y syniad.

'Pa bryd?' Ansicr.

'Dim heddiw.'

'Naci. 'Dan ni wedi cael digon o'n teulu annwyl i bara am un diwrnod.'

'Y llun diawl 'na.'

'Y?'

'Llun 'u priodas nhw.'

'Pwy?'

'Meurig a Rhian. Wyt ti 'di sylwi arno fo?'

'Be sy 'nelo hwnnw â'r peth?'

'Rŵan mae o'n dechra dangos.'

'Y?'

Ond 'roedd Osian wedi mynd yn ôl i'w gilydd. Pan gyraeddasant fflat Idris ni ddaeth allan o'r car, dim ond stwffio i'r sedd arall.

'I ble'r ei di?' gofynnodd Idris ar ei union.

'Yn ôl.'

'Ond be am Nesta?'

'Mi ffonia i hi. 'Dydw i ddim yn dengid.'

Nid felly y teimlai chwaith.

''Does 'na ddim pwrpas i mi aros.'

'Gwna'n siŵr mai chi sy'n ennill.'

Gadawodd Osian hynny heb ei ateb, faint bynnag o ymdrech a gymerwyd i'w ddweud. Gyrrodd yn ôl, yn beiriannol a dibleser. Golau caffi canol tref a wnaeth iddo gofio ei fod heb fwyd ers oriau. Parciodd y car a mynd i mewn. 'Roedd mwg baco lond y lle. Prynodd fygiad o de am fod hwnnw'n berwedig, a byw heb fwyd am y gwyddai y byddai blas mwg arno. Daliodd gŵr y caffi law dew allan i dderbyn yr arian. Nododd Osian gydnabyddiaeth ar y llygaid, llygaid llonydd yfwr mawr, ac aeth â'i de at fwrdd ger y drws. Dechreuodd ei yfed, a gwelodd y goleuadau dros y ffordd yn llenwi ffenest swyddfa arwerthwyr tai. Rhythodd ar y ffenest am funudau, yn methu symud, bron. Yna aeth allan, gan adael y te a'r dyn a'r mwg. Gyrrodd ymlaen, yn wylltach na chynt, ac nid arhosodd nes cyrraedd cornel y stryd lle'r oedd ei stafell. 'Roedd y caffi hwylus yno'n dal ar agor.

Wrth fynd i'r tŷ y cofiodd. 'Roedd Gari'n cynnal parti. Petrusodd eto mewn anobaith. Yna aeth i fyny i gyfarfod â'r sŵn. Nid oedd Gari'n rhy feddw i synnu o'i weld.

''Dw i 'di cuddiad dy fatras di,' meddai mewn cyfrinach fawr, 'rhag ofn i'r petha meddw 'ma 'i malu hi.'

'Da iawn chdi.'

Gwrthododd bob cynnig i ymuno ac i yfed. Cafodd hyd i'w sach cysgu a chôt, ac aeth i nôl ei frws dannedd cyn ymadael, gan osgoi cyrff ar i fyny ac ar eu hyd wrth wneud hynny. Gyrrodd ei gar i'r safle, ac aeth i'w swyddfa. Taniodd y tân nwy bychan, a'i feddwl ar un arall, a gwnaeth safle'i sach cysgu mor glyd ag oedd modd cyn diffodd am y nos.

Pennod 9

'Roedd haul creulon trannoeth. Fel diwrnod o wanwyn, fel Sadwrn o Dachwedd. 'Roedd ar Osian ormod o ofn ffonio. Nid aeth yn ôl i'w stafell chwaith. 'Roedd am ohirio hynny tan gyda'r nos i'w arbed ei hun rhag aroglau hen gwrw a chwestiynau Gari. Yn hytrach, gwnaeth dipyn o waith clarcio yn y swyddfa tra bu'r haul yn cynhesu'r hin, ac yna aeth am dro, yn gwybod yn iawn i ble.

Gyrrodd yn araf ar hyd y prom, ac i fyny'r allt. Bu bron iddo â throi i faes parcio'r gwesty, ond ni wnaeth. Parciodd yn dynn yn y clawdd wrth geg y llwybr ac aeth allan. Ni frysiodd, dim ond cerdded a'i ben at i lawr braidd.

Daeth at y creigiau, ac aros yno i wylio'r môr wrth ei draed. 'Roedd yn llawer nes at drai na'r tro cynt, a'r tonnau'n taro'n egrach. 'Roedd yn haws torri'r ias mewn tonnau felly. Wrth sefyll yno'n eu gwylio daeth ofn arno na fyddai hynny o ddim gwahaniaeth iddo byth eto. Teimlad uffernol oedd gweld rhywbeth cyforiog o gysylltiadau a lanwai ei brofiad yn mynd yn amherthnasol o flaen ei lygaid. Daeth yn ôl at greigiau sychach cyn cychwyn tuag at y porth, a'r pwll a'r rhedeg a'r afiaith ymhell bell i ffwrdd. Adnabu'r siâp yn y pellter a phrysurodd. Dringodd i ben y graig fechan ac aros yn stond. 'Roedd y porth a'r môr yn llawn i'r ymylon o wymon trwchus.

Safodd yno am hydoedd yn edrych arno, yn ewyllysio iddo beidio â bod, yn ceisio dyfeisio cynlluniau i'w gael oddi yno. Ni fyddai'r môr a ddaeth ag o yno yn mynd ag o i unman arall, — 'roedd wedi dod ag o i le rhy gysgodol i hynny. Yr unig obaith oedd na fyddai'n dod â rhagor i'w bentyrru ar y gweddill, ac na fyddai'r hyn oedd wedi dod yn cymryd gormod o amser i bydru. 'Roedd y gwymon o dan y graig yn wlyb socian, yn anobeithiol i 'sgidiau meddal fynd ar ei gyfyl, a chwiliodd am ffordd i fynd heibio iddo i'r traeth. Nid oedd yr un i'w chael. Di-frys oedd y siwrnai yn ôl at y car hefyd.

Rhyw dair milltir ymhellach draw 'roedd eglwys fechan ar ochr y ffordd, a mynwent daclus o'i hamgylch. 'Roedd wedi meddwl mynd i sbaena ynddi pan fu ar daith feic, ond nid oedd ganddo ddigon o amser bryd hynny. Erbyn hyn 'roedd gormod. Parciodd y car, a gwthio'r giât drom gilagored gan hanner disgwyl gwich ohoni. Gwrandawodd ar sŵn ei draed yn gwasgu graean y llwybr.

'Roedd yr eglwys yn lled-gynnes, a'r twymyddion trydan yn dal i wresogi rhwng dau wasanaeth, gan wneud llawn cymaint i sychu'r awyr ag i'w chynhesu. 'Roedd awgrym cynnil persawr tua'r cefn.

Cerddodd o gwmpas yn araf, yn astudio pensaernïaeth a phlethiadau'r to derw. Mwy o ryfeddod oedd seddi caeëdig uchel yr ochr dde a meinciau plaen yr ochr chwith, a lefel y meinciau'n cyfrannu'n llawn mor llwyddiannus at eu distadledd â'u plaendra. Seddi'r morynion a'r gweision, debyg, lle caent fod yn ddiolchgar am fod achubiaeth ar gyfer pawb.

Plaen a gwyngalchog oedd y muriau. 'Roedd dwy faner filwrol wedi'u gosod yn daclus urddasol o boptu i gleddyf ar ganol un mur, a chroes bren bron yn ddu ar y mur yn union gyferbyn. Aeth ymlaen at y gangell. 'Roedd cerdyn gwyn a'i ymylon wedi gwisgo wedi'i gadw y tu ôl i sedd yr organ. Aeth ato, yn fusneslyd i gyd, a'i godi. 'Roedd olion pinnau rhydlyd ym mhob cornel iddo, ond ni chymerodd lawer o sylw o'r rheini. 'Roedd wedi gweld y neges o'r blaen. Ni chofiai'r teitl chwaith, er ei fod yn ddigon rhwysgfawr i ddychryn rhywun. Taflen Y Graddau Carennydd a Chyfathrach. Ar y chwith, nid oes i fab briodi,—ei nain, gwraig ei daid . . . ei fam, ei lysfam . . . ei ferch . . . ei chwaer, ei—be oedd ots pwy arall? Ar y dde, nid oes i ferch briodi ei brawd.

Na, nid oedd yn newydd nac yn angof, er bod llawer mwy o enwau arni nag a gofiai. 'Roedd Idris tua deg oed ar y pryd, ac yntau'n tynnu at ei bymtheg. Mynd am dro yn y car, ac aros o flaen rhyw eglwys ar ben bryncyn coediog filltiroedd o bobman. Chwarae tic rownd y cerrig beddi tra bu Mam a Dad yn edmygu'r eglwys. Mynd i mewn ar eu holau toc, a gweld y rhestr, yn fudr a melynog ar hen hysbysfwrdd. Idris yn rowlio chwerthin wrth ei ddarllen, a'r llygaid melltennog y tu ôl iddo y munud hwnnw, a sŵn y glusten yn diasbedain dros y lle. Dyna be oedd i'w gael am gambyhafio mewn eglwys, meddai'r llais garw wrtho, yn ddidostur a diedifar.

Rhoes y rhestr yn ôl yn ei chuddfan. 'Doedd dim pwrpas ei dangos ar gyhoedd mwyach oedd y neges. Nid oedd neb yn ddigon ynfyd yn yr oes hon i wneud pethau mor anwaraidd ac aneglwysig. 'Tasai hi'n mynd i hynny 'roedd y rhestr yn llawn cymaint o gynnyrch gwleidyddiaeth ag o ofn llosgach prun bynnag. 'Roedd Llyfr Gweddi bron yn newydd ar bwlpud, wedi'i gau. Byseddodd drwyddo, heb edrych na darllen dim. Meddyliodd ei fod yn gweld y rhestr ar dudalen wrth iddi wibio ar ôl yr un cynt ac o flaen y nesaf. Chwiliodd amdani, ac 'roedd yno. Diweddariad. Nid yn union yr un drefn na'r un enwau, ond nid dyna'r gwahaniaeth. Ar waelod y rhestr newydd 'roedd y pwysleisio ciaidd bod brawd yn cynnwys brawd yr hanner-gwaed, a chwaer yn cynnwys chwaer yr hanner-gwaed. Pam nad ychwanegwyd fod y frawddeg atodol wedi'i chynnwys yn un swydd ar gyfer un Osian

Pritchard ac un Nesta Pritchard? Taflodd y llyfr yn ôl ar y pwlpud, a'i adael yn flêr yno. Nid oedd yn dymuno priodi prun bynnag. Y ffyliaid.

Aeth allan yn araf, a chau'r drws ar ei ôl. Pwysodd yn ei erbyn yn ddigysur, ac edrych yn ddwl ar y fynwent o'i flaen, a'i weld. 'Roedd hen ŵr yn ei blyg yn golchi carreg fedd yn yr haul. Gwibiodd ias drwyddo. 'Roedd S.M. wedi dod i'r fynwent i gadw'r garreg yn lân ar gyfer ei enw'i hun.

Diflannodd pob dirmyg a dam. Ni welai ddim ond y cefn a'r gwallt, a diwydrwydd ara deg y penelin. Gwyddai na allai sleifio oddi yno a gwyddai nad oedd yn dymuno gwneud hynny chwaith. Byddai'n beth dan din i'w wneud. Mor bitw a phlentynnaidd oedd y cecru. Dynesodd, gan wneud hynny o'r ochr megis a chymeryd arno mai yno i ddarllen cerrig yr oedd. Yna sylweddolodd. Nid S.M. oedd o, siŵr. Lembo. Ni fyddai S.M. byth wedi medru plygu cyn ised prun bynnag. Nid oedd gan hwn sbectol chwaith. 'Roedd ganddo rywfaint o grwb, ond nid chwarter cymaint ag S.M.

Nodiodd y ddau gyfarchiad ar ei gilydd a chiliodd Osian yn raddol. Aeth i'r car, yn gwenu yn ei ail, ac yn benderfynol na fyddai byth eto'n ffraeo efo S.M.

Glasiad o gwrw a brechdanau yn y gwesty oedd ei ginio Sul. Ni symudodd oddi wrth y bar i'w fwyta, er bod dau wrth ei ochr yn yfed bob un ei wisgi ac yn eu brolio'u hunain a'u petheuach yn fwy na digon uchel. Am y tro 'roedd yn hawdd eu hanwybyddu. 'Roedd popeth heblaw'r hen ŵr yn y fynwent yn un siom ar ôl y llall. Wedi cael hen lond bol, gafaelodd yn ei wydr a'i blât a mynd i'r cyntedd. Dobiodd fotymau'r ffôn.

Rhian siŵr Dduw.

'Hei. Fi sy' 'ma.'

'Lle'r wyt ti?' Rhwng croeso a cherydd.

'Yn y gwesty lle bu Nesta a minna.'

'O? 'Wela i.'

'Ydi hi yna?'

'Mi waedda i arni hi rŵan.' Gwaedd oedd hi hefyd. 'Mae hi ar 'i ffor'.'

'O.' Efallai bod rhywbeth arall y medrai ei ddweud. ''Dydw i ddim yn tarfu ar ych cinio chi, ydw i?'

'Nac wyt, os nad wyt ti'n bwriadu clebran am ugian munud.' Arhosodd ennyd, fel pe bai'n ymbaratoi, ac aeth ei llais yn fwy difrifol ac agos-ato. 'Gwranda, Osian, 'dwyt ti ddim yn dal i gredu'r codlmiroits 'na roist ti gerbron ddoe, wyt ti?'

'Mae ddoe wedi bod ac wedi mynd.'

'Os oes arna i isio gwers ar betha fel'na mi bryna i galendar.'

Yr un hen Rian.

''Dydw i ddim yn gwybod be i'w gredu a be i'w beidio. Pam ydw i'n gwybod pwy 'di tad pawb ond fi?'

'Gor-ddeud.'

'Helpa fi i wybod, Rhian.'

Ennyd o ddistawrwydd.

'Oreit. Mi wna i 'ngora.' Distawrwydd eto. 'Mi wyddwn i'n iawn na fasat ti'n llyncu mul.'

Pe bai rithyn o wahaniaeth. Pellteroedd yn creu mêts.

Clywai leisiau aneglur llaw dros ffôn.

'Fanna'r wyt ti?' Llais hapus, bron yn methu credu.

'Ia.' Y rhyddhad mwyaf posib. 'Gwranda...'

'Mae lle'r wyt ti'n deud y cwbwl sydd 'i angan.'

'Wyt ti'n iawn?'

'Ydw, siŵr.' Sôn am ddoe wedi bod ac wedi mynd. Yna llais distawach. 'Wyt ti'n nes at gael tŷ bellach?'

'Dim heb i ti ddŵad i'w gweld nhw hefo fi.'

''Dydi o ddim ots am hynny. Bacha un.'

'Na wnaf. Dim hebddat ti.'

'O. Wyt ti'n iawn 'ta?'

'Nac'dw siŵr. 'Fasa waeth i ti lyffant i drio achub dy gam di mwy na fi.'

''Doeddat ti ddim mwy syfrdan na fi. Faint o obaith sy' 'na y byddwn ni wedi mudo cyn Dolig?'

'Y peth calla i'w ddeud ydi dim.'

''Ro'n i'n ama.'

'Os na fedrwn ni gael rwla wedi'i rentu.'

'Chdi sydd i ddeud. Pryd gwelwn ni'n gilydd eto?'

'Mi dria i...'

'Pryd bynnag fydd hi, 'dydi hi ddim i fynd fel ddoe a'r Sul 'na.'

'Na.'

'Wyt ti'n addo?'

'Ydw. Ydw siŵr.'

'Ni sy'n penderfynu. Nid Rhian na Dewyrth na dy fam na neb.'

Ia, dy fam. Dechrau dofi, efallai. Ond 'roedd yn hapusach o beth mwdredd ar ôl rhoi'r ffôn i lawr. Cariodd ei ginio'n ôl tuag at y bar. Nid oedd ond wedi brathu brechdan nad oedd llais wrth ei ochr.

'Oes posib inni gael sgwrs fach, os gwelwch chi'n dda?'

'Doeddan nhw 'rioed mor gwrtais â hynna. Dyna aeth drwy ei

feddwl yn gyntaf un. Dyn tenau a llwydaidd tua phymtheg ar hugain oed oedd wrth ei ochr, a'i fwstás yn lapio o boptu'i geg. Ac 'roedd yn barod amdano. Cynnwrf am fod rhywbeth am ddigwydd o'r diwedd oedd yn mynd trwyddo, a medrai reoli hwnnw.

'Sgwrs?'

'Ia. 'Fyddwn ni ddim yn hir. Mae gynnon ni fwr' yn y gongol 'cw.'

'O?'

'Oes. Os gwelwch chi'n dda . . .'

Bwrdd. Ymlaciodd. Nid plismyn oedd y rhain. Byth ers dadleniadau Brian Griffith 'roedd wedi bod yn ymbaratoi ar gyfer ymweliad a'r hyn a ddigwyddai wedyn. Am y gnoc neu'r rhuthr plygeiniol y disgwyliai, a dyna pam 'roedd yn dechrau 'difaru iddo symud i fyw at Gari.

Cododd oddi ar ei stôl a dilyn y dyn. Anelai tuag at fwrdd yn y gornel bellaf lle'r eisteddai dynes yn eu gwylio'n dynesu. Cododd wrth iddynt gyrraedd, a rhoi ei llaw allan.

'Dorothy ydw i.'

Ysgydwad llaw byr byr. Casâi Osian y peth. 'Roedd Dorothy yn dalach na'r dyn, ac yn hŷn o bymtheng mlynedd daclus, gyda golwg llawer llai gwibiog yn ei llygaid.

'Wyt ti wedi cyflwyno dy hun iddo fo, Robert?'

Aeth Robert drwy'r un seremoni, a chadwodd Osian hi yr un mor fyr. Eisteddodd y ddau, a phwyntio at gadair i Osian. Eisteddodd yntau. Edrychodd yn dawel o un i'r llall.

'A chi ydi Osian.'

'Roedd gan Dorothy amlen fawr lwyd ar gadair wrth ei hochr. Mwythai fys ar ei hyd.

'Sut gwyddoch chi?'

'Sut?'

'Sut gwyddoch chi mai Osian ydw i ac mai yma y baswn i?'

'Cyd-ddigwyddiad llwyr,' meddai Dorothy. ''Roeddan ni'n mynd heibio i'ch swyddfa chi ar y seit pan ddaethoch chi allan ohoni y bora 'ma.'

'A 'nilyn i.'

'Wel . . . cadw llygad ar y car.'

'O, ia.'

'Dim ond am ein bod ni isio'ch cwarfod chi,' prysurodd Robert i ychwanegu.

'Ond mae 'na rai heblaw fi'n defnyddio'r swyddfa 'na.'

'Dim ond yr hogyn arall hwnnw,' meddai Dorothy, a'i llygaid yn awgrymu gyda chynildeb craff ei bod wedi sylwi mai 'rhai' a

111

ddywedodd Osian. 'Na, mae'r disgrifiad gawson ni ohonoch chi gan Tim yn hen ddigon da.'

O'r diwedd. 'Roedd ar fin gofyn ble buont cyhyd, ond sadiodd. Y cynllun yr oedd wedi'i gorddi yn ei feddwl a'i ddychymyg oedd gadael iddyn nhw siarad drwy'u cwestiynau fel ei fod o'n cael mwy o wybodaeth ganddyn nhw nag yr oeddyn nhw ganddo fo. Hynny oedd orau pwy bynnag oedd yn holi.

''Tasach chi ddim yn ddibynadwy 'fyddach chi ddim wedi rhybuddio'r dynion bod y plismyn yn cadw golwg arnyn nhw,' meddai Dorothy. 'Dyna be oedd Tim yn 'i ddeud.'

'Ac mae'n amlwg 'i fod o'n iawn,' meddai Robert.

'O?'

'Ne' fel arall mi fyddach chi wedi mynd â fo i'r plismyn.'

'Mynd â be?'

Gwenodd Dorothy.

'Da iawn chi. 'Does dim byd tebyg i fod yn wyliadwrus.'

'Ni sydd wedi dechra'r stori yn y lle anghywir,' eiliodd Robert. 'Pan fuo Tim yn llechu rhag y plismyn yn ych swyddfa chi mi adawodd rwbath ar ôl yno.'

'O?'

'Do.' Gwenodd. 'Fel y gwyddoch chi'n iawn.'

'O?'

'Mae'n amlwg mai'n gorchwyl cynta ni ydi'ch darbwyllo chi nad plismyn ydan ni,' meddai Dorothy.

Cododd Osian sgwyddau hanner disgwylgar.

'Gorchwyl amhosib, debyg iawn,' aeth Dorothy rhagddi. 'Faint wyddoch chi am Tim?'

'Dim ond bod gynno fo gariad a dau o blant a charafán ddigroeso.'

'Gawsoch chi'ch synnu pan glywsoch chi am 'i helynt o?'

''Dydw i ddim yn 'i 'nabod o'n ddigon da i hynny.'

'Ond 'roeddach chi'n 'i 'nabod o'n ddigon da i'w rybuddio fo.'

'Chi sy'n deud hynny.'

''Rydach chi'n iawn,' meddai Robert. 'Rhybuddio pawb wnaethoch chi 'te?'

'Chi sy'n deud hynny hefyd.'

Cododd Robert ddwy law ar Dorothy a'r bwrdd mewn ystum o anobaith. Gwenodd Dorothy'n fam i gyd.

'Cyn i Tim gael 'i ddal,' meddai'n garedig, 'mi lwyddodd i gael negas drwodd o giosg yn deud 'i fod o wedi gadael parsal bychan yn ych swyddfa chi, ar ôl i'r plismyn fod yn 'i chwilio hi.'

'Pam 'rhosoch chi tan nos Wenar?'

'Sut?'

'Pam na fasach chi 'di torri i mewn nos Ferchar ne' nos Iau?'

'Mae'n ddrwg gen i . . .'

'Ofn bod rhywun yn gwylio'r lle? Y Contractwr, ne' fi, ella.'

Bu bron iddo â dweud plismyn.

''Dydw i ddim yn dallt . . .'

'Nac 'dach. 'Dach chi newydd ddeud ych bod chi'n gwybod yn iawn pwy sy'n defnyddio'r lle, 'dach chi'n gwybod i'r eiliad pryd 'dw i'n gadael, ac eto 'does gynnoch chi ddim syniad be sy'n digwydd yno.'

'Osian.' 'Roedd llais Robert yn dechrau mynd yn daer. 'Cyd-ddigwyddiad oedd inni'ch gweld chi gynna.'

'A'r nos Wenar ar ôl i Tim gael 'i ddal, dyma chi ne' rywun o'ch giang chi'n torri i mewn a malu'r lle'n dipia. Mi greoch lanast a chosta, heb sôn am ddrwgdeimlad enfawr a mwy fyth o anghyfleustra a gwaith. A dyma chi'n wên fêl yn gofyn i mi gydweithredu hefo chi.' Gwnaeth ystum i godi. 'Dim diolch.'

'Peidiwch â mynd, Osian.'

Apêl dawel oedd yn llais Dorothy. Petrusodd Osian, a cheisio cuddio'i lwyddiant. Eisteddodd yn ôl a chymryd llymaid bychan o'i gwrw.

'Os ydi'r parsal wedi golygu costau fel'na i chi,' meddai Dorothy, 'mi dalwn ni bob ceiniog yn ôl. Pob un geiniog, 'tasai'n rhaid i mi wneud hynny o 'mhocad fy hun.'

''Dydw i ddim yn sôn am y stwff.'

'Nac 'dach. Mae'n ddrwg gen i. Ond ar fy marw i chi, 'doedd 'nelo ni ddim byd â malu'ch lle chi. 'Fuasan ni byth yn gwneud peth mor anghyfrifol.'

Dim ond codi mymryn ar ei aeliau wnaeth Osian mewn ymateb, awgrym o dderbyn y wybodaeth yn hytrach na phasio barn arni.

'Mae'n bwysig eithriadol ein bod ni'n cael y parsal yn ôl,' meddai Robert, yn fwy taer efallai am nad oedd Osian wedi dweud dim.

'Ni?'

'Nid ni'n dau'n bersonol.'

'Be, oes 'na gymdeithas ohonoch chi?'

'Nac oes.' 'Roedd Robert yn dechrau ymddwyn braidd yn nerfus. 'Gwneud hyn ar ran rhywun arall ydan ni.'

'Gwneud be?'

'Adfer eiddo i'w wir berchennog,' meddai Dorothy.

A dyna benbleth y munud hwnnw. Efallai y dylai ddweud bod yr heddlu'n ei wylio, o bosib yn y gwesty, yn y bar. Ond os oedd y ddau yma wedi bod yn ei wylio hefyd, 'roedd yn rhyfedd nad oedd yr holl wylwyr wedi baglu ar draws ei gilydd. Ac os oedd yr heddlu wedi mynd i'r fath drafferth i wylio Tim a'r lleill, gellid disgwyl y byddent yn gwylio'r rhain yn ogystal. Cau'n dynn.

''Wn i ddim faint o gydymdeimlad sy' gynnoch chi â'r egwyddor honno,' meddai Dorothy, yn dal i chwilio.

'O. . .'

Mor annelwig â phob ateb arall. Nid oedd Robert yn gallu cuddio'i deimladau mor llwyddiannus â'i bartner.

'O . . .' cynigiodd Osian eilwaith, yn syth i lygaid Robert y tro hwn.

'Dowch i mi ddeud stori fach,' meddai Dorothy, yn gwenu am ei bod wedi swnio fel pe bai ar raglen deledu plant. 'Ar ddiwadd yr Ail Ryfal Byd, 'roedd 'na bump o forwyr o'r Ffindir yn rhyw wagsymera hyd Lerpwl ac yn gwneud petha heblaw meindio'u busnas, fel bydd rhyw griwia felly. 'Roeddan nhw wedi bod yn rhyw—ym—chwarae o gwmpas,'—gwenodd eto'n ddeallus i ddweud ei bod hi'n ddigon eangfrydig i sôn am bethau felly—'ac wedi cyrraedd tafarn. Mi aeth hi'n flêr yno, ac yn gwffio am 'u bod nhw wedi mynd i gamblo heb bres i dalu. Mi ddengodd pedwar, ond mi gafodd y pumad 'i ddal a'i guro. Ar ganol y cweir mi ddaeth 'na soldiwr diarth yno i apelio ar 'i ran o, a mi lwyddodd wedi iddyn nhw ddallt 'i fod o am dalu'r ddyled drosto fo. Tair punt oedd hi, petha llawar mwy gwerthfawr a phrin yr adag honno.'

'Y Samariad Trugarog.'

Nid oedd Robert yn or-hoff o hynny chwaith, ond 'roedd Dorothy am ymddwyn yn llawer mwy croendew.

'Na,' meddai, ''roedd gynno fo reswm mwy ymarferol na'i wneud 'i hun yn ddeunydd dameg. 'Roedd o wedi bod yn yr un twll yng Nghairo dair blynedd ynghynt a 'doedd 'na neb, na ffrind na dieithryn, wedi dŵad i achub 'i gam o.'

'Be mae o'n berthyn i chi?'

'Perthyn?' Chwarddodd, am ei bod oddi ar ei hechel. 'Lle cawsoch chi'r syniad yna?'

'Y manylion.'

'Ac ydi perthnasa'n gwybod mwy na phobol erill?'

''Wna i ddim tarfu eto.'

'Dim ond rhyw air ne' ddau yma ac acw'r oeddan nhw'n 'i ddallt ar 'i gilydd. Ond mi gafodd y morwr bryd o fwyd a'i ddanfon yn ôl i'w long. 'Doedd gynno fo ddim i dalu'n ôl, ond mi ddiflannodd i'r llong a dod yn ôl mewn pum munud hefo pecyn bychan yn 'i ddwylo. Drwy forwr arall oedd hefo gwell crap ar Saesneg mi roddwyd ar ddallt mai

114

ernes am y teirpunt oedd y pecyn, a dyma'r naill yn cael cyfeiriad y llall er mwyn setlo petha ar ôl iddyn nhw gyrraedd adra.'

Efallai eu bod yn chwilio am ymateb. Daeth chwarddiad wisgi o'r bar.

'Mi agorodd y pecyn ar ôl dychwelyd i'w gamp a gweld mai stampia oedd ynddo fo. 'Doedd gynno fo ddim diddordab ynddyn nhw ond o ran chwilfrydadd mi aeth â nhw i gael 'u prisio. 'Roeddan nhw'n werth cryn dipyn mwy na theirpunt. O dipyn i beth mi ddechreuodd gymryd mwy a mwy o ddiddordab ynddyn nhw, ac ar ôl dŵad adra a setlo mi sgrifennodd at y morwr yn y gobaith y byddai 'na rywun yno'n gallu cyfieithu'r llythyr, ac yn cynnig prynu'r casgliad a thalu'r gweddill unwaith y byddent yn cytuno ar y pris. Mi gafodd atab ymhen rhyw ddeufis yn deud bod y morwr wedi'i ladd mewn damwain ar y llong, a bod y teulu wedi clywed am yr helynt yn Lerpwl a'u bod yn dymuno iddo fo gadw'r stampia i ddiolch am 'i garedigrwydd. Be ddaru o ond cael 'u prisio nhw wedyn a thalu'r gwahaniaeth.'

'Dyn gonast.'

Chwiliai Robert yn galed am ystyr hynny. Anwybyddodd Dorothy'r sylw.

'Mi ddechreuodd hel stampia 'i hun, ond 'ddaru o ddim cymysgu'r rheini hefo'r lleill. 'Roedd o isio'u cadw nhw'n union fel y cafodd o nhw, i gofio. 'Rydach chi'n gallu dirnad felly bod i'r stampia 'ma werth dipyn gwahanol i'r arfar,' ychwanegodd gyda phwyslais i gyfleu ei hargyhoeddiad.

'Rhwbath sy'n darfod hefo'r anadl ola ydi gwerth.'

Diflannodd y wên oddi ar wyneb Dorothy. Daeth braidd ormod o boen yn ei lle.

'Osian, Osian!' Griddfannai. ''Dydach chi 'rioed yn credu hynna? Be am ddiddordab ffrindia, a theulu? Be am ych plant?'

A daeth cip o un i'r llall. Ac efallai nad oedd yn un slei.

'Ella 'mod i'n siarad heb feddwl,' meddai, gan geisio chwerthin. 'Be 'di diban ych stori chi?'

'Y casgliad yna oedd yn y parsal a adawodd Tim yn ych swyddfa chi.'

'Be ar wynab y ddaear oedd 'nelo Tim ag o?'

'Wyddoch chi rwbath am stampia?' gofynnodd Dorothy.

'Wel . . .' Newid o'r O. Gweithiodd hefyd.

'Mae'r casgliad wedi chwyddo yn 'i werth yn ddirfawr 'ers yr adag honno, ac mae rhai o'r criw 'ma 'roedd y pilsmyn ar 'u hola wedi bod yn dwyn o leoedd heblaw amgueddfeydd. Peidiwch byth â dibynnu ar i ddisgyblaeth fod yn drech na themtasiwn.'

'Mi dria i gofio.'

'Mi gafodd y stampia 'u dwyn,' meddai Robert yn dynn, 'ond mi ddaethpwyd o hyd iddyn nhw. Ac mi drefnwyd i'w cael nhw'n ôl.'

'Sut?'

''Dydi o ddim gwahaniaeth am hynny rŵan.' Nid oedd hanner mor amyneddgar â Dorothy. 'Mae'r stori honno a'n cysylltiad ni hefo hi'n stori rhy hir. Ond y cwbl oedd Tim oedd cyfrwng i drosglwyddo.'

''Roedd y ddau arall wedi trosglwyddo'r pecyn iddo fo y diwrnod hwnnw,' meddai Dorothy. 'Mae golwg amheus arnoch chi,' ychwanegodd yn sydyn.

'Os oedd y plismyn yn gwybod am y pecyn, pam na ddaru nhw dynnu'r lle cw'n g'reia y dydd Merchar hwnnw? Mi fuon nhw'n chwilio a chwalu am ryw ddwyawr, ond dim byd mwy manwl na hynny.'

'Am yr un rheswm 'u bod nhw wedi cyhuddo Tim o ddwyn o'r amgueddfeydd, mae'n debyg. 'Fuo Tim ddim ar gyfyl yr un ohonyn nhw. Nid ar drywydd y stampia oeddan nhw, ond ar drywydd y giang.'

'Ond be oedd cymhelliad Tim i fod yn gysylltiedig â'r peth?'

'Fel dwed'soch chi, 'dydach chi ddim yn 'i nabod o.'

'Ydach chi wedi gweld 'i garafán o?'

''Fyddai'r stampia ddim yn honno,' meddai Robert ar ei union.

'Felly mi fyddwn ni'n falch o gael y pecyn yn ôl,' meddai Dorothy, 'a diolch i chi am fod mor ddoeth yn 'i gylch o.'

'Mi gadwa i bob dim 'rydach chi 'di'i ddeud wrtha i yn gyfrinach,' atebodd Osian yn araf. 'Mi fedra i'ch helpu chi felly.'

'Osian,' meddai Robert, yn bur gadarn. 'Y pecyn.'

Cymerodd Osian arno ei fod yn ei anwybyddu. Wrth deimlo'r tyndra sydyn tynhaodd yntau. Nid oedd ar feddwl chwilio am rywbeth i'w ddweud chwaith.

'Mi wn i,' meddai Dorothy, yn gosod ei dwylo fel athro ar y bwrdd. 'Os cewch chi unrhyw wybodaeth amdano fo, ne' hyd yn oed 'i gael o ych hun, gadwch i ni wybod.'

'Sut?'

'O. 'Rhoswch chi.' Meddyliai.

'Be am gyfeiriad?' gofynnodd Osian gyda'r awgrym angenrheidiol. 'Ne' rif ffôn?'

'A! Mi wn i! Gwneud yr un fath â'r cynllun hwnnw i helpu hen bobol dro'n ôl.'

'O?'

'Ia. Fedrwch chi hongian clwt melyn y tu mewn i ffenast ych swyddfa?'

'Arglwydd annw'l!'

'Clwt melyn amdani. Gan nad ydi'r wybodaeth ddim gynnoch chi ar hyn o bryd.'

'Doedd dim pwt o awgrym yn hynny. Dyna pam 'roedd yn waeth. Cododd Osian.

'O'r gora. Wnewch chi'r un peth i mi?'

'Sut?'

'Mae 'na lyfr sgwennu bach coch ar goll. Yn llawn mesuriada.' Teimlad o gyfnewid celwydd am gelwydd oedd o. 'Mi fyddai'n arbad pythefnos o waith 'tasa fo'n dŵad i'r fei. Mi ddiflannodd noson y malu.'

'Ond 'wyddon ni ddim byd am hynny, Osian.'

'Na wyddoch. Ond os cewch chi wybodaeth, wrth bod gynnoch chi gymaint o ddiddordab yn 'y mhetha i a'm symudiada i, mi fydda i'n falch iawn.'

'Rhyw os annhebygol iawn, Osian.'

'Ia, mae'n siŵr. Ond 'fyddai o ddim yn syndod bod y pecyn a'r llyfr bach hefo'i gilydd. Pam na ddaru Tim adael nodyn i mi i ddeud 'i fod o wedi cuddiad rhwbath?'

'Mae'n debyg bod gynno fo'i resyma.'

'Oedd ella.' Dim ond chwarae. 'Be oedd enw'r llong?'

'Y *Skógafoss*,' atebodd Dorothy, wedi ennyd. 'O Wlad yr Iâ.'

'Lle pell.'

Gadawodd y bwrdd. Gwyddai eu bod yn ei wylio'n mynd, ac aeth ar draws y bar a thrwy'r drws heb droi ei ben. 'Roedd y dyn yn yr un siwmper yn y dderbynfa'n edrych ar ddyn ar y teledu'n gwenu'n gynnil ar holwr a awgrymai na fyddai ganddo galon i gyd-fynd â'r gorchymyn i danio yn y tywod. Troes ei ben i nodio adnabyddiaeth ansicr.

Chwe char arall oedd yn y maes parcio. Sgrifennodd rif a gwneuthuriad a lliw pob un heb ddangos ei fod yn gwneud hynny cyn mynd i'w gar a mynd oddi yno. Siawns fach oedd y byddai'r ddau arall yn mynd ar hyd y ffordd fechan, ac felly aeth i lawr i'r dref a throi oddi ar y ffordd unwaith y daeth i'r prom. Parciodd y car o'r golwg.

Skógafoss. Ei hoff stamp, mor hoff fel bod Dad wedi gwneud potel ohono. O ran pris, stamp diwerth, rhyw ddeg ceiniog am y drafferth yn y catalogau. Stamp pymtheg aurar o Ebrill 1956, gyda llun rhaeadr Skógafoss yn disgyn yn rhyferthwy a'i ewyn yn codi bron at ei ganol

117

drachefn. Ond o dan chwyddwydr tyfai smotyn glas ar waelod y rhaeadr yn ddyn ar gefn merlyn, gan weddnewid y stamp a'r rhaeadr yn llwyr. Deg ceiniog am gampwaith. Faint bynnag oedd gwerth y llong, neu'r stori.

Nodiodd Robert ar yr amlen.

'Pam na ddefnyddist ti honna?'

''Doedd y cyfla ddim yn briodol, nac oedd?'

''Tasa fo'n gwybod dim mi fyddai wedi deud mwy.'

'Hm.'

Tynnodd Robert y recordydd bychan o'i boced.

'Sôn am ddifetha batris.'

'Ella. Paid â chwalu'r tâp chwaith.'

'Mae'r diawl wedi'i eni i fynd drwy rwydi.'

Dim ond am ddeng munud y bu'n rhaid i Osian aros. Chwalodd y pum rhif arall, a chadw'r papur yn ei boced cyn dychwelyd i'r car. Efallai mai car llog oedd ganddynt hwythau hefyd.

Pennod 10

'Roedd Henry wedi ailfeddwl. 'Roedd yr eiliadau tragwyddol yr oedd wedi'u cadw gyda'r pysgotwyr yn y botel yn rhy debyg i hysbyseb. Dyn yn sefyll yn ddidramgwydd ar lan afon a'i llif braidd yn ddramatig a gwialen syth yn ei law. Er nad oedd dim o'i le yn y cyferbyniad rhwng llonyddwch y dyn a rhuthr yr afon ar yr olwg gyntaf, nid oedd yn llawn daro deuddeg wrth ganolbwyntio arno. 'Roedd y dyn yn rhy fyfyrgar. Byddai'r afon yn rhy swnllyd iddo ymgolli yn ei feddyliau i'r graddau hynny.

Nid oedd am dderbyn awgrym Idris chwaith. 'Roedd ei ymweliad y nos Fercher cynt yn llawer llai di-hid na'r Idris arferol, yn sobrach a mwy tawedog. Dorwch ddŵr gwyrdd a boliau pysgod at i fyny, meddai. Potal silff ben tân, wâ, atebodd yntau. Siŵr Dduw, meddai Idris.

'Roedd yr ail gynnig yn well o'r hanner. Aeth y dyn a'r wialen yn gam, a'r lein yn syth. Rhoddwyd cefn a darn o gynffon y gwyniedyn yn y golwg a chynhyrfwyd y dŵr o'i gwmpas yn groes i'r llif. A symudwyd yr het i'r corun. Hynny ddaru blesio. A duodd fymryn rhagor ar yr awyr.

Negesau ffôn Rhian ac Idris oedd yn ei boeni. 'Roedd bod y ddau wedi ffonio'n pwysleisio'r brys a'r difrifoldeb. Wrth selio'r botel a thacluso'r sêl ceisiai feddwl sut i ddechrau. Dim ond braenaru'r tir, meddai Rhian. Cynnig arni i'r diawl, meddai Idris cyn sobri'n sydyn a dweud mewn llais heb fod yn brin o ddychryn pam 'roedd Osian wedi sôn o gwbl am y peth. Er y gwyddai nad gofyn iddo fo am eu bod nhw'n rhy llwfr i wneud yr oedd y ddau, yr ochr arall i'r ffôn yr oeddyn nhw yr un fath.

Cadwodd y botel ar y silff. Ponc chwarel oedd pwnc y nesaf, honno'n botel gomisiwn. 'Roedd ganddo ddarlun neu ddau'n ganllaw ac yn angor. Byddai'n braf cael dechrau arni y munud hwnnw. Ond ni wnaeth. Caeodd ar ei ôl. Aeth i'r tŷ, ac eistedd. Plymiodd i'r dwfn.

'Mi ffoniodd Rhian, ac Idris wedyn yn syth ar 'i hôl hi.'

'O?'

'Roedd tymer dda arni, wedi cael dod o'r Capel bum munud yn gynnar.

'Be oedd gynnyn nhw i'w ddeud?'

'Yr un negas, yn rhyfadd iawn. Mi alwodd Osian heibio iddyn nhw.'

'Wedi anghofio'i ffor' adra.'

Ia, tymer dda.

'Na, mi 'rhosodd hefo Idris nos Wenar.'

'Am ein bod ni wedi lluchio'i wely o i'r doman byd.'

''Roedd o ac Idris wedi bod am beint ac 'roedd o'n meddwl 'i bod hi'n well iddo fo beidio â dreifio.'

'Ac mae yfad cwrw'n dechra setlo problema rŵan, ydi o?'

'Nid yfad, fel yfad. Peint ne' ddau, medda Idris.'

'A be oedd yr esgus ddoe?'

'Mi gafodd y ddau ginio hefo Rhian a Meurig ac mi aeth hi braidd yn beth'ma yno.'

''Rydach chi'n coelio rŵan, ar ôl iddi fynd yn rhy hwyr. 'Dw i'n ddigon da i ymgynghori hefo fi rŵan, ydw i?'

'Mae Rhian ac Idris yn poeni amdano fo, 'sti.'

'A be 'dw i wedi bod yn 'i neud am bum mlynadd ar hugian, ys gwn i?'

Y pen arall i'r ffôn oedd Rhian ac Idris.

'Mae o'n meddwl y byd ohonat ti.'

'Dyna pam mae o 'di anghofio rhoi 'i gyfeiriad newydd inni.'

'Mae gynno fo hawl i wybod, Susan.' O am fod mewn potel.

'Gwybod 'mod i'n poeni amdano fo? Ydi o 'di treulio'i oes yn mynd o'i ffor' i osgoi dallt hynny?'

Nid siomiant dynes yn cael ail am fod plentyn yr oedd hi wedi'i ddifetha'n troi'n ei herbyn oedd o. Byddai'n braf cael poen mor syml â hynny. Ond nid oedd Susan wedi difetha Osian. Os rhywbeth rhyw ymdrech anarferol a braidd yn annaturiol i ofalu nad oedd yn cael ei ddifetha a gofiai Henry. Ceisiodd wneud ystum 'dydi'r byd ddim ar ben o bell ffordd ar yr wyneb a oedd yn sgwâr a stwardlyd o'i flaen.

'Yn ôl yr hyn ddalltis i mae o'n poeni ynghylch 'i dad.'

Dyna fo. Wedi'i ddwaud. Yn yr unig ffordd ddifeddwl-ddrwg y medrai ei dyfeisio mewn hanner awr neu hanner oes o baratoi. Llwyddodd i ddal i edrych i'w llygaid a chadw'r un olwg ar ei wyneb.

''Roedd o'n mynd i ofyn yn hwyr ne'n hwyrach, 'toedd?' meddai wedyn mor ddidaro ag y gallai.

'Bywydeg 'ta achyddiaeth?'

Nid oedd mymryn o sioc yn ei llais, dim ond y ddau air yn mynd drwyddo fel cnoi lemon. Debyg iawn bod Henry hefyd wedi gofyn cwestiwn Osian o dro i dro, ond nid i neb ond fo'i hun. Pob tro y meddyliai, ni fedrai geisio rhagweld ymateb Susan pe bai'r cwestiwn yn troi'n llafar. Nid oedd geiriau oer yn golygu nad oedd storm ar ddilyn, chwaith. Ysgydwodd fymryn ar ei ben i awgrymu nad oedd yn deall y cwestiwn.

'Ne' ella bod yr had dynol wedi mynd yn beth prin a gwerthfawr mwya sydyn. Yn werth 'i fframio a'i gloi mewn amgueddfa i'w warchod.'

'Roedd ganddi ddawn ddihafal o wneud i bawb o fewn clyw deimlo mai nhw oedd yn gyfrifol am y pechod dan sylw. 'Roedd Henry, mewn eiliad afreal o obeithio'r gorau, wedi dychmygu amdano'i hun yn egluro'n bwyllog pam 'roedd Osian am fynnu cael gwybod. Ond gwyddai ei fod wedi braenaru hynny o dir yr oedd am ei wneud i blesio neb.

''Ta ydi o wedi rhoi 'i enw i drio mewn sioe?'

Gorau po fwyaf o'r stêm oedd yn cael ei ollwng fesul cyfarthiad hefyd.

''Weli di ddim bai arno fo am fod isio gwybod,' cynigiodd. 'Mae o'n beth digon naturiol, 'tydi?'

'Biti na fasa popeth o'n cwmpas ni mor naturiol.'

Braenaru'r tir. Y broblem nesaf oedd darganfod esgus dros godi.

'A pham mae o'n gofyn rŵan? Ydi o'n disgwyl i mi ddadlennu mai dŵad o hyd iddo fo ar stepan drws ddaru ni, a rhoi diwadd tylwyth teg i'r stori?'

Pe bai'r peth hwnnw heb ddigwydd, efallai . . .

'A be 'di dy fwriada di ynglŷn â'r peth?'

Nid oedd hi erioed wedi gofyn o'r blaen. 'Roedd wedi'i gyhuddo o wneud dim bron bob tro y codai'r peth ei ben, ond anaml fyddai'n rhaid ateb hynny. Y drefn oesol oedd cyhoeddi'i chwyn a hanner gwrando arno fo'n ceisio tawelu'r dyfroedd, ac edliw iddo pan fyddai'r dymestl yn gryfach nag arfer nad oedd o'n dda i ddim ond i fychanu popeth. Pan fyddai'n meddwl bod y cwestiwn ar ddod, gwyddai'n iawn mai yng nghanol rhes o gwestiynau eraill y byddai prun bynnag.

Ond pan ddaeth, nid felly y bu. Safai o'i flaen, yn disgwyl am ateb.

'Rhoi potal iddyn nhwtha hefyd?'

Nid oedd hi am aros yn hir. 'Roedd y brath yn llawer dyfnach a mwy ffiaidd bersonol nag a glywsai Henry ers blynyddoedd lawer. Ond o leiaf dim ond hynny'r oedd hi'n ei edliw.

'Be 'dw i i fod i'w wneud?' gofynnodd yn y man. ''U chwipio nhw dros y rhiniog 'fath â Phiwritan yr hen oes yn hel 'i ferch oddi cartra am 'i bod hi 'di cael clec?'

Nid oedd y dewis o eiriau'n plesio. Trodd Susan ei thrwyn draw mewn anghymeradwyaeth.

''Wyt ti ddim wedi bod yn dad digon da gynno fo?'
Canodd y ffôn. Eisteddodd Susan. Cododd Henry. Aeth drwodd i'r cyntedd heb frysio.
'Helô, Dad.'
Llais Osian, yn gwneud ei orau i siarad yn naturiol.
'Wel, wâ.'
'Roedd ei ymdrech o'n well.
'Sut ydach chi yna?'
'O, fel ydan ni, 'sti.'
'Mi ddois i draw, ond mi aeth petha'n draed moch braidd. Mi . . .'
'Mae Idris a Rhian wedi ffonio.'
'O. Ydyn nhw?'
'A throsglwyddo'r negas.'
'Negas?'
'Ia. Mae hi'n dipyn bach o styrbans yma.'
''Dw i—'dan ni 'di prynu car. Mi fydd hi'n haws i mi ddŵad draw rŵan.'
'O, ia.'
'Ym . . .'
''Ti isio siarad hefo dy fam? Mi waedda i arni hi.'
Cyn iddo orfod ateb. Rhoes y ffôn ar y bwrdd bach a mynd drwodd yn ôl. Eisteddai hi yn syth i fyny yn ei chadair yn edrych i gornel y tân, fel un ag awdurdod ganddi yn disgwyl ei thendans.
'Osian.'
Ni chynhyrfodd hi, neu ni chymerodd arni os gwnaeth.
'Wyt ti am siarad hefo fo?'
''Chymrist ti ddim llawar i ddeud dy negas.'
'Gofyn iti oeddat ti am siarad hefo fo ddaru mi.'
'Mi geith edrach i rwla licith o ar y ffôn, debyg.'
Trodd Henry yn ôl. Cododd y ffôn.
''Dydw i ddim yn meddwl 'i bod hi am godi oddi wrth y tân, wâ.'
'Nid gwneud ati ydan ni, Dad.'
'Rhyw gorddi mae hi.'
'Nid herio neb ydan ni.'
''Fedra i ddim bod yn siŵr be neith hi nesa.'
'Dim ond isio byw ein bywyda'n hunain. 'Chrewn ni ddim helynt i neb, na busnesa ym mywyda neb.'
'Aros funud, wâ.'
'Roedd Susan yn dod i'r cyntedd, yn llawn pwrpas. Daliodd Henry'r ffôn iddi. Ni wnaeth ymgais i gadw'i lais yn isel.

'Mi fedrwch helpu'ch gilydd ne' mi fedrwch ffraeo. Dy ddewis di ydi o.'

Plyciodd Susan y ffôn. Safodd yntau ble'r oedd.

''Dydi o ddim i ddigwydd, Osian!'

'Mam . . .'

'Wyt ti'n gwrando arna i? Byth!'

'Doro gyfla i'r hogyn, ddynas.'

'Wedi dy fagu di, wedi gwneud popeth fedran ni i ti.'

'Nid rhwbath i weld bai ar neb yn 'i gylch o ydi o, Mam.'

'Wyt ti ddim yn meddwl fod be mae Idris wedi'i wneud yn ddigon o warth arnon ni?'

''Ro'n i'n meddwl ych bod chi ac Idris yn dallt ych gilydd am hynny rŵan.'

'Dallt ein gilydd!' Trodd at Henry. 'Glywist ti?'

Ysgydwodd Henry ei ben yn ddwrdlyd. Trodd hithau ei chefn ato.

'Sut fath ar fyd wyt ti'n byw ynddo fo?'

'Arglwydd, peidiwch â gweiddi, Mam.'

'Mi ro i y gora i weiddi pan ddobith rhywun i'ch penna chi be sy'n naturiol a be sydd ddim!'

'Be sy'n fwy annaturiol na chi'n mynd o'ch ffor' am dros ugian mlynadd i ofalu nad oedd Nesta a minna'n cael bod ar ein penna'n hunain am eiliad?'

'Mi wyddost ti'n iawn pam! Mae be sy'n digwydd rŵan yn deud hynny!'

'Nac'di. 'Dydi o ddim yn deud pam.'

'Be mae o'n 'i ddeud 'ta?'

''Dydi o ddim yn deud be oedd y rheswm dechreuol.'

'Nac ydi o? A be 'di hwnnw, ys gwn i?'

'Chi sy'n gwybod hynny.'

'Am be wyt ti'n sôn, hogyn?' Trodd eto at Henry. 'Wyt ti'n cl'wad?'

''Dw i'n cl'wad hannar y blydi sgwrs, 'tydw?'

Rhoes Susan ei sylw'n ôl i'r ffôn.

'A be wyt ti wedi bod yn 'i drafod amdana i hefo Rhian ac Idris?'

'Nid ych trafod chi . . .'

'I be oeddan nhw'n ffonio yma 'ta? Yn trio boddhau'u chwilfrydadd afiach . . .'

'Nid dyna be oeddan nhw'n 'i wneud, ddynas!' Ni fedrai Henry ei gadw'i hun yn llonydd.

''Ddudis i ddim wrthyn nhw am ffonio, Mam.'

'Hel clecs!'

'Mae'n amhosib fel hyn, 'tydi?'

'Amhosib? Ydi, mae hi. Mae'n amhosib i chi'ch dau ganlyn arni hefo'ch budreddi. Mi wna i'n siŵr o hynny. Mae'r gyfraith o 'mhlaid i, dallt di. A diolch i Dduw am hynny!'

''Dydi bygwth hynna ddim yn mynd i fod o unrhyw fudd, Mam.'

'Nid bygwth ydw i.'

'Ella ddim. Ond mi'r ydach chi'n troi'r stori. A fedrwch chi ddim gwneud hynny am byth.'

Tawodd Susan. Nid oedd wedi sylweddoli nad oedd Osian wedi codi'i lais o gwbl a'i fod yn gallu dal tac ar ei eiriau. 'Roedd ei meddyliau hi ar chwâl hyd y lle.

'Pwy sy'n bygwth rŵan?' gofynnodd wrth geisio cael ei gwynt ati.

'Gofyn ydw i.'

'A pham na chawn ni wybod lle 'ti'n byw? A be oedd o'i le ar Mrs Mitchell?'

''Tasach chi ddim wedi siarad ar 'y nhraws i mi fasach wedi cael 'y nghyfeiriad i. Dyna pam ffonis i y tro blaen.'

''Tydi o'n beth rhyfadd mai arna i y mae'r bai am bob un dim!'

Wedi 'laru, aeth Henry'n ôl i'r gegin. Gwyddai'r gweddill. Byddai hi'n rhoi'r gorau iddi toc, neu fe fyddai Osian yn rhoi'r ffôn i lawr gydag esgus heb boeni a oedd hi'n ei goelio ai peidio. Byddai hithau'n dod yn ôl gan ddal ati i gwyno a hefru a byddai yntau'n codi ac yn mynd heibio i'r cwynion a'r edliw ac yn ymgladdu yn ei weithdy am ddwyawr neu dair.

Ond nid heno. 'Roedd yn credu mai rhyw fath ar weledigaeth a wnaeth iddo ddewis newid y drefn heno. 'Roedd am aros lle'r oedd, i sgwrsio. Un oedd yn anystyriol. Ac nid Susan.

Pennod 11

Gweithiodd y clwt yn gynt na'r disgwyl. Canodd y ffôn lai na hanner awr ar ôl i Osian ei roi yn y ffenest. Nid oedd Dorothy garedig yn swnio'n wyliadwrus chwaith er na soniodd air am na neges na stampiau na chlwt, dim ond trefnu i ddod â'i char i fynedfa'r safle erbyn hanner awr wedi deuddeg. 'Roedd yno'n brydlon hefyd, yn ei char dydd Sul.

'Mae'n dda gen i ein bod ni'n gallu cwarfod mor fuan.'

Neis fel canfasreg. Gadael i'r car fynd dow-dow oedd hi. 'Roedd amlen lwyd ar y sedd gefn, ac Osian bron yn sicr mai'r un yn y gwesty oedd hi.

''Does gen i ddim byd i chi,' meddai o.

'O?' Sioc gaboledig.

'Rhyw obeithio y byddai gynnoch chi rwbath i mi. Mae'n draed moch heb y llyfr 'na rŵan. Lle mae Robert?'

'Wrth 'i waith, mae'n siŵr.' Nid dyna bwnc trafod y dydd. 'Ydach chi wedi bod yn ystyriad yr hyn glywsoch chi ddydd Sul?'

'Mae 'na amball beth ddim yn gwneud synnwyr.'

'O? Be sy'n ych poeni chi?'

'Mae poeni'n air rhy gry.'

'Ia?'

'Os ydi'r stampia 'na'n mynd i gael 'u rhoi'n ôl i'w perchennog, pam mae hi mor bwysig i'r plismyn beidio â gwybod dim amdanyn nhw?'

'Am y byddai hynny'n rhoi Tim mewn mwy o helynt nag y mae o'n barod.'

'O.' 'Roedd wedi meddwl am bopeth ond hynny.

'Rhyngoch chi a fi, 'dydi'r dystiolaeth sy' gynnyn nhw yn 'i erbyn o ddim yn mynd i gynnal y cyhuddiada. Un rheswm ydi 'i fod o'n ddieuog o'r rhan fwya ohonyn nhw, a chyn bo hir 'fydd gynnyn nhw ddim dewis ond 'u gollwng nhw a 'fydd 'na fawr ddim ar ôl ond bod yn berchennog ar bâr o sgidia.'

'Be 'di'ch cysylltiad chi ag o?'

'Ffrindia.'

'Digon o ffrindia i'w gadw o mewn tlodi weddill 'i ddyddia.'

''Dydw i ddim yn siŵr iawn be 'dach chi'n 'i awgrymu rŵan, Osian.'

Nac oedd, nac oedd.

'Mae Tim wedi bod mor driw fel ein bod ni wedi gofalu 'i fod o'n cael y cymorth cyfreithiol gora bosib,' ychwanegodd hithau ar ei hunion. 'Dyna pam 'rydan ni mor obeithiol ynglŷn ag o.'

A dyna hi'n amen ar geisio cael cysylltiad â Tim drwy'i gyfreithiwr. Ac os oedd Tim wedi cael yr un syniad, Dorothy oedd wedi derbyn pob neges. Y beunes fawr sicr.

'Mi ddudoch chi mai 'ngwylio a 'nilyn i ar ran rhywun arall 'roeddach chi,' meddai o yn y man.

'Mi fyddai'n dda gen i 'tasach chi ddim yn meddwl amdano fo fel'na, Osian.'

'Byddai, siŵr Dduw. 'Dach chi 'di bod yn 'y nilyn i ers pythefnos 'ne dair . . .'

'Naddo.'

'Do. Pwy sy'n talu?'

'Talu?'

''Ta chi'ch hun ydi'r gwir berchennog 'ma'r ydach chi mor awyddus i'w weld o'n cael chwara teg?'

'Roedd car heddlu wedi'i barcio a'i drwyn at y ffordd o flaen mynedfa ffatri ddodrefn, a'r ddau heddwas o'i fewn yn gwylio'r drafnidiaeth. Ni chymerodd Dorothy sylw ohonynt.

'Mae'n dda gen i na fu'n cwarfod ni'n ofar,' meddai'n hamddenol chwareus. ''Rydach chi 'di bod yn ystyriad yr hyn ddudon ni wrthach chi.'

'Ac wedi rhoi digon o amsar i chi ddŵad o hyd i atebion.'

''Does dim angan hynny. Peidiwch â meddwl 'mod i'n gweld bai arnoch chi am fod yn amheus chwaith.'

'Patrwm o gydymddwyn.'

'O'r gora 'ta.' Ymddangosai Dorothy yn ddigon llydan ei chefn i dderbyn popeth. ''Nhad oedd y soldiwr. Fi sy' pia'r stampia.'

'A Robert?'

'Ffrind.'

'Llawar ohonyn nhw gynnoch chi.'

'Tim wnaeth y llanast. Yn anfwriadol hefyd, chwara teg iddo fo. Meddwl bod 'na fwy o anrhydadd ymysg lladron na sy' 'na. Y sgwrs yn troi at betha 'blaw darlunia oedd â gwerth iddyn nhw. Dyma Tim yn sôn am hen arian. Dyma un o'r lleill yn sôn am stampia. Dyma Tim yn deud wedyn am 'y nghasgliad i, a stori 'Nhad. O fewn pythefnos 'roedd rhywun wedi malu ffenast llofft gefn y tŷ ac wedi mynd â'r pecyn hefo fo.'

'Dim arall?'

'Dim ond hwnnw. Mi sylweddolodd Tim be oedd wedi digwydd a

mi syrthiodd ar 'i fai y munud hwnnw. A mi wnaeth yn llawar gwell na hynny. Mi gafodd y stampia yn 'u hola drannoeth heb ddim lol. Dyna be na fedra fo byth 'i egluro wrth y plismyn. A dyna pam 'rydw i mor ddiolchgar i chi. Oes 'na rwbath arall sy' ddim yn glir?'

'Ella bod, 'taswn i 'di cymryd mwy o ddiddordab.'

'Peidiwch â bod ofn gofyn. 'Does 'na ddim cymhlethdoda, na dim dan din.' Gwnaeth dro crwn ar gylchfan ac anelu'n ôl tua'r safle. 'Mae'n siŵr fod arnoch chi isio bwyd bellach. Ga i . . .'

'Na. Mae gen i beth yn y swyddfa.'

'Dyna chi, 'ta.' 'Roedd y mymryn lleiaf o awgrym ei fod wedi chwarae digon o fig ac wedi cael ei siâr o sylw yn ei lais. 'Mae'n bosib bod y llythyr gafodd 'Nhad o'r Ffindir ymysg 'i betha fo yn rhywle. Mi chwilia i amdano fo.'

'Peidiwch â mynd i'r draffarth.'

'Ac fel dudis i, 'dydw i ddim yn gweld bai arnoch chi. 'Fydda i ddim yn hoff o bobol sy'n ama amheuwyr.'

'Gwerthu pwdin wrth y dunnall.'

'Dyna chi.' Chwarddai'n braf. 'Gora po fwya.'

Buont yn dawel nes cyrraedd y safle. 'Roedd y car heddlu yn yr un fan o hyd ac 'roedd Dorothy wedi'i anwybyddu yr eildro hefyd. Troai ei phen bob hyn a hyn fel pe i wahodd cwestiwn arall.

'Dyna ni, 'ta,' meddai wrth gyrraedd, 'yr un drefn ag o'r blaen. Mae'r clwt yn syniad da iawn.'

'Os bydd angan.'

'Wrth gwrs.' Plygodd i godi'r amlen o'r cefn. 'I chi mae hon. 'Does dim isio i chi fod ar frys mawr i'w hagor hi chwaith.'

'O?' Ystyriodd a oedd angen diolch. 'I mi?'

'Ia. Diolch am fod mor barod i gydweithredu.'

Aeth. Chwaraeodd Osian â'r amlen rhwng ei fysedd. Cerdyn neu gardiau tenau oedd ynddi. Croesodd y ffordd ar y cyfle cyntaf ac 'roedd ar agor yr amlen pan ddaeth Mick yn ei gar. Cafodd syniad.

'Wyt ti ar frys?'

'Pam?'

'Tria weld lle mae'r car coch 'cw'n mynd. Paid â mynd i draffarth chwaith. Mi eglura i wedyn.'

''Waeth gen i chwechyn am hynny ddim.'

Aeth Mick. Yna gwaeddodd Gari arno o ymyl swyddfa Jonathan.

'Pobol ddiarth!'

Cofiodd yr adduned. Nid oedd am ddamio S.M. byth eto. Nid oedd am feddwl yn gas o S.M. byth eto, hyd yn oed amser cinio pan fyddai'r henwr yn edrych arno'n bwyta ac yn mynegi barn am bob briwsionyn

127

a âi i'w geg ac yn ei hyfforddi yn union lwybr cnoi cywir. Cyrhaeddodd y swyddfa yn dal i brysur argyhoeddi'i hun nad ffug oedd yr ewyllys da newydd, a pharatôdd ei wyneb i ddangos y syndod croesawus maddau popeth a fyddai'n sicr o blesio. Aeth heibio i'r ffenest gan edrych y ffordd arall er mwyn i'r syndod ymddangos yn fwy fyth.

Ond fo gafodd ail. Gwthiodd y drws a'i gael yn drwm. Tim wedi dod i nôl ei eiddo a diolch i Dduw am hynny. Sut, pryd, pam daeth yn rhydd i ddod yno, a fyddai mewn cyflwr i ailadrodd ei dric ymguddio,—'doedd dim ystyried ar bethau felly. Atgyfnerthu'r meddyliau wnaeth y cip gwyllt o gwmpas i gadarnhau nad oedd neb arall yn y lle.

'Natur mwnci yn y Tim 'ma.'

Daeth Nesta i lawr a chau'r drws gyda'i throed. Nid oedd amser i ofyn sut na pham wedyn chwaith. Dieiriau fel yn yr orsaf, ond yn llawer mwy cyfrin y tro hwn. Sbardun i'w ddwysáu oedd clec aflafar braidd y clo wrth i Osian lithro'i fys at y botwm. Nid oedd dim o'r cusanu glafoeriog a gwancus fel bore Sadwrn chwaith. Dim ond bysedd a bochau'n teimlo.

'Sut doist ti?'

''Dw i 'di cael tŷ i ni.'

Cyhoeddiad fel cyfrinach.

'Bora 'ma. Mi ffoniodd Ceridwen Arallt nos Sul i ddeud na fedra hi ddim byw yn 'i chroen rhag ofn i rwbath ddigwydd i'r car. Mi es i i'w nôl o bora ddoe.'

'Ers pryd wyt ti yma?'

'Cychwyn bump o'r gloch bora. Yli.'

Lediodd o i'w fwrdd llunio. 'Roedd ganddi fap newydd sbon un i bum mil ar hugain arno. Rhoes ei bys ar linellau cyrliog arfordir clogwynog.

'Yma yr est ti ddydd Sul, 'te? Nid i'r gwesty.'

'Mae o'n llawn o wymon.'

'Roedd y siom yn llenwi'i llygaid.

'Ond mi eith o'no?'

'Gobeithio.'

'Fa'ma mae o.' Rhoes ei bys ar groes fechan 'roedd wedi'i rhoi gyda phensel ychydig fodfeddi o'r porth. 'Y tŷ pella mewn rhes ym mhen ucha'r Dre, a digon o allt i gyrraedd yno i dy gadw di'n heini nes byddi di'n gant. Llawn o geir racs a phawb am y gora'n gweiddi a damio.'

'Pawb yn nabod 'i gilydd.'

'Ia.'

'Mi ddôn nhw i'n nabod ninna, felly.'

'Paid â chodi bwganod.' Yn ddiamynedd o frwdfrydig. 'Mae'r ffenestri a dau ne' dri o'r parwydydd wedi gorffan 'u hoes ond mae'r walia a'r to a'r lloria'n iawn. A 'does 'na ddim mymryn o damp ynddo fo.'

Swniai hynny fel y dyfarniad terfynol.

'Fuost ti i mewn?'

'Do.' Yn frwd o hyd, yn llwyr anwybyddu'r amheuaeth fechan yn ei lais. 'Hefo rhyw greadur yn gwneud 'i ora i guddiad 'i sioc bod 'na neb yn dangos diddordab ynddo fo. Mi'i cawn ni o yn rhad fel baw. Ddoi di i'w weld o?'

'Dof, siŵr.' Ar ei union. 'Aros. Y peth calla i'w wneud yn y lle yma ydi deud cyn dojo.'

Ffoniodd ei swyddfa. Rhoes ei neges i Brian Griffith.

'Cyn i ti fynd,' meddai yntau, a phetruso'n sydyn. 'Paid â meddwl 'mod i'n busnesa chwaith.'

'Ia?'

'Wel . . . ydi dy fam yn iawn?'

'Iawn?' Yn gwybod ar amrantiad yr hyn oedd ar ddod.

'Mi ffoniodd hi yma ganol bora. Rhwbath am dy chwaer a chditha. 'Do'n i ddim yn dallt yn iawn be oedd gynni hi.'

Distawrwydd dychrynllyd diosgoi copsan. Llaciodd Osian y ffôn a thynnu Nesta ato.

''Roedd hi 'di styrbio cymaint fel na fedrwn i wneud llawar o synnwyr ohoni.'

'Mae hi wedi bod i ffwr',' meddai Osian, 'ers talwm.'

'O.'

'Cymryd petha ormod i'w phen.' Gafaelai'n dynn. 'Nesta a fi ydi'r diweddara.'

'Nesta ydi dy chwaer. Ne' hannar chwaer ddudodd dy fam, ia?'

'Mae hi am ddŵad i'r partha yma i weithio ac 'roeddan ni'n meddwl rhannu tŷ.'

'O, wela i.'

'Roedd o'n crynu a Nesta ddim.

'Dyna be sy' pnawn 'ma. Wedi cael hanas un ydan ni.'

'O, reit dda. Ond 'dydi hynny ddim yn plesio dy fam?'

'Cael rhyw syniada . . .'

'O.' Distawrwydd eto. 'O, wel, doro waedd os byddi di isio help hefo rwbath. Ne' wylia cynnar i 'fudo.'

'Diolch.'

Rhoes y ffôn yn ei ôl. 'Roedd Nesta'n ei droi'n ffyrnig i'w hwynebu.

''Dydi'r ddynas 'na ddim yn mynd i'n gorchfygu ni!'

Syllodd yn ddistaw a thrist ar yr argyfwng annisgwyliadwy yn ei llygaid.

''Dw i'n troi'n gadach y munud mae 'na rywun yn sôn amdanat ti.'

''Doedd 'na ddim byd arall i'w ddeud, nac oedd?'

'Nac oedd?'

'Tyrd.' 'Roedd ei hargyfwng hi drosodd. 'Ni pia hi.'

Mor hawdd 'roedd hi'n gallu'i ddweud.

'Mae 'na stori am y stampia 'na.'

I geisio bod yr un fath. Agorodd yr amlen yn ofalus gyda chyllell.

'Wel myn uffar!'

'Roedd pum darlun i gyd, pum darlun clir o'r un digwyddiad, wedi'u gosod yn y drefn yr oedd i fod i'w gweld. Yn y cyntaf, fo'n dynesu gyda chribin yn ei law. Yn yr ail, troi i edrych o'i ôl a'r cribin yn ei law o hyd. 'Roedd o'n plygu yn y nesaf, a'r cribin o dan y swyddfa. Yn y pedwerydd, 'roedd y pecyn yn un llaw a'r cribin yn y llall, a manylyn o hwnnw oedd y pumed, dim ond y llaw a'r pecyn, wedi'u chwyddo fel nad oedd posib i neb gamgymeryd maint y pecyn na hel esgusion. 'Roedd nodyn bychan wedi'i lynu wrth y pumed a dim ond 'Cofion, Dorothy' arno.

'Mi wyddwn i 'u bod nhw'n gwybod, prun bynnag.'

'Roedd ei lais yn ddi-stŵr, yn dangos diffyg cyffro ymateb cyntaf, cyn dechrau amgyffred arwyddocâd yr hyn oedd o'i flaen. Daliodd i astudio'r lluniau, un ar ôl y llall. Awgrymai'r onglau fod y camera rywle tua'r briffordd, a go brin bod hynny'n syndod.

'Oes 'nelo'r rhein rwbath â'r stori?' gofynnodd Nesta, ei llais yn dangos ei bod yn llawer parotach i ddangos ei ffieidd-dod nag o.

'Oes.' Braidd yn syn o hyd. 'Tyrd. Mi rannwn ni'r brechdana 'ma.'

Rhanasant ginio Osian tra bu o'n dweud yr hanes am Dorothy a Robert.

'Maen nhw wedi bod yn dy wylio di ar hyd yr adag,' meddai Nesta.

'Do.'

'Ac wedi tynnu dwsina o lunia bellach.'

'Mwya tebyg.'

'Ac os ydi'r plismyn yn dy wylio di hefyd, mae 'na giw o'r diawliad rhwng pawb.'

'Dim o anghenraid.'

'Damia nhw!'

'Mi synnat mor fuan mae rhywun yn arfar hefo fo unwaith mae o'n gwybod.'

'Wyt ti'n coelio'r stori 'ta?'

'Go brin.'

Cymerodd Nesta gip arall ar y lluniau cyn eu cadw'n ôl yn yr amlen.

'Ydi hyn yn newid y cynllunia am y pnawn?' gofynnodd.

'Dim peryg. Fedri di arfar hefo cwmni dirgel y tu ôl i ti?'

'Maen nhw'n gwybod amdanon ni felly, 'tydyn?' meddai hithau ar ei hunion.

Nodiodd.

'Mae'n siŵr 'u bod nhw.'

'Addo un peth i mi 'ta,' meddai hi.

'Be?'

'Pan wyt ti'n trafod hyn 'does 'na ddim arlliw o banig ar dy gyfyl di. Tria fod yr un fath pan mae pobol yn ein trafod ni'n dau.'

Un ochenaid hir oedd ei ymateb. Ond 'roedd gwên swil yn ei chanol yn rhywle.

Daeth sŵn yn y drws, a llais Gari. Cododd Osian i'w agor.

'Ydw i'n styrbio rhwbath?'

'Nac wyt. Dyma i ti Nesta.'

'Mi wn i.'

''Y chwaer.'

'Y?' Edrychodd Gari'n rhyfedd o un i'r llall. 'O, Duw . . .'

''Rydan ni am ddojo am ryw ddwyawr. Ella daw S.M. yma i edrach ar d'ôl di.'

Nid oedd Gari am regi gormod yng ngwydd Nesta. Newydd gael syniad, tynnodd Osian y lluniau o'r amlen.

'Hwn neith.' Aeth â'r llun ohono fo'n dal y pecyn a'r cribin at y ffenest a'i osod yn daclus gyda thâp glynu yn y gornel. 'Rhag ofn i'r diawlad feddwl 'u bod nhw'n 'y nychryn i.'

'Be sy' gen ti?' gofynnodd Gari.

'Dos â'r rhein i'w dangos.'

Rhoes y lluniau eraill iddo. Cythrodd yntau iddynt.

'Pwy . . .'

Cafodd grynodeb dethol. Gwrandawai Nesta'n dawel, yn gwerthfawrogi'n fwy fyth y diffyg cynnwrf yn llais Osian. Syllodd gyda pheth direidi ar yr anghymeradwyaeth yn ei dangos ei hun yn ffroenau Gari wrth iddo glywed yr hanes.

'Dangos nhw i bawb,' meddai Osian.

'Mi wna i hefyd.'

Aeth Gari allan gan edrych yn briodol ddirmygus ar y lluniau. Daethant hwythau ar ei ôl, a phwyntiodd o at y llun yn y ffenest.

'Mae o'n llun reit dda, ond ffliwc 'di hynny.'

Rhyw gydnabyddiaeth broffesiynol grintachlyd. Brysiodd ymaith a throi i gyfeiriad gwaelod y safle i bawb gael llun a stori.

'Oedd deud wrtho fo pwy ydw i'n brifo?' gofynnodd hi.

'Dim pan 'dw i'n cael dewis pa hannar o'r gwir i'w ddeud.'

'Wyt ti am ddreifio dy foto newydd?'

'Nac 'dw.'

Aethant. Tynnodd Osian y cuddiwr haul i lawr i astudio'i ddrych ond ni welodd gar arall yn cychwyn. Dechreuodd fusnesa yma ac acw yn y car bob yn ail.

'Ydi Rhian a Meurig yn gwybod dy fod di yma?' gofynnodd toc.

'Ydyn siŵr.'

Mor naturiol. Mor beryg.

'Be ddudon nhw?'

'Maen nhw wedi derbyn y peth, 'tydyn?'

''Liciwn i mo'u cl'wad nhw'n gwrthod felly.'

'Paid â phoeni am ddydd Sadwrn. Maen nhw 'di cael deud 'u deud.'

'Ella'u bod nhw'n beryclach ac yn fwy penderfynol na Mam yn y diwadd.'

'Llyfwr gofidia.'

'Roedd y car heddlu wedi mynd.

'Wyddost ti pam rhedis i i'r llofft?' gofynnodd hi'n sydyn.

Trodd ati.

'Arnat ti'r oedd y bai.'

Trodd yn ôl i astudio'i ddrych.

'Deud rwbath newydd wrtha i.'

'Pan ddechreuist ti sôn amdanat dy hun yn fabi llosgach . . .'

'Anghofia fo.'

'Dyma chdi'n sôn am 'u hofn nhw i'r peth fynd i'r ail genhedlaeth. Heb sôn am y dynfa 'i hun, meddat ti wedyn. Hynny gorffennodd hi. 'Roedd o'n swnio mor uffernol o amhersonol, fel 'tasat ti'n sôn am ddynas yn methu rhoi'r gora i chwara bingo.'

''Dw i mor ddi-ddim.'

'Mi gymrodd rai oria i mi sylweddoli nad oedd gen ti syniad be'r oeddat ti'n 'i ddeud. Mwy na sy' gen ti pan 'ti'n awgrymu y galla Rhian a Dewyrth fod yn beryclach na honna. 'Tasat ti 'di'u gweld nhw pnawn Sadwrn ar ôl i chi fynd, yn swcro, yn dŵad â fi ata' fy hun. Lol ydi'r syniad 'ma ein bod ni'n frawd a chwaer cyfa hefyd.'

Ni theimlai fod angen ateb. Nid angen chwaith, ond medru. Y gwahaniaeth rhwng credu a dymuno credu.

'Parcia ar y gwellt 'cw.'

'Pam?'

'Parcia, a phaid ag edrach o dy gwmpas i fusnesa.'

Gwnaeth Nesta hynny. Canwyd corn ceryddgar y tu ôl iddi. Aeth ceir heibio.

'Dacw fo.'

'Be?'

'Hwnna yn y car gwyrdd 'cw. Mi gododd 'i radio braidd yn rhy fuan, yli.'

'Plismon?'

'Ella. Tro'n d'ôl. Mae 'na ddigon o lonydd bach.'

Gwnaeth Nesta hynny. Fflachiodd gyrrwr lorri flawd arni i fynd o'i flaen a chafodd gychwyn heb oedi. Trodd oddi ar y briffordd ymhen ychydig.

'Mi chwaraewn ni fig eto hefyd,' meddai. 'Mae hyn yn hwyl.'

'Ydi, un waith. Mae rhywun yn laru arno fo'n fuan iawn.'

'Mae 'na reswm arall pam dois i.'

'Be?'

'Tri llythyr ddoe. Diolch yn fawr i chi am gynnig am y swydd, ond 'rydan ni wedi penodi person lleol.'

'O.'

'Jobsus rwbath-rwbath oeddan nhw. Llythyra ar y twymiad ar ôl tro dwytha. Ond mi benderfynis i y byddwn inna'n perthyn i'r gweithlu lleol, chadal nhwtha, y tro nesa hefyd.'

'Paid â chymryd gwaith y byddat ti yn 'i gasáu. Mi gawn ni dŷ ar 'y nghyflog i.' 'Roedd y peth yn digwydd. 'Yn enwedig un rhad.'

'Mae'r ffrindia tywydd teg gora y medar pres 'u prynu'n gwenu arnat ti.'

'Mi fyddan nhw. Nhw sy'n talu i mi ar y funud.' Ni wyddai sut medrai hi fod mor dawel ei meddwl. 'Pryd wyt ti'n mynd adra?'

'Fory. 'Dw i 'di deud wrthyn nhw 'mod i'n rhoi'r gora i 'ngwaith. Maen nhw 'di cael y llythyr bora ddoe.'

I'r diawl â phawb. O'r diwedd.

'Mis?'

'Wythnos i fory. Mae arnyn nhw bythefnos i mi ar ben heddiw a fory, a mi fydd gwylia'r Dolig. Fydd 'na obaith i ni gael goriad erbyn hynny os gwelan nhw ein bod ni o ddifri?'

'Go brin.'

133

'Mi fedra i ailweirio'r tŷ 'na am lai o gost nag wythnos mewn gwesty.'

'Mi drïwn ni. Ella bydd hi'n haws os medrwn ni gael sgwrs hefo'r perchennog 'i hun.'

'Roedd rhywbeth yn atyniadol mewn rhuthro hefyd.

''Roeddat ti'n dallt yr ergydio y tu ôl i'r busnas erthylu, 'toeddat?' meddai hi, ar ôl troi i ffordd fechan arall.

'Oeddwn. 'Dydi hi ddim yn rhaid i bob un o'r ffyrdd bach 'ma fynd drwodd i unlla.'

'Mi welwn pwy sy'n dŵad ar ein hola ni.'

Efallai bod gan Rhian fwy o hawl na'r cyffredin i roi ei barn ddifloesg a chyson ar bwnc erthylu. Nid ei fod o wedi cymeryd llawer o sylw yr adegau hynny, mwy na wnâi o'r un pwnc a ddeuai yn ei dro a'i drefn yn bwnc llosg, i'w drafod gyda chyfrifoldeb tân siafins rhaglenni teledu. Ond ychydig iawn o gnau gweigion a gâi eu torri gan Rhian.

'Be 'tasa . . .' dechreuodd.

'Gofyn o, 'ta.'

'Atab, 'ta.'

'Pam? Oes arnat ti ofn?'

'Oes. Mae be ddudodd Rhian yn iawn. Mi fyddai'n anghyfrifol i ni gael plentyn.'

'Roedd y peth yn digwydd. 'Roedd yn gallu trafod, yn gallu dweud, a hynny heb i afledneisrwydd na gwarth tybiedig y syniad ei daro'n gelain. Sôn am flynyddoedd mudan.

'Mae teuluoedd byddigions Lloegr ac Ewrop yn berwi o losgach ar hyd y canrifoedd,' meddai Nesta'n ddigyffro.

'Pwy sy' isio bod 'fath â'r rheini?'

Arhosodd Nesta'n sydyn, a bagio'n gyflym i ddrws warws. Cychwynnodd yn ôl ar hyd y stryd.

'Wedi gweld rhywun wyt ti?' gofynnodd Osian.

'Dim eto.'

Daliodd hi i fynd. Tri char ddaeth i'w chyfarfod cyn cyrraedd pen y stryd. Trodd yn ôl yno, ac ailwneud yr un siwrnai. Deuai un o'r tri i'w cyfarfod drachefn. Cadwodd Nesta'n bowld i'r lôn a'i gorfodi i fynd i'r ymyl. Fflachiodd oleuadau ar ei yrrwr a chododd fawd arno wrth fynd heibio. Chwarddodd am ben y wrid sydyn oedd yn cadarnhau.

'Mae 'na waith dojo'r diawlad, 'toes?'

Cyflymodd. Nid oedd Osian hanner mor ddigyffro.

'Yli,' meddai, 'mae'n beryg bod hyn yn dechra peidio â bod yn sbort.'

''Dwyt ti 'rioed yn cachgïo?'

'Nac'dw, ond 'does arna i ddim isio dy dynnu di i unrhyw helynt.'

''Dydi hyn ddim yn helynt. A go brin fod y plismyn yn gwybod fod y stampia gen ti, medda chdi. A 'dwyt ti ddim wedi'u dwyn nhw, prun bynnag.'

'Mi fedar petha droi'n flêr.'

'Pam na roi di nhw'n ôl 'ta, a'i gorffan hi?'

'Yn ôl i bwy?'

'Mae gen ti ddigon o ddewis. 'Fedri di ddim cael help gan Tim rywfodd?'

'Rhy beryg. Ella'i fod o yn yr un caethgyfla prun bynnag, yn methu gwybod pwy pia nhw.'

'Be am 'i gariad siaradus o?'

''Dydw i ddim yn meddwl 'i bod hi'n gwybod dim am y peth, ne' mi fasa hi wedi gwneud rhyw ymdrach i gysylltu bellach.'

'Pa mor hen awn ni cyn dechra cuddiad cyfrinacha oddi wrth y naill a'r llall?'

''Does 'na'r un ar ôl i'w chuddiad.' Yn hollol o ddifri. 'A 'dydi stopio'r car yn sydyn ddim yn mynd i osgoi be ddudis i gynna chwaith,' ychwanegodd.

'Roedd wedi swnio yn union fel pe bai'n ei chyhuddo. Edrychodd yn ffyrnig a braidd yn ddigri ddialgar ar y ffordd o'i flaen.

'Mi fedri di feddwl amdanon ni'n dau yn nherma pobol erill ne mi fedri di feddwl amdanon ni fel chdi a fi a neb arall,' meddai hithau.

Cymerodd eiliadau i ateb.

'Neb arall.' Braidd yn anobeithiol.

'Mae 'na rai sy'n gallu trefnu'n bendant a therfynol pryd maen nhw am gael popeth, 'u dodrefn, 'u siwrans, 'u gwylia, 'u plant. 'Fedra i ddim meddwl felly. Wedyn dyna fo.' 'Roedd y mymryn lleiaf o gynnwrf wedi ymddangos yn ei llais. ''Ti'n dallt, 'twyt?'

'Roedd ei llaw yn chwilio amdano. Mwythodd, gwasgodd, mwythodd y bysedd.

'Be wnei di efo Dorothy?' gofynnodd hi ar ôl munudau hirion o wrando ar y car.

''Does gen i ddim mynadd i feddwl amdani hi. Mi wnes i lanast yn rhoi'r clwt 'na yn y ffenast.'

'Naddo. Mi fasat wedi cael y llunia 'na ar draws dy wep ryw ffor' ne'i gilydd. Mi fyddai peidio â dangos diddordab na chwilfrydadd o gwbl yn bradychu mwy na be wnest ti, prun bynnag.'

'Roedd Nesta wedi troi i briffordd brysur. Buont yn canlyn honno am ddeng munud cyn iddi droi oddi arni drachefn a dechrau dringo.

Darfu'r tai a'r adeiladau, a daethant at goedwig bîn ar yr ochr dde, yn cyrraedd at y gwrych. Deng munud arall o honno ac 'roeddynt ar gopa bryn ac yn dynesu unwaith eto at dai.

'Dyma ni, yli. Dacw fo'r gwesty.'

'A finna'n 'y nghysuro fy hun 'rioed bod gen i synnwyr cyfeiriad di-fai.'

'Roedd y môr yn llwyd ymhell odanynt, ac ambell geffyl gwyn yn torri ynddo yma a thraw. Cuddid y prom gan adeiladau clòs, ond 'roedd y graig yn ei ben draw yn y golwg, a rhan o'r ffordd a âi i fyny. O'r fan honno 'roedd y gwesty yn nannedd y tywydd.

'Faint ydan ni am 'i dalu am yr olygfa?'

'Mae'r cymdogion yn drech na honno.'

Trodd Nesta ar ganol y rhiw serth a dechrau dringo un fwy serth fyth ar hyd ffordd gul a throellog, gydag olion crafu ar y ddwy wal gerrig o boptu, a'r cerrig eu hunain wedi'u dylu gan fwg trafnidiaeth cenedlaethau. 'Roedd tair rhes dai o dan ei gilydd yn uwch i fyny i'r chwith, a throdd Nesta i ffordd gymharol wastad y rhes ganol. 'Roedd wyth tŷ ynddi, a thri wedi'u hadnewyddu'n lled ddiweddar a'u cerrig chwipio du a gwyn yn gweiddi welwch-chi-fi braidd. Ond gwelai Osian yr adnewyddu fel arwydd da. 'Roedd giât fechan a dwylath o ardd neu goncrid i bob tŷ. Safai dau hogyn tua phymtheg oed o flaen wal gardd y tŷ cyntaf a chododd un dun cwrw i'w cyfarch, yn chwerthin yn ei ryfyg. Rhoes Nesta winc da iawn chdi arno rhag ofn. Daeth bloedd a dau chwibaniad am y gorau'n gydnabyddiaeth.

'Prynwr.'

'Debyg iawn.'

Daethant i'r pen draw, lle darfyddai'r ffordd o dan wal gerrig a lle troi'n ôl gyferbyn â'r tai. Daethant o'r car.

'Wyt ti'n lecio gwynt?' gofynnodd o, yn cau'i gôt cyn gynted ag y gallai.

'Ydw. Yn enwedig pan fydda i'n glyd ne' yn 'i ganol o.'

''Does 'na ddim lle i ddrafftia yn hwn.'

Tŷ lleiaf y stryd, bron fel pe bai wedi'i wasgu i mewn ar ôl i rywun ddarganfod y ceid un arall yno ar binsh. 'Roedd llwybr dwy droedfedd rhwng ei dalcen a wal y pen draw a chlywid sŵn dŵr o'r ochr arall. Aeth Osian at y wal ac edrych drosti. 'Roedd afon yn rhaeadru odano. Y tu hwnt iddi, codai'r ochr yn greigiog a dreiniog nes cyrraedd talcennau rhesi eraill o dai.

Daeth Nesta ato.

'Hen ddigon o le i lifogydd,' meddai hi, heb boeni am ei llais hysbysebu.

'Oes.'

Trodd Osian yn ôl i astudio'r tŷ.

'Mi fasa'n talu i'w bigo fo a'i ailchwipio fo wrth roi ffenestri newydd. Cerrig llwydion,' ychwanegodd heb edrych ar y tai eraill.

Aeth at y giât, a'i hagor. 'Roedd angen un newydd. Clywodd y chwerthin.

'Be sydd?'

'Mi est drwy honna'n gynt na giât y gwesty.'

'Do.' Sobr.

Nid oedd angen pwyso'i fys ar bostyn y drws nac ar bren y ffenestri pedair chwarel hen drefn i ddarganfod y meddalwch, mwy nag oedd angen ystol i archwilio'r landerydd. Edrychodd drwy'r ffenest ar stafell fach wag a grât deils ddiddychymyg wedi gweld ei dyddiau gwell. Gwenodd ar yr amheuaeth ddisgwylgar y tu ôl iddo cyn mynd heibio i'r talcen ac i'r cefn gan edrych i fyny ar y bondo wrth fynd. Nid oedd dim i'w weld o'i le ar hwnnw. 'Roedd estyniad bychan a tho sinc arno yn y cefn, a gardd yn codi i gyfeiriad y rhes uchaf o dai.

'Damia.' Ceisiai Nesta agor y drws cefn.

'Be sy'?'

''Ro'n i wedi datgloi hwn yn slei bach bora 'ma i sbario i ni fynd i nôl y goriad eto.'

'Lle mae'r ceir racs a'r bobol wyllt?'

'Wel...'

'Dau hogyn dewr yn rhannu hannar peint.'

''Roedd 'na dair dynas yn gweiddi ar 'i gilydd bora, un yn y top 'cw a dwy yn fa'ma, a'r dyn bach yn cochi at 'i glustia fel 'tasan nhw i gyd yn perthyn iddo fo. Ydi o'n werth i mi fynd i nôl y goriad?'

'Dos di, mi fusnesa i.'

'Roedd hi wedi rhoi ei bryd ar y tŷ; 'roedd o'n rhy llywaeth i wneud dim ond darllen taflenni arwerthwyr a chymryd cip sydyn ar ambell un wrth fynd heibio, gyda'r un hen gymysgedd yn ei gnoi. Archwiliodd yr estyniad to sinc a chlywodd gorn y car yn cyfarch y prentisiaid o yfwyr eto. Aeth i fyny hanner dwsin o risiau concrid i'r ardd gul a blêr. Efallai ei fod yn annheg ag o'i hun hefyd. Nid oedd pwrpas mynd i weld unrhyw dŷ hebddi hi. A phrun bynnag, ar yr adegau prin hynny pan oedd rhywbeth amgenach na golau lampau wedi bod ar gael iddo fynd i grwydro tai gwag, 'roedd digwyddiadau'r dydd a chyflwr ei feddwl wedi gofalu tynnu'n groes bob tro.

'Roedd yr ardd yn ddigon serth iddo allu gweld dros ben y tŷ o'i phen uchaf. Gwelai'r gwesty, gwelai'r môr.

'Dim ond un peth.'

'Roeddynt ar eu ffordd yn ôl i'r safle, wedi archwilio, wedi penderfynu heb orfod dweud hynny y naill wrth y llall. Gyrrai Nesta ar hyd y briffordd y tro hwn heb boeni dim am neb.

'Be?' gofynnodd hi.

'Os ydi o'n anodd i'w werthu rŵan, be sy'n mynd i'w wneud o'n hawdd i'w werthu y tro nesa os bydd angan?'

'Darparu ar gyfer chwalfa wyt ti?' gofynnodd hithau ar ei hunion.

'Naci.' Pendant. 'Un o ddau o betha erill.'

'Be?'

'Chdi'n laru gweithio i rywun arall a phenderfynu mynd ar dy liwt dy hun. Fedrwn ni werthu os byddwn ni isio lle y medrat ti fyw a gweithio ynddo fo.'

'Mi fydd yn haws i'w werthu os gweithiwn ni arno fo.'

'Bydd, ella.'

'Be oedd yr ail beth?'

'Yr un amlwg. Be 'tasa tricia Mam ne' rywrai erill yn gweithio ac amgylchiada'n ein gorfodi ni i fynd i ffwr'?'

'O leia 'ti'n deud 'ni'.'

'O'r gora 'ta. Cynnig bum mil yn llai.'

'Mae o wedi dŵad i lawr saith mil.'

'Meddan nhw.'

'Ac os gwrthodan nhw, mi grafwn ni be fedrwn ni ohonyn nhw.'

'Ia.'

Cyraeddasant y safle. Trodd Nesta'n ôl ar ei hunion.

'Paid â mynd o'ma cyn i mi ddŵad yn ôl.'

Am fod pobl yn edrych arnynt, gadawsant hi ar hynny.

'Osian Pritchard?'

Trodd. 'Roedd dyn yn y fynedfa'n tynnu plastig bychan o'i boced. 'Roedd un arall yn llonydd wrth ei ochr a'i ddwylo'n crafu gwaelod ei bocedi.

'Ia.'

'C.I.D. Mae gen i warant yn fa'ma i fynd â chi i mewn i'ch holi chi.'

Agorodd y llall ddrws car, bron fel defod, a'i wahodd—os gwahodd—i fynd iddo.

Pennod 12

'Roedd yn debycach i brocio nag i holi. Fesul cwestiwn, deuai Osian i gasgliad. 'Roeddynt wedi sylweddoli eu bod wedi cael eu dal yn ei wylio ac wedi penderfynu nad oedd dim i'w wneud ond dod ag o i mewn. Holi braidd ar chwâl, hefyd. Gofyn oedd ganddo gysylltiadau â rhyw grwpiau a phobl na chlywsai erioed amdanynt. Gofyn a gofyn beth oedd ei gysylltiad â Tim, pam aeth i dŷ rhieni ei gariad, ers pa bryd oedd o'n rhannu cyflogau nad oedd a wnelo ddim â nhw, ond gofyn dim am y cysylltiad rhyngddo fo a'r lorri y bore hwnnw.

Ond 'roedd yn cael ail arall hefyd. Nid oedd mymryn o groesholi'n digwydd. Yntau wedi rhagbaratoi cymaint, wedi darparu ar gyfer holi diddiwedd a baglu ac amau a gweiddi. Ond 'roeddynt yn derbyn pob ateb am ei werth, neu'n cymeryd arnynt wneud hynny. Ac nid oedd unrhyw sôn am y stampiau.

Ac ail arall. 'Roedd wedi bod yn cerdded heibio i adeilad rhwysgfawr prif swyddfa'r heddlu, adeilad addas i'w amgylchedd os bu un erioed, gan ddweud wrtho'i hun y byddai o yno ryw ddiwrnod yn cael ei ddarnio'n feddyliol am oriau neu ddyddiau bwygilydd. 'Roedd hynny wedi bod yn rhan anhepgor o'r paratoi. Ond nid yno'r oedd o, ond mewn rhyw adeilad di-nod fel hen ysgol ar y cyrion, gwta ddeng munud o'r safle. 'Roeddynt wedi cynnig twrnai iddo'n ddi-lol a digymell, ac yntau wedi gwrthod am nad oedd yn 'nabod yr un, heblaw am y rhai y deuai i gysylltiad â nhw o bryd i'w gilydd ynglŷn â'i waith. Manteisiodd ar ei hawl i alwad ffôn a rhoes wybod i Gari ble'r oedd er mwyn i Nesta gael y neges. Yr unig demtasiwn oedd iddo ddechrau mwynhau ei hun.

'Roedd yn dda iddo beidio.

'Be s'gynnoch chi i'w ddeud am y rhein?'

Dydd lluniau. Chwech y tro hwn. Edrychodd arnynt am hir, yn gwybod mai un o'u hamcanion oedd ei gael i golli'i dymer. Nage, debyg iawn. Yr unig amcan oedd ei ddychryn. Ar ei hôl hi braidd i bethau felly.

'Dyma ydi'i hobi fo, ia?'

''Faswn i ddim yn bod mor ysgafn 'taswn i chi.'

Y tro cyntaf i'r prif holwr fygwth troi tu min, a hynny heb godi mymryn ar ei lais. Un cringoch oedd o, oddeutu'r hanner cant, gyda chroen ei wyneb i'w weld yn gras, a llais mwyn bron yn cyferbynnu â hynny. 'Roedd ganddo sbectol gwydrau isel, ac 'roedd yn amlwg nad oedd yn hoff iawn ohoni. Nid oedd yn addas iddo chwaith. 'Roedd

dau arall yn y stafell hefyd, ieuengach o gryn dipyn, a phytiog ac
achlysurol oedd eu cyfraniad nhw wedi bod i'r holi, efallai am nad
oeddynt yn eistedd yn union gyferbyn ag o fel y llall. Ond ni fedrent
guddio'u diddordeb newydd pan ddaeth y darluniau i'r amlwg.

'Wel?'

'Mae gen i fêt yn gweithio hefo fi. Deunaw oed ydi o. Ond mae o'n
well ffotograffydd o beth mwdradd na hwn,—ne' hon.'

'O.' Diflannodd pob bygythiad yn y chwerthin. 'Mae hwn yn hen
ddigon da i'n pwrpas ni, Osian.'

Mor gyfeillgar fygythiol y dywedai ei enw.

'Wel, Osian?'

Y porth. Y môr. Dau yn chwarae a nofio. Rhywbeth i ddychryn
plant ysgol oedd copsan.

'Ia, fel dudis i, pawb â'i hobi.'

''Chydig iawn o bobol sy'n mentro i'r môr ym mis Tachwadd,
Osian.'

'Llai fyth yn cael cynyrfiada gwerth tynnu llunia yn 'u cylch nhw
wrth sbecian o ben clogwyn. Os ydach chi am fynd â ni o flaen llys am
'drochi'n noeth, mi blediwn ni'n euog heb i chi fygwth y rhein arnon
ni.'

Nid oedd yr awgrym cyntaf yn plesio o gwbl.

'Pwy 'di'r hogan?'

'Nesta.'

'Nesta. Ych cariad.'

'Fy chwaer.' Ar ei union. 'Fel gwyddoch chi'n iawn.'

Y sylw cyntaf a'u rhoes oddi ar eu hechel, er iddynt lwyddo bron i
guddio hynny. 'Roedd wedi dweud gwir plaen ac ni swniai fel cyffes.
Cadwodd y prif holwr ei olygon ar un o'r lluniau am ychydig. Dyna
ble'r oedd y fantais. Caent hwy holi pryd y mynnent. 'Roeddent wedi
dweud eu henwau ar y dechrau ond nid oedd o wedi gwrando arnynt.
Gwnaeth osgo i ddangos ei fod yn barod am y cwestiwn nesaf.

'A 'rydach chi'n awgrymu bod i frawd a chwaer wneud petha fel
hyn hefo'i gilydd yn beth digon arferol.'

'Anamal y bydda i'n awgrymu dim. Mae'r gwaith 'dw i ynddo fo'n
tueddu i wneud i ni feddwl a siarad yn fwy pendant.'

'Ydi hwn yn ddigon pendant 'ta?' Y munud hwnnw, fel pe bai wedi
gweld ei gyfle i daro'n ôl heb oedi.

Yn y llun a daflwyd ato 'roedd o ar ei gefn yn y dŵr, a'i ben ar goll
am fod pen Nesta rhyngddo a'r camera, y ddau ben yn glòs os nad yn
dynn yn ei gilydd. Ceisiodd ail-fyw.

'Wel?' gofynnodd.

140

''Rydach chi'n cusanu.'

'Duw, camera clyfar gynnoch chi.' Trodd y llun a'i gefn ato. 'Os nad ydw i'n edrach ar yr ochr anghywir, wrth gwrs.'

'Be arall fedar dau ben mor agos at 'i gilydd fod yn 'i wneud?'

Un o'r lleill oedd hwn, yr ieuenga, yn dod at y bwrdd ac yn plygu drosto ac mi setlwn ni chdi mewn chwinciad, mêt, yn ei osgo. Fo oedd wedi siarad leiaf o'r tri. Penderfynodd Osian fod hynny hefyd yn rhan o'r patrwm.

'Wel?' gofynnodd yr heddwas, ar ddathlu.

Be arall? Ceisiai Osian gofio. Un gusan oedd wedi bod yn y môr, a byddai angen tipyn gwell camera na hwn i gofnodi honno. Yr unig reswm arall dros i'w pennau fod mor fwriadol agos at ei gilydd a gofiai oedd pan oedd Nesta'n chwistrellu'r dŵr o'i cheg ar ei gorff. Gallent fod wedi cael darlun llawer mwy dadlennol o hynny. Ond 'roedd cynnig hynny fel eglurhad yn mynd i fod yn llawer mwy dadlennol na chusan ffwrdd-â-hi hefyd.

'Oes gynnoch chi chwaer?'

'Oes,' atebodd yr heddwas, yn gwybod yr ateb i'r cwestiwn nesaf hefyd.

'A 'dydach chi 'rioed wedi cusanu?'

'Do. Do'n tad.' Heb betruso. 'Ond 'doedd hi ddim yn bump ar hugian oed ac yn noethlymun ar y pryd.'

''Chafodd Nesta a fi mo'n magu hefo'n gilydd. Fel gwyddoch chi'n iawn.' Mor bwysig oedd dweud hynny bob hyn a hyn. ''Chawson ni'r un cyfla i ddŵad i nabod ein gilydd.'

''Dach chi'n gwneud yn sâff ych bod chi'n cael digon o gyfla rŵan.'

Nid oedd hwnnw'n gwestiwn, ac felly nid atebodd.

'Mor sâff,' ategodd y llais mwyn, a golwg mwy difrifol ar yr wyneb nag oedd wedi bod o gwbl, 'fel ych bod chi wedi prynu tŷ hefo'ch gilydd . . .'

'Naddo.'

'O'r gora 'ta,—fel bod un ohonoch chi wedi prynu tŷ . . .'

'Naddo.'

'Mynd i brynu tŷ 'ta!'

Y tro cyntaf un i lais godi. Ond nid oedd hwnnw'n gwestiwn chwaith, ac felly nid atebodd. 'Roedd wedi ymneilltuo i'r topiau. Dyna fyddai'n ei wneud pan fyddai trafod ymarferol yn troi'n stwnsian ymhonnus mewn cyfarfodydd, neu pan fyddai pwysau'n dechrau cael ei luchio. A phob tro dynionach yn llwytho mwg i sachau a welai. Pwysicaf y cyfarfod, cliriaf y weledigaeth. Ac nid pa mor berthnasol a fyddai'r pwysigrwydd a'r awdurdod ymhen cant neu fil o flynyddoedd oedd y pwynt chwaith. Yr un fyddai'r mwg a'r sachau yr adeg honno. Trychfilod yn rhoi'i gilydd yn eu lle neu'n trefnu'r byd a'i ddyfodol. A phe bai'r byd yn rhoi pesychiad bach byddai'r trychfilod a'r trefnu'n rhuthro am y cyntaf i ebargofiant. Y teimlad cadarnhaol hwnnw oedd yn gwneud y siwrnai'n werth chweil.

Ond gallai ganolbwyntio yr un fath. Edrychodd mor drwynsur ag oedd ddoeth ar y lluniau.

'Bechod na fyddai'r camera 'ma o gwmpas pan oedd fy swyddfa i'n cael 'i darnio a pheipia Jonathan yn cael 'u tyllu, 'te?' 'Difarodd fel yr oedd yn gofyn, oherwydd bod y sylw'n swnio mor ystrydebol. Ceisiodd roi cic ynddo. 'Pwy a ŵyr? Ella bod rheini'n noeth hefyd.'

Eu llonyddwch oedd ei lwyddiant. Daliodd ati.

'Nid cusanu ydan ni yn fan'na, gyda llaw. Ond os oes arnoch chi isio credu hynny, peidiwch â gadael i mi'ch rhwystro chi.'

'O.' Nid oedd yr holi'n colli dim o'i hyder. 'A be am y ffaith mai un gwely sydd yn y stafall y treulioch chi noson ynddi hi?'

'Mae gan Gari fodryb sy'n mynd â'i phwdl i'w gwely hefo hi. Mi bisodd lond 'i drwsus pan glywodd o gynta.'

''Neith ych clyfrwch chi ddim tynnu'r un gair yn ôl o dystiolaeth ych mam.'

Ar ganol ei dalcen. A methodd yn llwyr â chuddio hynny.

'O. Hi.'

'Ia, Osian.'

'Chi fuo ati hi 'ta hi fuo atoch chi?'

'Matar bach fydd cael datganiad ganddi hi. Os bydd angan, wrth gwrs.'

''Rydw i'n cymryd yn ganiataol ych bod chi'n cydnabod mai stori ydi'r gair cywir, ac nid tystiolaeth.'

'Meddach chi.'

''Rydach chi'n gwybod 'i hanas hi.'

'Pwy?'

'Mam.'

'Wel nac ydw i, nac'dw?'

'Wedi bod yn rhy brysur yn canolbwyntio ar Nesta a fi. Mi fuo Mam i ffwr' mewn ysbyty oherwydd y syniada 'ma. Am chwe wythnos. A mae arna i ofn 'i bod hi'n barod i fynd eto.'

'Mae o yn y teulu, felly, 'tydi?' meddai llais picellog o sur arall fel 'roedd yn gorffen. 'Blydi moch.'

Ac yna sylweddolodd. Daeth yr hyn a wyddai ei fod yn wirionedd yn un ias drwyddo. Ni fedrai ganolbwyntio ar yr edrychiad a roes y ddau arall ar yr un a siaradodd.

'Difrïo'r tyst,' meddai'r un gyferbyn, heb wybod beth oedd wedi digwydd. 'Hen dric.'

'Mi wyddoch chi fwy am betha felly na fi.' Ni wyddai sut daeth y geiriau, a theimlai ei lais yn annaturiol.

Anadlu hir, fel pe'n ystyried faint o wawd a sarhad i'w gymeryd.

''Rydach chi'n gwybod be mae hyn yn 'i olygu.'

'Bod heb ddillad nofio'n difwyno'r amgylchedd?'

'Gwrandwch! 'Sgynnoch chi ddim lle i sbeitio!'

'Nac oes. Mi gymra i dwrna rŵan.'

Y syniad oedd rhoi ar ddeall iddynt nad oedd arno ofn rhannu'r gyfrinach â chyfreithiwr. Efallai iddo weithio hefyd. Cymerasant un o'r seibiau breintiedig gyda'r llygaid ar y lluniau'n flêr hyd y bwrdd. Yna, am y tro cyntaf, cododd y dyn cringoch.

'Go brin bod angan hynny,' meddai, 'a ninna ar orffan hefo chi.' Heliodd y lluniau at ei gilydd, a rhyw olwg mi wnaiff y rhain at eto arno wrth iddo gymeryd arno astudio un neu ddau cyn eu cadw. 'Dowch i mi roi damcaniaeth fach i chi,' meddai, yn gafael â'i ddwy law yn y lluniau. ''Rydach chi yn ych gwaith, yn meindio'ch busnas. Drwy ddamwain 'rydach chi'n gweld pobol sydd, yn ych barn chi, yn gwneud rhwbath heblaw meindio'u busnas, ac yn ych gwylio chi ar y slei. Dyma chi'n gwylltio ac yn deud wrth bawb yn y gwaith, heb ystyriad o gwbl pam oedd hyn yn digwydd. A pheidiwch â thrio deud nad oeddach chi'n sylweddoli mai plismyn oeddan nhw. 'Rydach chi'n dyfeisio cynllun i gael gwarad â'r gwylwyr ac yn difetha misoedd o waith pobol erill ac yn gadael i droseddwyr hollol ddiegwyddor a pheryg fynd o'n gafael ni. Ond os nad ydach chi'n sylweddoli pa mor anghyfrifol ydi hyn,' lluchiodd y lluniau ar y bwrdd drachefn, 'go brin y sylweddolwch chi pa mor anghyfrifol oeddach chi y bora hwnnw chwaith.'

'Ych barn chi ydi'r cwbwl.'

'Peidiwch â bod mor goeglyd!'

'Roedd popeth wedi newid yn llwyr. Daethai rhyw ffieidd-dod diamynedd i'w hagwedd a'u hwynebau. Ni fedrai Osian gredu nad oedd yno cynt.

'Nid rhybuddio rhyw leidar bach ceiniog a dima ddaru chi. A 'ddaru chi ddim cymwynas â neb yn y byd. Ond mae'n debyg ych bod chi wedi dŵad yn dipyn o arwr ym meddylia rhai, chi'ch hun yn 'u plith nhw, yn ddiama. A hon.'

Nodiodd ar y lluniau. Gwyddai Osian ystyr yr 'hon'. Ceisiodd anadlu'n dawel a dwfn. Ei fantais o oedd nad oedd yn bosib cael profiad mor annymunol a diraddiol â'r hyn a ddigwyddodd ar ganol y cinio yn nhŷ Rhian. Ni wyddai'r tri hyn hynny. Nid oedd ots bod eu llygaid yn gweiddi mochyn a slwt ar draws ei gilydd. Diolch, Rhian. Chdi gafodd ail.

'A mi fedrwch chi dynnu'r olwg hunanfodlon 'na oddi ar ych gwep hefyd!'

Chwarae prifathrawon. Druan â nhw. 'Roedd yn gallu syllu a chanolbwyntio ar y llun uchaf. Nesta ac yntau'n deifio gyda'i gilydd. Pedair braich a dau gefn mewn cytgord didarfus. Dau enaid ar fin cydddeall. Cymaint gwell oedd chwarae llambedyddiol.

'Roedd y drws yn cael ei agor.

'Cerwch. 'Dw i'n dallt bod 'na gwarfod croeso wedi'i drefnu ar ych cyfar chi yn y stryd 'na. Faint o arwr fyddwch chi pan ddarganfyddan nhw bopeth ynglŷn â'ch bywyd dan y balog chi, 'sgwn i?'

Cododd. Ni cheisiodd gerdded gyda ffugurddas. Ataliodd llaw ei ysgwydd yn y drws.

'Peidiwch â meddwl bod petha drosodd i chi. Ar yr un o'r ddau bwnc y buon ni'n 'u trafod.'

Aeth. 'Rydan ninna'n gwybod hefyd, meddai pob wyneb rhwng y stafell a'r drws allan wrtho, heb ddeall nad oedd ots mwyach.

Gari a Mick oedd y cyfarfod croeso, yn stelcian yn ddi-hid o law mân oer. A Nesta wrth gwrs. 'Roeddynt yn heidio amdano cyn iddo ystyried ei bod wedi tywyllu. Pump o'r gloch, cyhoeddodd cloc yn y pellter. Atebodd fwy o gwestiynau mewn pum munud nag a wnaethai drwy'r pnawn. Soniodd am y lluniau, ond dim ond dweud eu bod wedi'u tynnu. A dychmygodd ei fod yn gweld rhyw olwg annisgwyl bell ar wyneb Gari pan wnaeth hynny. Gwrthododd yn llwyr gynnig taer Mick i fynd â nhw i dafarn i ddathlu terfyn y caethiwed byrhoedlog, ond gwyddai heb ofyn beth oedd ar y papur bychan a stwffiodd i'w ddwylo.

'Mi'ch gwelwn chi fory,' meddai Nesta toc.

'O. O ia, iawn,' atebodd Gari, ac Osian yn dychmygu eto ryw betruster yn ei lais.

Nid anniolchgarwch am gefnogaeth Mick a Gari a wnâi i Osian ysu am y car a Nesta a neb arall. 'Roedd mor awyddus fel ei fod yn brasgamu.

'Be am y tŷ?' gofynnodd, cyn i Nesta gael cyfle i danio'r car.

'Mi es i'r drws nesa cyn mynd at yr arwerthwyr a mi ge's gyfeiriad newydd y bobol sy pia fo.'

'O?'

'Maen nhw wedi symud i dŷ lawr 'Dre, ar y gwastad. Y gelltydd yn

144

dechra mynd yn drech na nhw. Mi wrthodon bob cynnig nes dois i at fil yn llai. Maen nhw am ystyriad hwnnw dros nos.'

'A mi setlan nhw ar bum cant.'

'Digon posib.'

'Hen ddigon da. Mi prynwn ni o.'

Rhag ofn iddynt feddwl eu bod yn ei ddychryn. Ond fe ddechreuodd grynu yr un fath, y munud y newidiodd Nesta'r pwnc trafod a gofyn iddo fanylu ar y lluniau ac iddo yntau ailadrodd air am air a disgrifio'r pethau na ddywedwyd. Yn clywed y cryndod, gadawodd Nesta iddo siarad a siarad.

''Does 'na neb arall y medar hi adael iddyn nhw wybod, nac oes?' meddai o'n sydyn ar draws rhyw sylw arall.

'Mae'r gwenwyn wedi'i ddisbyddu.'

Nid oedd hi'n ei ddweud yn chwerw, nac yn ddialgar. 'Roedd hi'n rhy fodlon i goleddu teimladau felly, yn fodlon yn ei fuddugoliaeth o. 'Roedd y car newydd a hyd yn oed y siwrnai drwy'r glaw budr ar hyd y briffordd lawn yn porthi'r bodlonrwydd.

''Ddudis i mo hynny, chwaith,' atebodd yntau ymhen ychydig, fel pe bai wedi bod yn ystyried.

'Hi ffoniodd y plismyn?'

'Yn yr un twymiad ag y ffoniodd hi Brian Griffith, o'i nabod hi.'

'Ella 'i bod hi wedi ffonio Rhian a hitha'n deud wrthi lle'r o'n i.'

'Ne' Rhian yn 'i ffonio hi.'

Distawrwydd am ennyd, heblaw am sŵn y car a mymryn o grafu gan un o'r sychwyr.

''Dwyt ti ddim am fadda i Rhian, nac wyt?' meddai hi.

'Nid hynny. Paid â dibynnu arni hi. Na Meurig chwaith,' ychwanegodd wedi eiliad. 'Na Dad.'

'Fydd 'na rywun ar ôl?'

'Yr unig ffor' o beidio â chael ail ydi paratoi ar 'i chyfar hi.' 'Roedd yn dechrau mynd yn ddrwg ei ddioddef o'r sychwr. Byddai'n prynu pâr newydd drannoeth. 'Ella'u bod nhw'n mesur pawb hefo'u llathan 'u hunain,' meddai'n sydyn.

'Pwy?'

'Y plismyn 'na. Mi ce's hi ar draws 'y ngwep y byddwn i'n glamp o arwr yn 'y ngolwg bach fy hun unwaith y byddwn i'n cael y pafin dan 'y nhraed. Dim byd o'r fath.'

'Bwrw'u llid.'

''Sonion nhw yr un gair am y stampia.'

'Ella bod hynny'n awgrymu bod y Dorothy 'na'n deud y gwir.'

145

''Sonion nhw ddim amdani hi na'r llall chwaith.' Tynnodd y papur bach o'i boced a rhoes olau i'w ddarllen. 'Da iawn, Mick.'

'Be?'

'Mi ddilynodd o hi amsar cinio. Mi ga' i ddechra busnesa yn 'i phetha hi rŵan.'

'Mi gawn ni ddechra busnesa. Ffor'cw mae'r bobol yn byw.' Pwyntiodd i'r chwith. 'Fydd gen ti amsar bora fory?'

'Bydd.'

'Mi fydd Rhian yn iawn,' meddai hi'n bendant wedi pwl bychan arall o dawelwch.

Nid oedd o am ddadlau. Cyraeddasant y gwesty. Gwyddai Osian o'r eiliad y caeodd ddrws ei swyddfa amser cinio mai hwnnw oedd y gyrchfan. 'Roedd y dyn mewn siwt yn edrych ar y tanciau'n cael eu peintio i gydweddu â'r tywod.

Yr un stafell oedd hi hefyd.

'Bwyd?'

'Wedyn.'

'Wedyn.'

'Roedd synnwyr yn dweud. Llygaid wedi edrych ar ei gilydd, dwylo'n crafangu am ddillad ac yna am gnawd, yn gwasgu, yn rhwbio, yn chwyrlïo. Botwm crys yn saethu heibio i'r erchwyn am nad agorai'n ddigon buan. 'Roedd y caru'n ffyrnig, yn ddi-reol ar wahân i law yn mynd dros geg unwaith i'w atal rhag mynd yn or-hyglyw. Aeth gwefusau'n ddannedd, aeth bysedd yn ewinedd. Dau gorff yn methu dweud yn ddigon trwyadl nac yn ddigon buan. Gydag ebychiadau diatal o argyfwng mawr 'roedd y cwbl drosodd mewn dau funud.

Cymerasant hydoedd i ddadebru. 'Roedd ei wyneb o ar goll yn ei mynwes a'i anadl a'i ebychiadau bychain achlysurol yn poethi a lleithio'i chnawd. Ymhen hir a hwyr ceisiodd hi ddechrau dweud rhywbeth ond âi pob gair yn un ochenaid hir cyn ei ddechrau. Ond o leiaf trodd crafu'n fwytho.

''Roedd honna i fod i bara'n hir,' meddai o'r diwedd, yn dal allan o wynt braidd. 'Hir ac ara deg.'

'Fi sy'n brentis.' Heb godi'i ben.

'Naci.'

Ceisiodd hi dynnu'i ben i fyny, ond ni symudai. Rhuthrodd ofn drwyddi. Ceisiodd eto'n ofer i gael ei ben i fyny ati.

''Dydi hi ddim yn mynd 'fath â'r tro dwytha, nac'di?' gofynnodd, ei llais yn llawn panig.

Ysgydwodd ei ben ar unwaith, ac aros ble'r oedd.

146

'Cod dy ben 'ta. 'Drycha arna i.'

Stwffiodd ei hun i fyny'n ara deg, heb godi'i gorff na'i wefusau yr un mymryn oddi ar ei chorff hi. Yna rhoes ei ddwy benelin un bob ochr i'w gwddw ar y gobennydd a rhoi ei ên yn ei ddwylo. Edrychodd.

'Neith hyn?'

'Ni pia hi. Mae'r edrychiad 'na yn dy lygaid di eto. Chdi go iawn.'

'Meddwl am bobol yr o'n i y tro dwytha. Ni pia hi.'

Tynnodd o i lawr ati eto wrth glywed a gwasgu'i ben yn ei herbyn.

'Wyt ti'n 'i gredu o?' Sibrwd i'r foch dynn.

'Ydw. I'r diawl â nhw.'

Arhosodd y ddau'n llonydd eto, i wledda ar y geiriau. Yna stwyriodd hi.

'D'o weld. 'Dw i 'di dy gripio di.'

Ymryddhaodd, heb iddo fo symud. Hanner gorweddodd ar ei gefn. 'Roedd cripiadau egr ar bob ysgwydd.

'Mi fu bron i mi dynnu gwaed. Ydyn nhw'n llosgi?'

'Na.'

'Mi fyddan nhw, mae arna i ofn.' Cusanodd y cripiadau. ''Tasat ti 'di gwneud hyn bum mlynadd yn ôl mi fasa dy groen di'n iach erbyn hyn.'

'Arswyd o freuddwyd oeddat ti bum mlynadd yn ôl.' Trodd ar ei gefn, fel yr oedd hi'n dechrau mwytho at i lawr. 'Roedd popeth mor wahanol y tro hwn, ac yn awr gallai ddweud. Dweud i'w gael o'r ffordd fel y caent roi'u sylw i gyd ar ei gilydd eto. 'Gwranda. Mi ddudis i pnawn nad oedd 'na'r un gyfrinach ar ôl.'

'O?' Eiddgarwch gwneud, llawn direidi.

'Naci. O ddifri. Mi gododd 'na un newydd sbon 'i phen. Rhwbath ddudodd un o'r plismyn 'na.'

'Deud hi 'ta.'

'Paid â 'nghamddallt i chwaith.' 'Roedd llaw yn cosi'i fol ond 'roedd yn benderfynol o ganolbwyntio. 'Ond wyddost ti chdi'n deud 'mod i 'di dy drin di fel dynas chwara bingo . . . '

Paid â rwdlan, cyhoeddodd y llaw.

''Ddudis i . . . '

'Yr hyn sy gen i ydi 'i fod o'n waeth na hynny. Mi ddaru mi dy drin di fel rhwbath i chwilio am esgus o d'herwydd di.'

'Ond nid yn fwriadol.'

'Na, ella. Ond cyn waethad bob tamad. 'Ro'n i'n derbyn rhagdybiaetha pawb. 'U gair nhw ydi annaturiol. Mae o'n air sy'n 'u siwtio nhw am 'i bod hi'n haws creu casinab ohono fo. Mae'r annaturiol yn mynd yn annymunol ac anghynnas ym meddylia pobol

147

mewn chwinciad. Mi ddisgynnis inna i'r trap a dechra chwilio am resyma fyddai'n egluro'r peth, ac ella'n ennyn rhyw ffugddealltwriath nawddoglyd tuag aton ni, ac yn waeth byth, at ein gilydd.'

''Dw i 'di bod yn trio pwyo hynna i dy ben di ar hyd yr adag. Yn 'y ffor' fach fy hun.'

'Do. Mi wn i. Nid chwilio am esgusion ydw i. 'Fynnwn i er dim inni fod fel arall. Dyna'r ffaith amdani. Ac mi gân nhw'i chl'wad hi hefyd o hyn allan.'

'Dal i fynd.'

'Ond mae o'n anarferol, prun ydan ni'n lecio hynny ai peidio. A mae 'na reswm.' Gafaelodd ynddi a'i thynnu i lawr arno'n angerddol. 'Coelia fi pan 'dw i'n deud wrthat ti mai fel hyn 'dw i isio iddi fod!'

Bygythiodd y cusanu fynd yn wyllt eto. Oni bai am ei chwilfrydedd byddai Nesta wedi gadael iddo fynd hefyd.

'Be ddigwyddodd hefo'r plismon 'ta?' gofynnodd heb gynnig ymryddhau.

'Mi ddeudodd rwbath, yn sbeitlyd ne'n ddifeddwl, 'i fod o yn y teulu. A mi hitiodd y gwir fi fel bricsan.'

Tawodd. 'Roedd y peth yn cael ei ddweud. Dim un gyfrinach.

'Pa wir?'

'Nid fi sy'n blentyn llosgach. Mam sydd.'

'Roedd y geiriau wedi rhuthro, fel pe bai arno ofn iddi dorri ar ei draws. Cododd hi'n glir oddi arno.

'Be?'

'Hi sy'n blentyn llosgach. A gwraidd yr helynt mae hi'n 'i godi yn ein cylch ni'n dau ydi 'i bod hi'n gwybod hynny'n iawn.'

'Arglwydd mawr!'

'A mae Rhian yn gwybod hefyd.'

148

Pennod 13

Prynwyd y tŷ. Aethai celc Nesta i gyd ar y car, ond 'roedd ffynnon Osian yn llawnach. 'Roedd beic yn rhad, 'roedd cerdded yn rhad. 'Roedd gwylio bywyd o barc neu ben bws yn rhad. Ei natur oedd cadw iddo'i hun gyda'r nosau a thros y Suliau am fod hynny'n ei gwneud yn haws iddo fyw ei freuddwydion amhosib ac osgoi normalrwydd jôcs rhywiol. 'Roedd hynny hefyd yn rhad. A'r cyflog am sgrifennu siec fore Mercher oedd cael goriad answyddogol ar y slei gan y gwerthwyr, a hynny'n ddigymell. Dim ond sgwrs rhwng pedwar mewn cegin gefn ar ôl bod yn gweld yr arwerthwr, mygiad o de bob un, y wraig yn nodio ar y gŵr a'r gŵr yn nodio ar y wraig, ac 'roedd goriad y drws cefn yn eu meddiant, yn demtasiwn am y'i gwelid.

Aeth Nesta anfoddog yn ei hôl ar y trên am ei bod hi am iddo fo wneud gwell defnydd o'r car yn ystod yr wythnos. Fflach ddi-sail eto fyth oedd ei dyfarniad am ei ddamcaniaeth ddiweddaraf. Hwnnw oedd y dyfarniad cyntaf ar y funud a'r un olaf ar ôl trafod dros bryd o fwyd ar yr un bwrdd ag y bu'n seiadu gyda Dorothy a Robert. 'Dydi o rithyn o bwys oedd ei ddyfarniad o yn y diwedd, a golygai bob gair o hynny ar y pryd.

A rhyw led amgyffred seremoni sgrifennu'r siec fwyaf yn ei hanes oedd o hefyd. 'Roedd yn gwneud a dirnad y peth drwy gwmwl o syrthni wedi noson ddilyffethair. Nesta hefyd. Efallai mai doeth oedd iddi beidio â dreifio'r holl ffordd adref. 'Roedd y syrthni a gwmpasai'r byd newydd mor fyw fel bod y dydd a phawb ynddo fel rhyw rithiau amherthnasol yn ceisio ymwthio i'w bywydau bob hyn a hyn, a'r ymdrech leiaf un i'w cadw draw yn ddigon. Hyd yn oed pan oeddynt wedi hanner cysgu, rhyw gwsg ymwybodol oedd o, yn gwneud iddynt wybod y byddent yn deffro yn y man, a chyda phob symudiad llaw'n cael ei ateb. Nid fel cwsg anesmwyth chwaith. 'Roedd tynerwch llyfnder croen a chyffyrddiad wedi hen leddfu cyneddfau egr; aethai ewinedd yn cripio'n fysedd yn teimlo a dweud ac aethai dannedd yn brathu'n wefusau'n chwilio. Pan sgrifennwyd y siec nid oedd mymryn o betruster nac amheuaeth. Erbyn nos Fercher 'roedd o wedi mudo a chael ateb i olwg llawn penbleth Gari y noson cynt. Y fatras ddwbl oedd yr achos. Rhag ofn y bydd 'na bobol ddiarth, mwmbliodd.

Y rheswm pennaf dros y brys oedd bod arno eisiau llonydd. Cyraeddasai'r catalog stampiau. 'Roedd yn bryd iddo gael un newydd, a thrwy'r post oedd y dull callaf o'i brynu. 'Roedd ei fam eisoes wedi postio'i chwyddwydr a'i efel iddo. Dim ond un edrychiad ar ei gilydd oedd eu ffarwél yn yr orsaf y tro hwn; hynny'n hen ddigon. Ar y ffordd yn ôl i'r safle prynodd gadair a bwrdd plygu y medrai ei roi yn y car, a thân trydan bychan. Prynodd lenni parod gyda leinin trwchus i'w guddio'i hun yn y llofft gefn, a rhyw fân gelfi a mymryn o fwyd i'w gadw am ddiwrnod neu ddau. Yn y siop fwyd yr ildiodd, y goriad yn llosgi yn ei boced. 'Roedd y morgais yr oedd wedi hanner ei drefnu'n uwch o lawer na'r hyn yr oedd ei angen, prun bynnag. Cafodd fenthyg trosol bach a rhaw a gordd gan Jonathan. Heliodd ddigon o bolythin at ei gilydd i roi dros loriau'r llofftydd i'w harbed, ac archebodd sgip drwy Jonathan at drannoeth a ffoniodd i fanteisio ar y cynnig o ddiwrnod o wyliau. Erbyn saith o'r gloch 'roedd yn glyd.

Ni chafodd sioc. 'Roedd y stamp cyntaf y daeth o hyd iddo yn y catalog wedi'i brisio'n bum can punt. Stamp pinc wyth skilling o Norwy gyda llew ar ddeutroed mewn ffrâm sgwâr a choron ar ben y sgwâr. 1868 meddai'r catalog. Wrth ei ochr 'roedd un arall o'r un cynllun a'r un pris, ond fod ei liw'n fflamgoch a marc post ar ei draws. Pum punt ar hugain oedd cynnig y catalog am hwnnw. Wrth ddal ati, gwelodd yn fuan fod y gwych a'r gwachul o ran prisiau'r catalog yn un gymysgfa yn y casgliad, gyda'r gwledydd yr un mor ddi-drefn â'r gwerthoedd. Deg ceiniog oedd pris y catalog am stamp wyth Öre Gustav y Pumed o Sweden. Yr un drutaf oedd un arall o Sweden,— mil a phedwar can punt am stamp 24 skilling o 1855. Pe bai heb ei ddefnyddio byddai'n dair mil a hanner o bunnau. Y swm terfynol am y stampiau rhydd oedd deuddeng mil a thri chant o bunnau. A chymeryd bod y catalog yn gorwneud, 'roedd yn dal i fod yn ffortiwn. A chan bod y stampiau i gyd mewn cyflwr rhagorol, wedi'u canoli'n daclus a'u cefnau'n lân, byddai eu pris yn llawer nes at bris y catalog nag at brisiau arwerthiant. Nid oedd y catalog yn cynnig prisiau am stampiau ar amlenni, ond 'roedd ffortiwn fach yn fan'no hefyd.

Erbyn deg 'roedd wedi sugno hynny o wybodaeth a ddeuai o'r catalog. O leiaf 'roedd stori Dorothy am gadw'r casgliad yn union fel ag yr oedd yn gwneud synnwyr; 'roedd hynny'n esbonio presenoldeb y stampiau diwerth yng nghanol y lleill. Ac yntau wedi'u lluchio i gyd rhwng distiau.

Pan aeth ati i wneud tamaid o swper y sylweddolodd nad oedd ganddo degell na stôf. Ond 'roedd ganddo fara a thomatos a llefrith, ac aeth â nhw i fyny i glydwch y llofft. Dechreuodd fusnesa wrth fwyta. Wrth iddo bwyso'i law ar y papur wal a'i flodau bychain coch mewn rhesi unffurf rhwng llinellau dwbl oren siglai'r pared yn braf y tu ôl iddo. Edrychodd ar y nenfwd. 'Roedd hwnnw hefyd yn afonydd o graciau. Ysai am drannoeth.

Cadwodd y stampiau'n ofalus a mynd â nhw i lawr y grisiau. Dwy stafell oedd yn yr estyniad to sinc, cegin fechan ac ymolchfa. Iawn i fyw dros dro, yn fwy cyffyrddus a hwylus na stafell Gari. Aeth allan i'r cefn i chwilio am guddfan i'r stampiau. Deuai llais Edith Piaf o'r drws nesaf, a sylweddolodd am y tro cyntaf bod ganddo gymdogion. Gwrandawodd, yn yr oerni. Gartref oedd ei chwaraeydd recordiau o. Byddai'n rhaid mynd yno i'w nôl, a gweddill ei bethau. Ati hi a Dad. Rhaid oedd rhaid.

Ynfyd braidd oedd cuddio'r pecyn allan, er yr holl bolythin. Aeth ag o'n ôl i'r tŷ a'i roi yng ngwaelod un o'r sachau duon a ddaliai ei ddillad, ac aeth i'w sach cysgu ar ei fatras.

Os rhuthro. Brecwast sydyn bump o'r gloch y bore ac 'roedd yn dechrau arni. Mudodd o'r llofft i'r gegin fach, a gorchuddiodd loriau glân y ddwy lofft. Nid oedd pared na nenfwd ar ôl yn y llofftydd erbyn i'r sgip gyrraedd chwarter i ddeg. Erbyn chwarter i ddeg y nos nid oedd pared na nenfwd na lle tân ar ôl yn y gwaelod chwaith. Ac 'roedd Malcolm a Bryn yn fwy na bodlon ar eu deg punt ar hugain yr un o gyflog am dynnu teils y llawr a phum modfedd o'r pridd sych tanynt i wneud lle i goncrid newydd. Malcolm a Bryn oedd yr yfwrs mawr a welsai ddydd Mawrth. 'Roedd Malcolm yn byw y drws nesaf a Bryn yng nghanol y rhes isaf o dai. Cafodd Malcolm bumpunt arall am ddarparu berfa. 'Roedd un sgip lawn wedi mynd ac un arall wedi'i llenwi. Wedi ymlâdd, edrychai Osian yn feddwol o hapus ar y tŷ. Prennau lle bu parwydydd, a distiau lle bu craciau, a'r cwbl wedi'u glanhau o'u calch ac yn barod am fordiau plaster newydd. Ond ar ôl i Nesta ailweirio. 'Roedd o wedi meddwl y byddai hi'n dymuno cadw'r hen gegin fach yn y cefn rhag ofn y byddai'n hwylus fel stafell gyfrifiadur. Galwad ffôn o dŷ Malcolm ac 'roedd wedi cael ateb, er bod y cwmni'n gwarafun bod neb yn ffonio aelodau'r staff rhwng prydau. 'Doedd ryfedd fod Nesta'n casáu'r lle. Ond mi gafodd siarad â hi a'r dyfarniad oedd chwalu'r pared a gwneud y ddwy stafell yn un. Y peth nesaf oedd ei angen oedd stori i'r archwilydd a ddeuai o'r cwmni morgais, ond efallai y byddai'r parwydydd newydd yn eu lle ac wedi'u plastro erbyn hynny.

'Roedd yn gyndyn braidd o fynd ar ei fatras, yn methu peidio â gwledda ar y gwaith a gawsai ei wneud. 'Roedd gwefr i'w chael dim ond wrth gerdded yn ôl ac ymlaen ar hyd y pridd lle buasai'r teils ychydig oriau yng nghynt. 'Roedd olion wal gerrig yn croesi'r llawr bron ar hytraws o'r lle tân tuag at y cefn. 'Roedd Malcolm wedi rhyfeddu ati, fel pe bai wedi dod o blaned bell, yn methu dirnad bod y peth yn bosib o gwbl. Pumpunt os doi di â'i hanas hi o fewn pythefnos, meddai Osian.

'Roedd llwy de ar sil y ffenest, yn cwblhau'r darlun o bobl wedi bod wrth eu gwaith. Hogan y drws nesaf ddaeth â llond fflasg o de. Chwaer Malcolm, meddyliodd Osian ar unwaith. Edrychai tua'r un oed â Nesta, ac 'roedd Malcolm yn ffrindiau garw efo hi, yn ei galw'n Rita ac yn chwerthin am ei phen am ei bod hi'n galw pridd yn faw. Methodd yn llwyr â chuddio'i sioc pan waeddodd 'Mam' ar ei hôl wrth iddi fynd drwy'r drws.

Drannoeth cafodd goncritio'r llawr, Jonathan yn gofalu amdano unwaith yn rhagor, a chyda dau grefftwr y tro hwn. Ei unig orchwyl o oedd rhoi'r goriad iddynt yn y bore a dod yn ôl ddiwedd y pnawn ar ôl diwrnod o ymlacio ar y safle i weld llawr newydd sbon wedi'i sgimio fel ei bod yn bechod ei guddio â charped. 'Roedd pethau ar i fyny.

Gyda'r nos aeth am dro. 'Roedd gwynt diatal o'r môr ac nid oedd yn siŵr a oedd yn gallu arogli'i heli ai peidio. Cymerodd hanner awr i gyrraedd y lle. Tai ar wahân, bellter pobl fawr o'r ffordd a oedd yn un hanner cylch hir, gyda gardd neu'i faes parcio'i hun i bob tŷ, ond heb hanner digon o gysgod i'w ddibenion o. Aeth heibio i'r tŷ. 'Roedd golau mewn llofft ac yn y drws. Cafodd gip ar gar wedi'i barcio. Parciodd yntau ar ôl troi cornel a cherddodd yn ôl at y tŷ. Car Dorothy oedd wrth y drws. Nid arhosodd, nac arafu chwaith, dim ond dal i gerdded yn ei flaen nes i ddiffyg amcan wneud iddo betruso. Wedi gweld bod cartref Dorothy yr un mor foethus â'i hagwedd, nid oedd ganddo syniad beth i'w wneud nesaf.

Trodd y gornel. Efallai bod ffordd i'r cefnau. Efallai bod ganddi gi. 'Roedd yn fwy na thebyg bod ganddi larwm lladron. Ni wyddai pam 'roedd y syniadau hyn yn gwibio drwy'i feddwl; 'roedd yn union fel pe bai'n cynllwynio i sleifio i mewn i'r tŷ. Ni ddaeth o hyd i ffordd gefn chwaith, a throdd yn ôl eto. Y drwg oedd nad oedd na siop na drws tafarn na dim a fedrai fod yn esgus dros stelcian a gwyddai ei fod mewn math ar le y byddai sbec heibio i lenni a'i weld yn ddigon i alwad ffôn i gael yr heddlu yno. 'Roedd y math ar le i'r heddlu ddod yno'n ddiymdroi hefyd. Yma 'roedd sŵn y gwynt yn gryfach na sŵn trafnidiaeth. Ac os oedd yr heddlu'n dal i'w wylio prun bynnag 'roeddynt yn bencampwyr ar gadw o'r golwg.

Dynesodd drachefn at y tŷ, mor araf ag y gallai ar ochr arall y ffordd. 'Roedd y tŷ yr ochr fwyaf i'r tro ac 'roedd hynny rywfaint o'i blaid. 'Roedd y golau yn y llofft wedi'i ddiffodd. Daeth golau allan, ac arhosodd. Sleifiodd at bolyn lamp stryd ac aros y tu ôl iddo. 'Roedd y drws yn agor a dyn yn dod drwyddo. Gwelai Dorothy y tu ôl iddo. 'Roedd hi'n ddigon cyfarwydd. 'Roedd rhywbeth yn gyfarwydd yn y dyn hefyd ond 'roedd yn rhy bell iddo'i weld yn iawn yng ngolau'r drws. Ond yna daeth gwaedd a rhuthr. Gwelodd siâp yn codi y tu ôl i lwyn ac yn llamu ar draws yr ardd a thros y gwrych bychan ac yn mynd, diolch i'r Arglwydd am hynny, i'r cyfeiriad arall. Rhedodd y dyn ar ei ôl ac yna 'roedd Robert yn ymwthio heibio i Dorothy ac yn dechrau rhedeg ei hun. Arhosodd Dorothy yn y drws yn edrych arnynt. Yna trodd ei golygon i'w gyfeiriad o. Trodd yntau ei ben. 'Roedd dau'n dynesu ato ar hyd y pafin, ac yntau wedi cael cop. Nodiodd yn sydyn at y tŷ.

'Lleidar ne' rwbath,' meddai.

Mae'n rhaid nad oedd yn edrych fel pe bai'n ymguddio. O leiaf ni wnaeth y ddau arall edrych yn amheus o gwbl arno.

'Yn lle?' gofynnodd y talaf yn frwd.

Pwyntiodd yntau.

'Ffor'cw'r aeth o,' ychwanegodd ar frys, a dechrau tuthian ar hyd y pafin.

'Mi a' i i ffonio,' meddai gwaedd drwy'r gwynt.

Yr ochr arall i'r stryd oedd hi, a gwelodd y dyn yn troi'n ôl ac yn rhedeg ar hyd y pafin. Yna adnabu'r llais. Nid oedd wedi clywed y llais mwyn yn gweiddi o'r blaen, dim ond yn siarad neu fygwth. Ond fo oedd o.

Yna gwaeddodd drachefn. Ni ddeallodd Osian y gair cyntaf, neu ddau o bosib, ond 'Dorothy' digamsyniol oedd y gair olaf.

'Roedd y mwyn a Dorothy'n 'nabod ei gilydd. At eto anodd oedd amgyffred hynny. 'Roedd ar rywun angen help. Prysurodd ymlaen. Yna 'roedd gwaedd arall, a deallodd bob un sill o honno.

'Mae car y llall 'na yn fan'cw!'

'Roedd Robert hefyd yn rhedeg ar hyd y pafin yr ochr arall, ac yna'n arafu wrth edrych tuag ato. Trodd yntau a neidio i'r car. Gwelodd Robert yn troi ar ei ôl. Aeth. Chwiliodd am anorac dywyll a gwallt golau. Gwelsai gymaint â hynny. Ond 'roedd lle'r oedd Robert yn rhedeg yn awgrymu o bosib mai'r ffordd arall yr aeth. Os felly, rhyngddo fo a'i bethau.

Ond fe'i gwelodd. 'Roedd yn troi i stryd arall, ac yn dal i redeg. Aeth ar ei ôl, a'i weld yn troi ei ben i edrych yn frawychus ar olau'r car cyn ailgychwyn rhedeg. Daliodd o ar unwaith, a phlygodd i agor drws y car.

'Tyrd i mewn!' gwaeddodd.

Ni ddaeth, debyg iawn, dim ond dal i redeg.

'Tyrd, y diawl gwirion!'

Petrusodd. Gwelodd Osian o'n plygu i edrych i mewn i'r car cyn edrych yn ôl ar hyd y ffordd drachefn.

'Tyrd!'

Ac fe ddaeth. Clepiodd y drws ar ei ôl a sbardunodd Osian ymlaen. Daliodd i fynd, heb ymlacio nes ei fod yn ddigon pell i ffwrdd yng nghanol ffordd ddeuol lawn. Ni ddywedwyd yr un gair. O hynny o gip a gafodd ar y dieithryn 'roedd yn ifanc, tua'r un oed ag Idris efallai. O dipyn i beth aeth ei anadl yn anhyglyw, ac o dipyn i beth sylweddolodd Osian nad oedd ganddo'r un syniad beth i'w ddweud wrtho.

'Lleidar wyt ti?' gofynnodd yn sydyn.

'Na.'

'Roedd rhywbeth yn anarferol yn y llais, neu'r acen, hyd yn oed o gael gair mor fychan a swta o'i enau. Ceisiodd Osian feddwl am gwestiwn arall.

'Oeddat ti'n gwybod mai plismon ydi'r dyn 'na ddaru dy ddal di yn yr ardd?'

'Plismon?'

Yna 'roedd bron yn sicr. Teimlodd ar ffin buddugoliaeth. Acen o ogledd Ewrop oedd hi.

'Ditectif Uwch-Arolygydd. Ac mae o'n gwybod hynny hefyd.'

'Pam ydych chi'n fy helpu i?'

Llychlyn.

'Am 'mod i wedi cwarfod â'r plismon 'na, ac am nad oes gen i'r un mymryn o le i ddiolch am hynny. O ble 'ti'n dŵad?'

'O Norwy. Skien.'

'Oeddat ti wedi dewis dy dŷ, 'ta dim ond digwydd bod yn hwnna oeddat ti?'

'Nid lleidr ydw i.'

''Ti'n nabod Dorothy, felly.'

'Gwybod amdani fyddai'n gywirach.'

'A Robert?'

''Rydw i wedi'i gyfarfod o.'

Trodd Osian oddi ar y ffordd ddeuol.

'I ble ydych chi'n mynd â fi?' gofynnodd y llall.

'Yn ddigon pell oddi wrth y rheina. 'Oes 'na rwla'r wyt ti isio mynd?'

'Na.' Petrusgar.

'Paid â phoeni. 'Dydw i ddim yn blismon, nac yn ffrind i Dorothy. Be 'di d'enw di?'

'Aasmund.'

'Arglwydd mawr!'

'Be sydd?'

'Dyna waeddodd y plismon 'na ar Dorothy.'

Clywai'r llais mwyn yn glir. Aasmund oedd o, Dorothy. Unwaith y clywodd y gair diarth 'roedd yn sicr o hynny.

'Maen nhw'n dy nabod di, felly.'

''Rydw i wedi cyfarfod Dorothy ddwywaith.'

Efallai bod ganddi gasgliad o'r hyn y byddai hi'n eu galw'n wŷr ifainc.

'A mae hi'n ffrindia hefo chdi, ac yn deud O, Aasmund, bob hyn a hyn.'

''Dydw i ddim yn deall be'r ydych chi'n 'i awgrymu.'

'Paid â phoeni.' Chwarddodd. 'Dim byd y tu allan i'w meddwl hi'i hun.'

''Rydych chi'n 'i 'nabod hi'n dda.'

'Nac'dw, diolch.'

O leiaf 'roeddynt yn cael sgwrs. Un cam at siarad. Ac mor hawdd y gallasai yntau fod wedi gwneud yr un llanast.

''Dw i isio bwyd,' meddai, yn ei olygu hefyd.

'Mi a' i i lawr,' meddai Aasmund.

'Nefi, naci! Oes gen ti ffansi rhyw bryd bach? Mae'n ddigon diogel, 'sti. 'Dan ni'n ddigon pell oddi wrthyn nhw.'

'Ychydig o arian sy' gen i.'

'Paid â phoeni.' Dechreuodd chwerthin.

'Be sydd?'

'Dyn diarth yn cael help mewn dinas bell. Dorothy ddudodd y stori honno hefyd.'

'O.'

'Ella'n bod ni'n dau ar yr un perwyl.' Nid oedd ella ohoni. 'Mae hi wedi bod yn 'y nilyn i ers tair wythnos. Meddwl o'n i mai 'nhro i ydi hi rŵan.'

''Rydw i wedi bod yn 'i gwylio hi ers tua mis.'

'Bob noson?'

'Na. Dim ond neithiwr a heno'r ydw i wedi bod yn yr ardd.'

Y cam nesaf oedd cael gwybod pam heb ddweud y gair. 'Roedd tafarn ar y dde yn llawn o oleuadau bach y tu allan. Trodd Osian i mewn i'r maes parcio a chuddio'r car yn y cefn, rhag ofn.

Go brin bod neb wedi dewis Aasmund i wneud gwaith sbïwr drosto. Dyna'r casgliad y daeth Osian iddo y munud y gwelodd o'n iawn yng ngolau'r dafarn. Cudynnau hir o wallt euraid fel hysbyseb, wyneb glân, llygaid fymryn ar slant. Un cip a byddai unrhyw un yn ei adnabod y tro wedyn. Gweithio iddo'i hun oedd hwn. Teimlai Osian yn llawer mwy hyderus. 'Roedd y stafell yn drwm o addurniadau Nadolig newydd sbon, gyda sgwâr o oleuadau rhedeg o gwmpas y bar yn cystadlu'n ddiniwed â champau llawer mwy stroclyd goleuadau'r ddau beiriant gêmau wrth ei ochr. Archebasant fwyd, a'r dyn gwelw moel y tu ôl i'r bar yn cymeryd arno'i fod yn gallu tynnu'i lygaid oddi ar Aasmund. 'Roedd yr unig fwrdd gwag braidd yn rhy ganolog. Eisteddasant, gydag Osian yn dewis wynebu'r bar a'r drws allan. Cododd ei wydryn.

'I rywun 'blaw Dorothy,' cynigiodd.

'Ie.' Gwenodd Aasmund, am y tro cyntaf. 'I chi, am fy achub.'

'Paid â bod mor ddramatig.'

Aethant yn dawel am ychydig, tawelwch braidd yn annifyr, a'r ddau fel ei gilydd yn canolbwyntio ar eu diod ac ar yr ychydig sŵn o'u hamgylch. Dilynodd Osian y rhesi addurniadau. Pethau ar gyfer plant a hen bobl ac yfwyr. Unwaith y daeth plant i'w feddwl daeth Rhian hefyd. Nid ei bod hi byth ymhell iawn i ffwrdd. Ar y teledu o dan y goeden blastig taflai dynion eu grenadau i'r tywod a chodi a rhedeg ar eu holau. Newidiodd y llun i ferch mewn lifrai yn dal gwn fel mewn ffilm. Edrychodd y dyn gwelw draw yn sydyn pan welodd o'n troi'i olygon at y bar. 'Roedd hi'n braf ar Idris, meddyliodd, wedi gorffen gorfod cuddio dim. Edrychodd eto ar Aasmund.

'Os ydw i'n busnesa,' meddai, 'deud hynny ar dy ben. Ond mi'r ydan ni ar yr un perwyl, 'tydan?'

'Roedd Aasmund wedi troi'i lygaid i lawr.

'Mae Dorothy a'r ddau arall wedi'n cysylltu ni eisoes. Mi welod Robert 'y nghar i,' ychwanegodd Osian, fel sbardun.

Dim ond codi mymryn ar ei aeliau wnaeth Aasmund i gydnabod hynny.

'Wel . . .' dechreuodd yn y man.

'Be am chwilio am help 'ta?' meddai Osian. 'Tim?'

'Tim?' Ar unwaith.

'Da iawn,' atebodd Osian ar ei union, cyn i Aasmund gael cyfle i ailfeddwl. 'Dorothy, Tim, chdi. Dorothy, Tim, finna. Ydw i o'i chwmpas hi?'

'Mae'n bosib.'

''Rydw i'n gweithio yn yr un lle â Tim. Ne' mi'r o'n i. Mi wyddost ti'i fod o i mewn?'

'Gwn.'

'Oedd ganddo fo rwbath i ti?'

'Oedd.'

'Osian ydw i. Fi 'di'r peiriannydd ar y safla.'

Rhyw nodio digon petrus. Daeth y bwyd. 'Roedd y dyn gwelw'n swta, yn enwedig gydag Aasmund. Dechreuasant fwyta.

'Fasai'n well gen ti i mi ddeud fy stori i yn gynta?' gofynnodd Osian.

'Os dymunwch chi.'

Aeth Osian drwy'r stori, o'r twll yn y ffordd hyd at ymweliad Dorothy a'r plismyn yn mynd ag o i mewn i'w holi. Ond ni chymerodd arno bod y pecyn wedi bod yn ei feddiant o gwbl, heb sôn ei fod ganddo o hyd. Cafodd wrandawiad di-dor.

'Dyna i ti pa mor graff ydyn nhw,' meddai yn y diwedd. 'Holi am deirawr a sôn dim am yr hyn 'roeddan nhw isio'i wybod.'

'Be sy'n gwneud i chi feddwl y byddai Dorothy'n sôn am y pecyn wrth bob un o'i ffrindia?' atebodd Aasmund ar ei union.

Ystyriodd Osian am ennyd. Yna gwenodd.

'Rhanna o'r stori gawsoch chi ganddi hi,' meddai Aasmund.

'Dyna ryfeddod.'

''Dydi hi ddim wedi dweud llawer iawn o gelwydda wrthoch chi hyd y gwn i. Eto mae'i stori hi'n gelwydd i gyd.' Rhoes ei law yn ei boced, a thynnodd bapur pumpunt ohoni. 'Mae gen i ddigon o arian i gael diod arall bob un.'

'Anghofia nhw.'

Cododd Osian a mynd â'r gwydrau at y bar a'r dyhead. Cafodd sylw ar ei union. Canolbwyntiodd y dyn gwelw'n llwyr ar ei waith tra bu raid, ond wrth gymeryd yr arian siaradodd yn gyflym o dan ei wynt.

'Be?' gofynnodd Osian, ond 'roedd y dyn wedi troi i bwyo botymau'r dror arian. Trodd yn ôl a siarad drachefn, yr un mor annealladwy. Edrychai'n syth i'w lygaid, a'r newid yn ei law o hyd.

''Dydw i ddim yn dallt,' ysgydwodd Osian ei ben arno.

''Rwyt ti a finna'n dallt yn iawn.'

Aeth Osian yn ôl at y bwrdd heb ddweud gair arall.

'Paid â throi dy ben,' meddai. 'ond mae gen ti edmygwr y tu ôl i'r bar 'na. Mae o'n meddwl ein bod ni'n gariadon.'

Gwridodd Aasmund.

'Mi awn ni allan.'

'Mi 'rhoswn i ble'r ydan ni. Deud dy stori.'

Cymerodd Aasmund lymaid, a'i feddwl yn dychwelyd yn syth ac yn llwyr at y peth arall.

'Oedd, 'roedd 'na forwr o'r Ffindir yn Lerpwl, a ffeit. A milwr o Gymru hefyd. Ac mae'n wir bod y morwr wedi marw'n fuan wedyn. Ac mae'n bosib bod yr esboniad sut daeth y pecyn i ddwylo Tim yn gwneud synnwyr ym meddwl Dorothy. Ond mae'r gwir yn llawer mwy cymhleth na hynny. A jôc chwerw ydi'r tair punt.'

'Am fymryn o stampia.' Yn difaru yr un eiliad ei fod yn chwarae ag o.

'Erbyn heddiw maen nhw'n werth dros gan mil öre—tua, tua—o, miloedd o bunna. Pymtheg ne' fwy.'

''Dydi hynny ddim yn llawar iawn y dyddia yma.'

''Rydych chi'n gyfoethog, Osian.'

'Nac'dw. Dal ati.'

'Mi aeth y stampia a'u hynt a'u gwerth yn chwedl yn ein teulu ni yn fuan iawn ar ôl iddyn nhw ddiflannu.'

'Ond morwr o'r Ffindir . . .'

'Nid fo oedd pia nhw.' Chwaraeodd â'i ddiod. 'Fy nhaid.'

'O?'

''Roedd y ddau wedi bod yn gweithio ar yr un llong. 'Roedd rhywun wedi dwyn y stampia oddi ar fy nhaid ac 'roedd y llall wedi'u cael nhw'n ôl.'

Gwelodd Osian eu siapiau drwy'r gwydr patrwm yn hanner uchaf y drws. Plygodd ymlaen ar unwaith a rhoi ei fraich ar y bwrdd a dal ei ên yn ddioglyd yn y llaw arall.

'Paid â dal dy hun mor dynn. 'Stedda'n ôl.'

Dau blismon ddaeth i mewn. Edrychasant o'u cwmpas wrth ddynesu ac edrychodd Osian yn ôl arnynt am ychydig cyn troi'i sylw heibio mor ddi-hid ag y gallai. Troes Aasmund yntau ei ben, a'i droi'n ôl ar yr union adeg iawn.

'Perffaith,' meddai Osian, heb geisio sibrwd na dim.

Cafodd Aasmund gip hwy na'r cyffredin gan un cyn i'r ddau droi at y bar. Cawsant air neu ddau pytiog gyda'r dyn gwelw, ac aethant yn eu holau tuag at y drws gan nodio ar hwn a'r llall wrth fynd.

''Dydyn nhw ddim yn chwilio amdanat ti,' meddai Osian.

'Sut gwyddoch chi? Mae tŷ Dorothy'n bell.'

'Am yr union un rheswm ag y mae'r creadur 'ma y tu ôl i'r bar yn mynd i gofio pob manylyn o dy wynab di am weddill 'i oes. Yr unig wahaniaeth ydi 'i fod o'n mynd i'w berffeithio fo. Be wedyn?'

''Dydw i ddim yn hapus.'

'Rho bum munud iddyn nhw, ac mi awn ni o'ma. Wel?'

'Hefo tad Dorothy 'roedd y morwr yn gamblo, a hwnnw fynnodd y pecyn stampia. Hwnnw hefyd wnaeth 'i guro fo, yn ddrwg iawn.

Mae'n bosib mai dyna fu'n gyfrifol am 'i farwolaeth o. Disgyn dros ochr y llong a boddi bythefnos yn ddiweddarach heb unrhyw reswm.'

'A 'ddaru tad Dorothy ddim anfon pres drwy'r post?'

'Dim o gwbl. 'Chlywyd yr un gair oddi wrtho fo.'

'Sut cawsoch chi wybod pwy oedd o?'

''Roedd diwrnod arall cyn y medrai'r llong hwylio.'

'Y *Skógafoss*.'

'Y be?'

'Dyna ddudodd Dorothy.'

Daeth gwên braf i lygaid Aasmund.

'Chwarae teg iddi. Mae hi'n gwybod bod Gwlad yr Iâ'n rhoi enwa rhaeadra ar longa.'

'Wel?'

'Rhyw ddeg oed ydi'r *Skógafoss*. Cario cargo ac ambell deithiwr rhwng Gwlad yr Iâ ac America y mae hi, a dyna mae hi wedi'i wneud o'r dechra.'

'Da iawn Dorothy.'

Daeth y dyn gwelw at y bwrdd, a chlirio'r ddau blât gyda dihidrwydd trawiadol. Yn sylwi ar eu tawedogrwydd disymwth rhoes gip gelyniaethus arall ar Osian cyn mynd yn ôl at y bar. Daeth dynes o'r cefn a mynd â'r platiau hefo hi.

'Tyrd,' meddai Osian yn sydyn, 'mi awn ni.'

Gorffennodd Aasmund ei ddiod. Gadawodd Osian ei un o ar ei ganol. Gadawsant y dyn trist i'w feddyliau a'i unigrwydd. Nid oedd olwg o'r plismyn.

'I ble'r a' i â chdi?' gofynnodd Osian.

''Rydw i'n aros yn Stryd Mount.'

'Lle mae honno?'

'I gyfeiriad y de.'

'Anfarwol.'

'Mae'n ddrwg gen i, Osian. 'Dydw i ddim yn gwybod enw'r ardal.'

'Os awn i at y Castall, 'fedri di ddeud wrtha i sut i fynd wedyn?'

'Medraf. 'Rydw i'n creu trafferth i chi.'

'Nac wyt. I gyfeiriad y de'r ydw inna'n mynd hefyd.' Aeth. 'A mi gafodd y morwr wybod pwy oedd tad Dorothy?'

'Nid fo. 'Doedd o ddim mewn cyflwr i chwilio am neb. Mi gafodd dau arall afael ar y milwr yn 'i wersyll, a cheisio cael y pecyn yn ôl gan gynnig rhoi mwy o arian amdano nag yr oedd o i fod wedi'u hennill y noson cynt. Gwrthod yn llwyr wnaeth o a chael rhai o'i ffrindia ato i ddechrau bygwth. Yn ystod y nos mi dorrodd y ddau i mewn i swyddfa'r gwersyll a chael gafael ar 'i bapura o a'i lun o. Dyna'r

159

cwbwl gafodd fy nhaid. Pan laniodd y llong 'roedd y morwr wedi'i gladdu yn y môr.'

'Ac mae Cymru'n wlad mor fawr fel y cymrodd hi bron i hannar can mlynadd i chi ddŵad o hyd i'r soldiwr.'

'Mewn llai na chwe mis ar ôl hyn 'roedd fy nhaid wedi cael 'i lofruddio.'

'O?'

''Roedd o wedi cael 'i ddrwgdybio o gydweithio hefo'r Natsïaid. 'Wn i ddim a oedd hynny'n wir.'

'O.' 'Roedd y gonestrwydd yn argyhoeddi.

''Daeth y dirmyg ddim hefo fo i'r bedd. Mae rhai pobol sy'n gorfoleddu mewn petha felly, hyd yr anadl olaf. A hyd yn oed wedyn mae 'na ddigon yn barod i ddal ati ar 'u hola nhw.'

'Roedd tipyn o chwerwedd yn ei lais. Gwyddai Osian ei fod eisoes wedi penderfynu, a byddai cael gwared â'r stampiau'n rhyddhad dymunol iawn. Ond 'roedd Aasmund yn mynd rhagddo.

'Cyn hir 'roedd pawb wedi diflasu ar fy nain a'i straeon. Nid oedd 'i bod hi mor isel 'i pharch yn y lle o gymorth. Ond 'roedd hi'n berwi a berwi ynghylch y trysor coll ac ynghylch y cam a gafodd fy nhaid, nes yn y diwedd 'roedd hi wedi mynd i gymysgu'r cwbl i gyd a honni bod y trysor yn profi na wnaeth fy nhaid 'rioed gydweithredu â'r Natsïaid. Ond 'i chwedl chwerw hi oedd hi. 'Doedd neb arall yn coelio. A! Mi wn i ble'r ydan ni.'

'Roeddynt yn mynd heibio i ysgol Babyddol, yn adeilad hir o friciau cochion a phyramidiau o lwyni bytholwyrdd o'i blaen.

'Trowch i'r dde. Mi fyddwn yn gynt.'

Cadwodd Osian i ganol y ffordd, ac aros dan oleuadau coch. Daeth car heddlu o'r tu ôl iddo ac aros ar y chwith. Ni chymerodd y gyrrwr sylw ohonynt.

'Dyna fo, yli. Popeth yn iawn.'

'Mae allt yn mynd i lawr yn y fan yma, a pharc wedyn. Mae Stryd Mount yn ymyl hwnnw.'

'Iawn.' Ailgychwynnodd Osian. 'Be wedyn?'

'Mi fu fy nain farw dair blynedd yn ôl. Mi gawson ni hyd i'r llun wrth glirio'r tŷ. Mae'n rhaid na wyddai hi ddim amdano fo. 'Roedd fy nhaid wedi sgrifennu'r hanes yn llawn a phan welodd fy mrawd o mi benderfynodd ymchwilio iddo'n ddiymdroi.' Trodd ei ben i edrych yn syth ar Osian. 'Gwaetha'r modd.'

'O?'

'Hanner brawd ydi o i mi. 'Dydw i ddim yn 'i drystio fo.'

'Pam? Am mai hannar brawd ydi o?'

'Am 'i fod o'n dwyllwr.'

Ar ei ben. Un dieithryn yn ymddiried yn y llall, fel pobl mewn galar yn dewis rhywun diarth neu led-ddiarth yn ffrind.

'Yn lled fuan ar ôl iddo fo gyrraedd yma mi ddaeth Snorre—fy hanner brawd—i gysylltiad â rhai o'r bobol 'roedd y plismyn yn eu gwylio y bore cafodd Tim 'i ddal. 'Fyddai hynny ddim yn synnu neb sy'n 'i 'nabod o. Ac mae'n ddigon posib 'i fod o'n un o'r rhai fu'n dwyn y darlunia o'r amgueddfeydd.'

'Sut gwyddost ti? Llwyddiant giangia fel y rheina ydi nad ydyn nhw'n gweiddi ylwch chi ni.'

'Tim ddywedodd wrtha i.'

'Sut daethost ti i gysylltiad â Tim?'

'Yn union fel y daethoch chi i gysylltiad â mi. 'I wylio fo'n gwylio Snorre.'

'Mae Dorothy'n deud y gwir, felly?'

'Sut?'

''Dydi Tim ddim yn aelod o'r giang 'na.'

'Go brin 'i fod o. Mi welodd Snorre Tim fel cyfle i gael at y stampia.'

'Sut hynny?'

'Am fod Dorothy'n fodryb iddo fo, siŵr iawn.'

'Modryb?'

'Wyddech chi ddim? Mi gymrodd ynta arno fynd yn ffrindia hefo Snorre ac un ne' ddau arall er mwyn gweld be oedd y gêm. Mae'n debyg mai dyna pam aeth y plismyn ar 'i ôl o.'

'Roedd cylchfan gymhleth braidd ar waelod yr allt, a phum ffordd yn dod iddi. 'Roedd lorri filwyr lawn arni a'r cynfas yn ei chefn wedi'i agor. Nid aethai pawb i'r tywod.

'Yr un ffordd â'r lorri yna, Osian.'

Gwnaeth hynny. Gwelodd arwydd Stryd Mount bron ar unwaith. Trodd iddi. Nid oedd ar feddwl gadael i Aasmund fynd i lawr chwaith.

'Ble mae'r tŷ?'

'O flaen y car gwyn acw . . . Snorre! Peidiwch ag aros!'

Llithrodd Aasmund i lawr y sedd ar ei union a thynnu'i anorac dros ei ben. 'Roedd wyneb yr unig ddyn ar y pafin yn glir yng ngolau'r car.

'Arglwydd mawr! Oscar ydi hwnna!'

'Snorre ydi o! Peidiwch ag aros!'

Nid oedd Osian wedi arafu, ac felly ni thynnodd sylw wrth fynd heibio. Wrth graffu yn y drych gwelodd nad oedd y dyn ar y pafin ar frys i fynd i unman. Nid oedd yn ceisio ymguddio chwaith. Cap glanach ar ei ben na'r un oedd ganddo'n gweithio, ond Oscar oedd o.

Drwy'r cyffro annisgwyl fe'i cafodd Osian ei hun yn chwilio am debygrwydd rhyngddo ac Aasmund. Efallai bod, efallai ddim. Nid oedd erioed wedi cael cyfle i gael sgwrs na chyfathrach ag o, prun bynnag. 'Roedd un deng mlynedd rhyngddo ac Aasmund, yn siŵr o fod, ac 'roedd Oscar yn llawer tywyllach ei wallt a'i wedd. Yna, yn y cyffro o hyd, 'roedd yn chwilio am eiliad am debygrwydd rhyngddo fo'i hun a Nesta. Deuai popeth at hynny. Trodd ym mhen draw'r stryd, a thynnodd Aasmund ei hun yn ôl i fyny.

'Be rŵan?'

''Wn i ddim.' 'Roedd llais Aasmund yn llawn dychryn. 'Mae o wedi darganfod ble'r ydw i'n aros.'

'Ond . . .' 'Roedd y cwestiwn yn ddi-fudd, a thawodd. Daeth at rywbeth mwy ymarferol. ''Does gen ti unlla i fynd iddo fo.'

'Na.'

'Be wnawn ni?' Nid 'ni' yr oedd wedi meddwl ei ddweud chwaith, ond hwnnw oedd y gair addas.

'Rhowch fi i lawr, Osian. Fy mhroblem i ydi hi.'

'Dim peryg.' Yr unig ddewis. 'Mae 'na goncrit gwlyb ar lawr y tŷ, ond mae 'na fatras yn y cefn. Mi fedrwn agor y sach cysgu, a rhoi'n cotia ar 'i ben o. 'Rynnwn ni ddim.'

Ni chafodd ateb i hynny. Nid bod wahaniaeth ganddo, — 'roedd amheuaeth newydd yn llenwi'i feddwl. Gorodd arni am ychydig.

'O'r holl betha'r wyt ti heb 'u deud, Aasmund, mae 'na un sydd ddim yn gwneud synnwyr o gwbl.'

'Sut?'

'Os wyt ti wedi bod yn gwylio Snorre mi wyddost ti 'i fod o'n gweithio yn yr un lle â Tim.'

'Gwn.'

'Pam na ddudist ti hynny pan ddudis i 'mod i'n gweithio yno hefyd?'

'Am ych bod chi wedi dweud ych stori chi yn gynta.'

'Ond 'ti 'di cael cyfla bellach.'

'Do.'

Tawodd am ennyd, ac am ei fod wedi cytuno ni wyddai Osian beth i'w ddweud nesaf. Rhoes gip arno. Syllai'n syth drwy'r ffenest o'i flaen, ac ni wnaeth unrhyw osgo i droi ei ben i gydnabod y cip.

'Pam, Aasmund?'

'Mi wn i pwy falodd ych swyddfa chi.'

Wrth iddo fo ofyn y cwestiwn 'roedd y rheswm hwnnw wedi dod i'w feddwl. A gwyddai ei fod yn gwybod yr ateb hefyd.

'Pwy?'

'Snorre.'

Drama fyddai amlygu sioc.

'Fo ddaru dyllu'r peipia hefyd?'

'Go brin.'

'Sut gwyddost ti mai fo ddaru?'

''Roeddwn i yno hefo fo.'

'Doedd y sioc honno ddim yn ddrama. 'Roedd Aasmund wedi dweud y peth mewn llais fflat, didaro. Nid oedd yn troi'i ben i astudio'r ymateb chwaith.

'Dyna'r noson yr aeth hi'n ffrae rhwng Snorre a minna,' meddai wedyn bron ar ei union, 'pan ddaeth hi'n amlwg mai iddo fo'i hun 'roedd o isio'r stampia. 'Roeddan ni'n ffrindia tan hynny, ne'n cymryd arnom.'

'Falist titha'r lle hefyd?'

'Naddo.' Nid yn ofnus, ond yn ddiamynedd.

'Tyrd â'r hanas, wir Dduw.'

''Roedd Snorre'n cysylltu'n gyson â ni ac yn dweud 'i fod yn methu dod o hyd i'r milwr na'i deulu. 'Roeddwn i'n ama 'i fod yn dweud celwydd ac mi benderfynis i chwilio am gyfle i ddod yma fy hun. Mi gefais waith yma dri mis yn ôl fel cyfieithydd mewn swyddfa llongau. 'Doedd Snorre ddim yn dweud celwydd chwaith. Newydd ddod o hyd i Dorothy'r oedd o.'

'A mi gafodd waith hefo ni iddo fo gael bod yn nes.'

'Do.' 'Roedd rhyddhad i'w glywed yn llais Aasmund am fod hynny'n cadarnhau. 'A rhag ofn i mi gael y stampia o'i flaen o.'

'A be am y llall? Alffi?'

'Unwaith ne' ddwy y gwelis i o.'

'Oedd o hefo chi noson y malu?'

'Na. Drwy Tim y cawson nhw waith. Mi ddaeth Snorre i wybod am Tim y munud y daeth i wybod am Dorothy. Mae'n siŵr gen i bod Dorothy a fo'n gwneud llawer â'i gilydd.'

'Pam mae Tim mor dlawd 'ta?'

''Wn i ddim.'

'Hm.'

'Mae gan Snorre ryw ddawn o wneud ffrindia ond mi welodd Tim 'i fod o'n busnesa mwy nag y mae ffrindia newydd yn 'i wneud a'i fod o'n dangos diddordeb mawr yn nhŷ Dorothy. Dyna sut y baglodd o a minna ar draws ein gilydd.'

'Os aeth y plismyn ar ôl Tim pam nad aethon nhw ar·d'ôl ditha?'

'Ychydig iawn o gysylltiad oedd 'na rhwng Snorre a minna. 'Doedd o ddim yn hoffi'r syniad 'mod i wedi dod yma o gwbl.'

163

'Ac mi ddwedist ti dy stori wrth Tim?'

'Do. Ac mi es i hefo fo i dŷ Dorothy i ddweud wrthi hithau hefyd ac i ofyn am y stampia.'

'Mynd yno?'

'Nid dod yma i ddwyn wnes i.'

'Ond 'chest ti ddim croeso.'

'O do. Croeso mawr y ddau dro.'

'Sori.' Chwarddodd Osian. 'Ond dim stampia.'

'Naddo. 'Doedd hi ddim isio i mi feddwl 'i bod hi'n ama fy nidwylledd, ond 'fedrai hi ddim coelio stori dieithryn ar draul coelio 'i hannwyl dad. Pam mae'r gair annwyl mor ffug?'

'Chdi 'di'r arbenigwr iaith. Ddaru hi gydnabod bod y stampia gynni hi?'

'Rhyw fath. Dyna oedd 'i chamgymeriad.'

'O?'

'Mi awgrymodd mai cadw'r stampia er cof am 'i thad 'roedd hi. Dyna pryd y coeliodd Tim fy stori i. 'Roedd o'n gwybod bod ganddi hi lawer mwy o ddiddordeb na hynny.'

'Ge'st ti'u gweld nhw?'

'Naddo, na chynnig chwaith. 'Roedd Robert yn fwy ffyrnig na hi yn erbyn hynny.'

'Be ydi hwnnw?'

'Tedi bêr.'

'Ge'st ti'r teimlad yr hoffai hi dy gael di'n un hefyd?'

''Ddaru mi ddim meddwl. 'Roedd hi'n gyfeillgar.'

'Oedd, oedd. 'Ddaru 'na rywun dorri i mewn i'r tŷ a'u dwyn nhw 'ta?'

'Do.'

'Snorre.'

'Tim.'

'Haleliwia.'

'Y noson cyn i'r plismyn ddod ar 'u gwartha nhw. 'Dydi Tim ddim yn hoff o Robert o gwbl. Dyna un rheswm iddo fo wneud. Ond mae'n rhaid gen i bod Snorre yn 'i wylio fo. 'Fedra i ddim meddwl am unrhyw ffordd arall iddo fo ddod i wybod.'

'Pam ddaeth Tim â nhw i'r safla?'

''Roeddwn i i fod i'w cael nhw amser cinio y diwrnod hwnnw. Mi ddois yno a gweld llond y lle o blismyn. Mi es yn ôl i 'ngwaith a phan ddois i'r fflat gyda'r nos 'roedd Snorre yno'n llechu ac wedi eillio'i ben a'i fwstás. 'Roedd golwg ddigri arno fo, ond hollol wahanol. 'Roedd

164

o wedi cael yr hanes i gyd ac mi aeth hi'n helynt. Mi ddwedais inna mai fy unig amcan i oedd mynd â'r stampia adref.'

'Ond sut daethoch chi i fy swyddfa i?'

''Roedd yn werth y cynnig rhag ofn bod Tim wedi llwyddo i'w cuddio nhw yno. 'Roeddwn i'n meddwl 'i bod hi'n rhy beryg nos Iau. 'Doedd dim trafferth malu'ch clo chi. Mae'n ddrwg gen i am hynny.'

'Am hynny.'

'Y munud y cefais i fy hun i mewn 'roedd Snorre yno ar fy ôl i. Mi aeth yn gandryll, ac mi ddechreuodd ddweud pethau oedd wedi bod yn corddi ynddo fo ers blynyddoedd ynglŷn â'r teulu. Mi aeth o ddrwg i waeth ac mi geisiodd ymosod arna i. Mi es o'no am fy mywyd a'i adael yno. Ar ôl i mi gyrraedd y llety mi heliais fy mhethau at 'i gilydd a mynd. Drannoeth mi ge's stafell yn Stryd Mount.'

'A dyma chdi.'

'Ydych chi'n fy nghoelio i?'

Ar ei ben.

'Ydw.'

Ar ei ben. Ond nid oedd am ddweud bod y stampiau ganddo chwaith, nid y munud hwnnw. Gyrrodd ymlaen.

'Wyt ti'n bwriadu aros hefo'r cwmni llonga 'na?' gofynnodd.

'Na. Mae'n siŵr bod Snorre wedi darganfod mai yno'r ydw i'n gweithio. Ond 'fyddwn i ddim wedi aros fwy nag oedd angen. 'Rydw i am fynd yn ôl i orffen fy nghwrs.'

'O?'

'Archaeoleg. Mi fûm i'n simsanu rhwng hynny a Llenyddiaeth. Erbyn hyn 'rydw i wedi penderfynu. Mae un yn chwilio am bobol a'r llall yn chwilio am gewri. Mae'n well gen i Archaeoleg.'

'Byd y cewri ydi byd anrhydadd. Anrhydadd ydi cael stampia gwerthfawr yn ôl i ddwylo sy'n cymryd arnyn nad ydyn nhw'n wancus.'

'A!'

'Dim ond hynna?'

'Rhowch bum munud i mi gael ateb amgenach.'

Cyraeddasant y prom a throdd Osian i fyny'r allt. Trodd wedyn i'r ffordd gul. Am eiliad tybiodd mai hi oedd yn cerdded yn y pellter â'i bag ar ei chefn. Calliodd. Aeth ymlaen, ac arafu i fynd heibio iddi. Arhosodd yn stond a neidio allan.

'Be arall wnawn i ar nos Wenar?'

'Roedd y cyffyrddiad yn ddigon.

'Tyrd.'

'Pwy sy gen ti?'

'Aasmund. O Norwy. Mae o angan llety. Mi fydd yn rhaid i'r fatras ddal tri.'

'Mi fydda i'n glyd yn y canol.'

Aethant i'r car.

''Rydw i'n drysu'ch cynllunia chi,' meddai Aasmund, ar ôl cyflwyniad pytiog.

'Nac wyt,' meddai Nesta, ac Osian yn falch mai hi ddywedodd.

Parciwyd y car. 'Roedd yn dywyll i fynd heibio talcen y tŷ ac i'r cefn. Aeth Osian o flaen y ddau arall, yn cadw'i law ar y mur. Trodd y gornel, ac ar ôl cam neu ddau gwelai siâp y drws cefn o'i flaen. Trawodd ei oriad ymyl y twll clo ac agorodd y drws ar ei union.

'Be ddiawl?'

Rhoes olau. 'Roedd y clo wedi'i falu. 'Roedd y fatras wedi'i thynnu oddi ar y pared a'i gollwng ar lawr a dau o'r tri sach du a ddaliai ei ddillad wedi'u gwagio ar ei phen. Gwyddai cyn chwilio fod y stampiau wedi mynd.

Pennod 14

Hwn oedd y prawf. 'Roedd Osian ar ei ffordd adref. 'Roedd Nesta wrth ei ochr, beth bynnag ddeuai o hynny. Aethai hi adref yn y car yn hwyr nos Sul, a dychwelyd yn hwyrach nos Fercher, ar ôl ffarwél ffugwylaidd â'i chyflogwyr a'i chydweithwyr briwedig. Aethai Aasmund o'r tŷ fore Sadwrn, yn drist ond yn ddiolchgar am ei lety cyfyng. 'Roedd wedi amau bod y stampiau gan Osian, ond nid oedd fymryn dicach nad oedd wedi cael gwybod hynny nes ei bod yn rhy hwyr.

'Roedd Dorothy'n hulpan hefyd. Neu'n ddi-hid fyddai'n gywirach, mwyaf tebyg. Rhoesai Osian y clwt melyn yn y ffenest ben bore Llun ac ni chlywsai ebwch yn ei gylch wedyn, ar wahân i Aasmund yn ffonio o rywle fore Iau i gael y cadarnhad bod ei gwyliadwriaeth hi a'r tedi bach wedi dod i ben. 'Roedd yn debyg bod y stampiau dan glo mewn rhyw fanc neu'i gilydd bellach.

Nesta oedd yn gyrru. Y bwriad oedd cychwyn ben bore, ond rhoesai clydwch y fatras daw ar hynny. Y ddau ddiwrnod cynt 'roedd yn rhaid iddo fo godi i fynd i'w waith. Rhaid o fath arall oedd siwrnai'r Sadwrn. 'Roedd wedi deuddeg ar y car yn cael ei danio.

'Paid â mynd ar d'union,' meddai o fel 'roeddynt yn cychwyn. 'Dos am dro.'

'Heibio i'r ffatri magu plwc.'

'Dial ymlaen llaw am heddiw oedd gwneud ta-ta'r Fitchell yn gymaint o hwyl. Ond 'da'n ni'n dau am fynd adra eto drannoeth y Dolig.'

'Meddat ti rŵan.'

'Mi ddaliwn ni her fel daru Idris. Mi fynnwn ni'n lle yno.'

'Ydi o'n bwysig?'

'Mor bwysig ag y mae o hefo Rhian a Meurig.'

Trodd Nesta i'r dde ar waelod yr allt.

'Cofia bod yn rhaid i ni gyrraedd yno hefyd.'

'Mi wnawn. Mae sut mae ffordd yn cyrraedd rwla'n llawn cyn bwysicad â'r lle mae hi'n cyrraedd iddo fo.'

Aeth ar hyd y prom, ac i fyny at y gwesty a'r llwybr.

'Mi fûm i yn honna,' meddai o wrth iddynt fynd heibio i'r eglwys, 'y bora Sul hwnnw. Mae 'na bapur ynddi'n deud be mae hi'n 'i feddwl ohonan ni.'

'Mi wyddon ni'n burion be sy'n plesio honna.'

'Roedd llai o amynedd yn ei llais nag a glywsai Osian o gwbl.

'Hogi'r arfa ar gyfar Mam wyt ti?' gofynnodd.

'Naci.' Heb fod mor swta, ond yr un mor bendant. 'Be wnei di os rhoith hi'r bai i gyd arna i?'

''Neith hi mo hynny. Ond os dechreuith hi arnat ti, paid ag arthio'n ôl. Ne'i diwadd hi fydd sgrech am sgrech.'

'Dim ond hi ne' fi fedar wylltio?'

'Naci. Pan fydda i'n mynd ohoni mi fydda i'n colli pob gallu i roi mwy na dau air wrth 'i gilydd. 'Fath â Meurig, ella.'

'Wyt ti'n disgwyl rhwbath 'blaw ffrae?'

Nac oedd, ond peth arall oedd dweud hynny.

'Oedd 'na reswm i ti fynd iddi?' gofynnodd hithau wedyn.

'I'r eglwys?'

'Ia.'

'Oria gweigion. Y felan.' Dechreuodd ffidlan efo'r gwresogydd. 'Mi fu 'na adag pan oedd 'na reswm arall.'

'Mi wn i. 'Roedd 'na ryw fodlonrwydd yn tŷ ni tra parodd hynny.'

'Dwy flynadd.'

'Troedigaeth.'

'Naci. Trio cael gwarad ohonat ti.'

'Roedd yn gallu gwenu.

'Ar ôl y parti,' meddai Nesta ar ei hunion.

'Ia.'

''Che's i'r un parti ar ôl hwnnw. 'Dydw i ddim wedi bod mewn un chwaith.'

''Dw i'n 'u casáu nhw.'

Parti pen-blwydd Nesta'n ddeunaw oedd o.

'Be wyt ti'n 'i gofio?' gofynnodd o.

'Ni'n dau'n siarad. Mêts mawr. Hwyl iawn. Dim gwrthwynebiad i'r lleill gael 'u sbort, dim ond iddyn nhw aros lle'r oeddan nhw a pheidio â tharfu arnon ni. Ar ganol y sgwrs dyma'r olwg mwya dychrynllyd i dy ll'gada di, yn hollol ddirybudd. Ac i ffwr' â chdi.'

'Yn syth adra.'

'Mae o 'di sylweddoli nad mêts ydw i hefo fo, medda fi. Mae o 'di ffieiddio.'

'Mi ffendiodd Mam y munud y cyrhaeddis i. Mae hi'n gweld trwydda i fel 'taswn i'n ffenast siop glocia.'

'Blynyddoedd coll.'

'Rwyt ti'n siarad fel hen gant. Mae'r saith mlynadd 'na'n mynd i fod yn gaer inni.'

'Deud hanas dy bererindod.'

''Does 'na ddim hanas iddo fo. Mwydo mewn llyfra diwinyddiaeth.'

''Tasa cerwch ych gelynion heb gael 'i ddeud 'fyddai 'na ddim angan hwnnw.'

'Ella. Cydnabod yn y diwadd 'mod i ormod yn huala rhesymeg. 'Fedrwn i ddim derbyn sylfaen y peth, fel ffaith na fel delwadd. Felly be o'n i haws?'

'Be wnest ti wedyn?'

''I wyliad o'n nychu. Prynu beic. Paid â ffraeo hefo Mam.'

''Wna i ddim.'

Aethant yn dawel. 'Roedd yr arfordir wedi pellhau ac wedi diflannu, a'r ffordd ar ôl mynd trwy ddau bentref difwrlwm wedi lledu bob yn bwt nes ei bod bron fel priffordd ei hun cyn gorffen mewn cylchfan newydd a ffordd brysurach a mwy diamynedd. Nid aeth Nesta i geisio cystadlu â'r cyflymdra torfol.

''Dwyt ti ddim hefo ni,' meddai o toc.

'Y?'

''Ti'n rhy hunanfeddiannol. Am be 'ti'n meddwl?'

'Be arall fedran ni 'i roi yn 'i le mewn brawddag?'

''Rois i ddim yn 'i le. Dim ond atab cwestiwn.'

'Wyt ti'n dal i fwriadu sôn wrth Dad am y peth 'na?'

'Ydw.'

'Gwneud môr a mynydd wyt ti. Ac ella styrbio mwy arni hi.'

'Roedd hi fel pe bai wedi meddwl dweud rhywbeth arall yn lle'i hail sylw, ond credai Osian bod hwnnw'n nes ati na'r cyntaf, mwya'r gresyn. Nos Iau oedd y peth wedi digwydd. 'Roedd hi wedi blino ar ôl bod wrthi drwy'r dydd yn gweithio ar y tŷ gyda'r un brwdfrydedd ag yr oedd o wedi'i amlygu yr wythnos cynt. Y peth cyntaf a wnaethai o pan welodd fod y stampiau wedi'u dwyn oedd rhuthro i agor drws y gegin i edrych a oedd rhywun wedi dial ar y llawr concrid newydd, ond 'roedd hwnnw heb ei gyffwrdd. 'Roedd hi'n deud 'i bod hi'n ddynas gyfrifol, cyhoeddodd dros y lle. Peth rhyfadd na fyddai hi wedi gadael pres ar ôl i drwsio'r clo, ategodd Nesta. Ac wrth ffarwelio ag Aasmund fore Sadwrn 'roedd ganddo deimlad ei fod wedi ffarwelio â'r pecyn a'i broblemau am byth hefyd, ac nid oedd gwagle ar ei ôl. Aeth Nesta ac yntau i brynu stôf a digon o gêr i ddechrau ar yr ailweirio. Dydd Sul, 'roedd y concrid wedi sychu digon i fynd ar hyd-ddo ar flaenau traed er mwyn gwledda ar yr olygfa o'r grisiau ac er mwyn gwledda mwy fyth ar siapio ac ailsiapio'u cynlluniau. A dydd Iau bu hi wrthi.

169

'Un ffordd o ddadflino ydi cael mwytha,' cynigiodd wrth orwedd ar y fatras ar ôl iddo fo'i pherswadio i roi'r gorau iddi.

'Os wyt ti'n deud.'

A bu'n ei mwytho. Gorweddai hi ar ei hochr. Aeth o i orwedd y tu ôl iddi, a dechrau rhwbio a mwytho'i chefn yn ara deg. Buan iawn yr oedd wedi mynd i wneud hynny'n freuddwydiol, ac 'roedd hithau wedi rhoi'r gorau i siarad ac wedi diflannu i ryw fyd bach melys arall. Cyn hir, am ei fod o'n teimlo braidd yn anghyffyrddus, 'roedd wedi'i throi, yn dyner rhag tarfu, ac wedi'i rhoi i orwedd ar ei bol. Y munud nesaf 'roedd ei gwaedd yn llenwi'r lle.

'Sori. Ond 'fedra i ddim cynnig gorwadd ar 'y mol.'

Nid dychryn oherwydd gwaedd sydyn a wnaeth o, nac oherwydd yr eglurhad a oedd bron yn hurt o lipa o'i gymharu. 'Roedd bloeddiadau'n bethau beunyddiol yn ei waith prun bynnag. Ond 'roedd hyn wedi digwydd o'r blaen. Nid hyn chwaith. Dau beth a gofiai o'i blentyndod bach bach oedd y breuddwyd a'r peth arall hwnnw. Y breuddwyd oedd y cliriaf o ddigon ac ni chofiai adeg pan nad oedd yn hollol fyw a manwl yn ei gof. Rhyw bedair oed oedd o ar y pryd. 'Roedd o'n edrych ar ddyn yn mynd i lawr i dwll sgwâr wedi'i fframio. 'Roedd y dyn yn edrych yn ôl arno ac yn chwerthin, gan ddangos ceg fawr wag heblaw am dri dant drwg. Yna, yn chwerthin o hyd, 'roedd yn tynnu lifar ac yn diflannu wrth i waelod y twll agor odano a'i lyncu. Nid llyncu disymwth chwaith, ond mynd i lawr gan ddal i edrych a dal i chwerthin a'r llawr yn cau ar ei ôl drachefn. 'Roedd Dad wrth ei ochr ac yn dweud wrtho mai'i ddienyddio'i hun oedd y dyn. Methu deall pam oedd yn gwneud hynny o'i wirfodd a than chwerthin 'roedd o.

Nid oedd y peth arall hanner mor fyw, ac nid breuddwyd oedd o chwaith. Dyna pam 'roedd am ofyn i Dad, a mynnu ateb.

Ymhell i ffwrdd oedd y lle gorau i wneud hynny, debyg iawn. Gair y milltiroedd maith oedd mynnu. 'Roedd y mymryn bwyd mewn caffi cyrion tre'n ddistawach a sobrach nag arfer, a chinio Sadwrn arall yn ymwthio i lenwi meddwl ac i atgoffa.

''Deith hi ddim fel'na heddiw,' meddai o.

'Be wnawn ni heno?' gofynnodd hi, am nad oedd wedi clywed dim ond ei lais.

'Digon i'r eiliad 'i drwg 'i hun.'

'Os byddwn ni'n treulio'r nos ar wahân, ni fydd wedi ennill.'

'Yr ysbryd cadarnhaol wrth 'i waith.'

'Roedd hi'n edrych arno, ond nid oedd yn canolbwyntio.

''Fydd 'na ddim ffraeo,' meddai, fel pe bai'n siarad â rhywun arall.
'Na ffalsio.'
''Dydw inna ddim am fynd yn llipryn fel yr es i hefo Rhian. Mae'n
dda gen i mai rŵan mae hyn yn digwydd, ac nid bedair ne' bum
mlynadd yn ôl.'
Aethant. 'Roedd y geiriau hynny'n swnio'n dda hefyd, yn y caffi.
''Sgwn i be mae Aasmund yn 'i wneud?' meddai hi yn y man.
'Pam?'
''Mond meddwl. Cofia 'mod i 'di cysgu hefo fo.'
'O hynny o 'nabod wnes i arno fo, 'roith o mo'r gora iddi ar chwara
bach.'
Hi oedd yn iawn eto. Y peth callaf i'w wneud oedd sgwrsio am
rywbeth arall. Ac felly y daethant i ben eu taith.
'Roedd disgwyl amdanynt, disgwyl neidiog fel disgwyl trychineb.
'Roedd Osian wedi ffonio y diwrnod cynt i ddweud eu bod ill dau am
ddod. Gan mai Dad oedd wedi ateb nid oedd dal beth i'w ddisgwyl.
Aethant drwy'r drws. Deuai hi i'w cyfarfod o'r gegin fach. Yr un pin
yn yr un papur. Ni thybiai Osian ei bod erioed wedi bod ddim ond
felly. Ar lan môr, wrth llnau dan grât, ni fyddai fyth smotyn estron.
Syllasant ar ei gilydd am ennyd, ac aeth Osian oddi ar ei echel. Wrth
iddi edrych heibio iddo ar Nesta trodd pob trobwll yn dawelwch
disymwth, lond ei hwyneb. Bron nad oedd gwên.
'Helô.'
Ac 'roedd gair wedi'i wisgo'n dwll yn well na sgrech.
'Helô, Mam.'
'Sut siwrna gawsoch chi?'
Arglwydd mawr!
'Di-fai,' meddai Nesta, bron allan o wynt. 'Hwn yn rhy ddiog i
ddreifio.'
Tynasant eu cotiau. 'Roeddynt yn cael gwneud hynny. Cymerodd
o gôt Nesta oddi arni i'w gosod ar yr hongiwr ond daeth ei fam ato a
gwneud hynny yn ei le. 'Roedd rhywbeth yn ddiarth yn y ffordd y
gosododd y gôt, ac yn y ffordd y daliodd i gyffwrdd ynddi am rai
eiliadau cyn troi i'w hwynebu drachefn. Ar Nesta'r oedd hi'n edrych
o hyd.
Aethant drwodd. 'Roedd addurniadau Nadolig cynnil ar y muriau
a stribed o gardiau'n hongian yn y gornel.
'Helô, Dad.' Rhyw ruthro.
'Su'dach chi'ch dau?' Yn codi'i ben o gylchgrawn crefftau. 'Roedd
ganddo fwy o wybodaeth a gallu na dim a fedrai'r cylchgrawn ei
gynnig, ond cyndyn iawn fyddai i gydnabod hynny.

''Rwyt ti'n dal i'w alw fo'n hynna, felly,' meddai ei fam heb arlliw o goegni.

'Ydw, siŵr.' Yn deall y geiriau a dim arall. 'Anghofiwch y lol arall 'na.'

Eisteddodd Osian ar y soffa. Eisteddodd Nesta ar stôl fechan a'i thynnu'i hun at y tân yn gartrefol. Aeth Osian ar goll yn llwyr wrth ei gweld.

'Mi wyddoch chi 'mod i wedi bod at y plismyn,' meddai Susan wedyn ar ei hunion.

'Gwn,' meddai Osian, yn ceisio dadebru. 'Ella y baswn i wedi gwneud yr un peth fy hun 'taswn i'n . . .' Cododd ei sgwyddau i orffen.

'Ac mi ffonis i Mr Griffiths.'

'Roedd wedi 'laru dweud mai Griffith oedd o.

'Do. Dim ots.'

'Rhyw ruthro ar y twymiad.' Tinc ychydig yn ymddiheurol o bosib yn llais Henry.

'Mae pobol wedi dechra sôn amdanoch chi yn ein cefna ni yn barod,' meddai Susan. 'Ond 'rydw i wedi hen arfar â phetha felly, wrth reswm.'

'Mae'n well gen i 'u bod nhw'n siarad amdana i na bod raid i mi siarad amdanyn nhw,' meddai Nesta.

'Pam? Islaw sylw ydyn nhw?'

'Rhian sy' 'di 'nysgu i i wahaniaethu rhwng pobol a'u clecs. Mi faswn i'n deud ych bod chitha 'di dysgu'r un peth i Osian hefyd.'

'Roedd wedi troi oddi wrth y tân ac edrychai ar ei mam, a gwên ar ei hwyneb o hyd. Ac 'roedd ei mam yn gwenu'n ôl braidd. Trodd hi ei sylw at Osian.

'Ydi'r chwiw hel acha drosodd, felly?' meddai, yn union fel pe bai wedi dweud faint oedd tan y 'Dolig.

'Ydi.' 'Roedd am ddilyn ei drwyn gan na fedrai wneud dim arall. 'Dim ond enw fasa fo prun bynnag, ne' uffar o sioc. Os nad ydi perthynas yn golygu rhwbath 'waeth i chi lyfr ffôn ddim.'

'Mae 'na ddigon o ddewis mewn peth felly, debyg.'

Dweud oedd hi, nid sbeitio. Chwiliodd Osian wyneb Henry am rywbeth a awgrymai eglurhad, ond nid oedd dim i'w gael yn fan'no. O'r topiau gwelai fynydd llosg yn how ffrwtian wrtho'i hun, yn creu chwilfrydedd mewn teithiwr neu astudiwr, a hwnnw'n gallu dynesu'n ddibryder at ei ymyl. Mynydd tanllyd oedd o yr un fath, ond 'roedd yn ddigon bodlon ei fyd am y tro. Ac ni fu ganddo erioed ddarlun felly o'i fam.

'Na, mae petha 'di hen sadio ers y styrbans honno,' ychwanegodd. ''Dydi'r tafoda ddim wedi sadio.'

Gadawyd hynny heb ei ateb. Ac nid oedd wahaniaeth gan Susan bod Nesta wedi cynnig un ateb terfynol iddo eisoes.

'Sut mae'r poteli?' gofynnodd Osian rhag ofn distawrwydd.

'Fel maen nhw 'sti, wâ.' Rhoes Henry'r cylchgrawn a oedd wedi bod yn dal yn agored ar ei lin o'r neilltu. 'Tyrd drwadd.'

Cododd. Am ei fod yn sefyll o'i flaen cododd Osian hefyd. Arhosodd Nesta ar ei stôl.

'Ia, cerwch,' meddai, o weld Osian yn syllu arni.

'Ne' cerwch i'r Arms am botal,' meddai Susan, 'os medrwch chi odda stumia slei ych cydnabod.'

Os oedd y geiriau'n gas, nid oedd awgrym ei bod yn ei mwynhau'i hun wrth eu dweud. Aeth Osian, fel oen. 'Roedd Nesta wedi rhoi ei dwylo rhwng ei chluniau, a siglai'n ara deg ar y stôl. Daeth Susan i eistedd ar y soffa. Synfyfyriodd ar y tân, un llaw ar y llall, a dau fys yn gorffwys ar ei modrwyau ac yn eu rhwbio'n araf. Trefnai Nesta lwybr ym mhatrwm y carped o'i thraed heibio i gadair ei thad ac i'r gornel o dan y daliwr papurau bychan derw. Cyrhaeddai stribed y cardiau anobeithiol bron i'r gwaelod. Dilynodd y rhes at i fyny gan gyfri bron yn ddiarwybod iddi'i hun. Hi oedd wedi bod yn het. Nid diflastod na chywilydd oedd yn ei llygaid wrth gydnabod, ond rhywbeth tebycach i ddireidi. A hynny am fod popeth yn iawn. 'Doedd dim brys o gwbl.

'Dau ewyllys sy' 'na,' meddai Susan cyn hir, gan ddal i edrych i'r tân a dal i rwbio'r ddwy fodrwy. 'Ewyllys i gwffio, ac ewyllys i beidio.'

'Roedd Nesta wedi troi mymryn i'w hanner wynebu.

'Ydi'r gadar ddim yn brafiach i ti?' gofynnodd hithau.

'Nac ydi. Ond mae hyn.'

Daeth i lawr oddi ar y stôl, ac eistedd ar y mat a'i chefn ar y gadair. Gwenodd Susan yn swil. Daeth pwl o ddistawrwydd adnabod.

Toc,

''Dan ni'n dwy 'di sylweddoli'r un peth,' meddai Nesta, a'i llygaid yn dilyn patrwm cadair ei thad, 'a hynny heb yn wybod i'r naill a'r llall.'

Aeth y llygaid i ddilyn hynt y bysedd ar y modrwyau.

''Dan ni'n dwy wedi peidio â bod ofn ein gilydd.'

Cip sydyn, anadliad sydyn.

'Yn y car y daru mi sylweddoli.'

''Roedd 'na hen drafod, mae'n siŵr.' Llais ara deg, fel pe bai'n ansicr a oedd am fod yn hyglyw ai peidio, a'r sylw er mwyn dweud rhywbeth.

'Na. 'Ro'n i'n rhy brysur yn rhoi petha wrth 'i gilydd, ac 'roedd arno ynta ormod o ofn.'

Llygaid o'r tân i'r carped, wedi derbyn.

'Cymaint o ofn ag oedd gen i ar hyd y blynyddoedd i siarad hefo chdi am dy fod di'n 'y nghasáu i.'

'Yn herfeiddiol i gyd. A Rhian yn damio. Peth rhyfadd na fyddai hi wedi dyrnu gwir natur y casinab clyfar 'ma i 'mhen i.' 'Roedd hi wedi dechrau crynu. Chwiliodd am rywbeth arall i'w ddweud. 'Mae'n debyg 'i bod hi, 'ran hynny. Lawar gwaith. Ond 'mod i ddim am wrando.'

'Doedd dim angen hyd yn oed siarad ar draws ei gilydd.

'Ga i ofyn un peth i ti, unwaith?' meddai Susan, heb edrych.

'Na wnaf.' Braidd yn gryg.

'Ac os gofynna i yr un peth iddo fo, mi gaf yr un atab.'

'Cewch, Mam.'

'Roedd y llygaid wedi cyfarfod. Nid oedd y crynu'n bwysig.

'Dyna'r tro cynta i mi dy glywad di'n deud y gair yna ers pan oeddat ti'n dair oed.'

'Dyna'r tro cynta i mi 'i ddeud o ers pan 'dw i'n dair oed.'

'Mae—mae 'ma gyw iâr at fory. 'Dach chi'n aros, 'tydach?'

'Ydan.'

'Ond mae'n rhaid i un ohonoch chi fynd i lofft Idris.'

''Dw i'n dallt hynny, siŵr.'

Nid oeddynt wedi ennill, fel yr awgrymasai hi yn y caffi. Cododd, ac aeth i eistedd ar y soffa. Y newydd-deb oedd yn creu'r tyndra rŵan.

'Ella bod Dad yn mynd i gael traffarth hefo Osian, hefyd.'

'O?'

''Ro'n i 'di ymlâdd nos Iau 'di bod wrthi drwy'r dydd a mi ofynnis i iddo fo rwbio 'nghefn i i ddadflino. Peidiwch â thynhau,—'doedd 'na ddim byd yn rhywiol yn y peth.'

Y sylw mwyaf naturiol dan haul. Iddi hi.

'Ond mi es i i hepian a'r peth nesa oedd horwth o waedd dros y tŷ pan ge's i fy hun ar 'y mol.'

Eiliad eto, rhag ofn.

'Duw a ŵyr be oedd Rita a Malcolm yn 'i feddwl os clywson nhw. Ond mi hannar cofiodd Osian a mae o'n benderfynol o gael y stori i gyd.'

'O.' Dim ond hynny.
''Dw i'n 'i gwybod hi, Mam.'
Dim ond hynny. Tawelwch eto.
''Chymris i ddim arna' wrth Osian chwaith. Mi ddudis i glwydda
wrth Rhian 'y mod i'n gwybod mwy nag o'n i. Nos Fawrth, pan oedd
hi a Dewyrth yn gwneud yr ymdrach derfynol. 'Ro'n i 'di awgrymu
hynny cynt, hefyd. Peth rhyfedda i hynna ddigwydd mor fuan
wedyn. Ond mae'n siŵr bod gan Osian well co' o'r peth nag oedd gen
i.'
    Yr un oedd y llonyddwch.
'Fo ddaru sgrechian, 'te?'
Nid oedd ateb. Nid oedd yn gwestiwn yn gofyn am un chwaith.
''Y ngweld i'n cael 'y nal yn erbyn y gobennydd.'
Dyna beth oedd fflamau bychain y tân yn ei wneud. Cadarnhau'r
hiraeth am yr hyn oedd heb fod. Methai'n llwyr â deall pam nad oedd
wedi dweud wrth Osian yn syth ar ôl cyrraedd nos Fercher.
''Tasa fo'n fwriadol 'fasai Osian ddim yno i weld. Dim ond
heddiw, rŵan hyn, 'dw i'n dallt y petha 'ma.'
'Roedd patrymau yn y grât na wyddai eu bod.
'Ymhen dwyawr 'roeddan nhw wedi mynd â chi i'r hen le 'na.'
Damia nhw.
''Tasa 'na rywun wedi deud yn iawn wrtha i pan o'n i'n hogan
fach, a deud y cwbwl heb gelu dim, mi fasa 'petha 'di bod dipyn
gwahanol. I chi a minna.'
'Paid â chyffwrdd yno' i!'
'Pam, Mam?'
''Fedra i ddim godda i bobol gyffwrdd yno' i. Mi fydda i'n mynd
i grio.'
'Ond...'
'Na Henry chwaith. Faint wyt ti'n feddwl ydi'n hoed ni?'
Sgwariodd Nesta'n ôl.
''Dach chi'n colli. Cofleidio ydi un o'r petha pwysica.'
'Ia?' Yn hanner 'difaru'i hymateb a'i dadleniad. 'Finna 'di creu
darlun oer ohonat ti.'
'Sy'n deyrnged fawr o'i chymharu â'r darlun gre'is i ohonoch chi.'
'Mi ffoniodd Rhian bora Merchar i ddeud.' 'Roedd geiriau Susan
bron ar ruthr, a'i llygaid yn astudio'r modrwyau oedd yn dal i gael eu
mwytho.
'Dyna'r o'n i'n 'i wybod y munud y dois i drwy'r drws 'na.'
Distawrwydd eto. Ochenaid hir ar ei derfyn.
'Mae'n debyg ... mae ... madda...'

'Damia! Peidiwch â deud rhyw hen eiria fel'na!'

'Be sy'?'

'Yn dremolo at 'u gyddfa. Rhyw hen eiria fel abarth a chewri a merthyr a phroffwyd, a'r gweddill ohonyn nhw.' Sioc yr holl beth oedd yn ei gwneud yn analluog i restru'n fwy perthnasol. Gwridai wrth sylweddoli hynny. 'Geiria'r Drefn i'w gwarchod 'i hun.'

''Dwyt ti ddim yn 'u hoffi nhw na hitha.'

'Y meddylfryd y tu ôl iddyn nhw'r ydw i'n 'i chasáu.'

'Dim ond sut blant yr ydw i wedi rhoi bod iddyn nhw sy' ar 'y meddwl i ers wythnosa.'

'Am ych bod chi'n edrach arno fo fel rhwbath i weld bai yn 'i gylch o. A gwarth, wrth gwrs.'

'Sut arall mae gwneud?'

'O leia 'dydan ni ddim ymhlith yr ynfydion sy'n llawenhau o lyncu'r addewidion teg.'

'Mae'n bechod bod yn rhaid i chi wneud yr hyn 'rydach chi'n 'i wneud i brofi hynny.'

''Dan ni'n trio profi dim, Mam.'

Yna, yn ddiarwybod, 'roedd dwylo wedi gafael.

Pennod 15

Diolch i'w nain, curo dwyfron oedd y peth mwyaf diffaith y gallai Aasmund feddwl amdano. A'r lle gorau i wneud hynny oedd yn ddigwmni mewn stafell lom yng nghanol stryd ddi-nod estronol.

Ond nid oedd am fentro'r guddfan cuddio neb y tro hwn chwaith. Yn hytrach cerddodd o amgylch yr ardal, gan beidio ag ailwneud yr un daith, a chan ddod o fewn golwg i dŷ Dorothy bob rhyw hanner awr. Gweithiodd hynny'n burion nos Fawrth, o ran peidio â thynnu sylw, ond cymylu yn hytrach na chrisialu syniadau oedd yr holl gerdded.

Dau obaith oedd ganddo. Glynai popeth wrth hynny. Y cyntaf oedd mai hi'i hun yr oedd Dorothy'n ei dangos gerbron, ei bod mor feddiannol fel na fedrai oddef dim heblaw ei harian i fod o'i golwg a'i gafael. Dyna'r argraff a gawsai o o'i sgyrsiau efo Tim ac o'i ddau ymweliad â hi. 'Roedd yn amlwg hefyd mai dyna'r argaff a gawsai Osian. Y gobaith arall oedd ei bod yn teimlo'n ddiogelach am fod Snorre wedi'i ddal.

Creodd y newydd hwnnw gryn gyffro yn swyddfa'r cwmni llongau. Un o'r ddau ddyn yr oedd yr heddlu'n chwilio amdanynt ers mis wedi cael ei ddal ar y pafin gyferbyn, a hwnnw, erbyn deall wedyn pan gyhoeddwyd ei enw, yn dod o Norwy. Gwrandawai Aasmund ar y siarad, gan gyfrannu'i bwt weithiau rhag ofn, yn falch nad oedd ganddo'r un cyfenw â Snorre. Amrywiai'r farn am ei hanner brawd o'r truenaidd, pan gynigid ei fod yn y fath argyfwng fel ei fod yn credu y gallai'r swyddfa fod yn lloches iddo, i'r creulon, pan ddywedodd rhywun mai tybio eu bod yn cadw llongau yn y cefn yr oedd o ac y gallai ddwyn un i fynd adref.

Ar Snorre'r oedd y bai. Dyrnai Aasmund hynny drosodd a throsodd iddo'i hun. Pan ddychwelodd i'w stafell yn Stryd Mount ar ôl ei noson gydag Osian a Nesta gyda'r bwriad o hel ei bac unwaith yn rhagor daethai Snorre ar ei warthaf, yn ddigywilydd gefn dydd golau. Cyn pen dim 'roedd wedi tynnu cyllell. 'Roedd wedi chwilio'r stafell yn drwyadl, a'r gyllell yn ei law o hyd, ac wedi mynd gan adael Aasmund i lyfu briwiau chwerw iawn. Y nos Wener wedyn, ac Aasmund wedi ailfeddwl eto ynglŷn â mudo am ei bod yn ymddangos ei fod am gael llonydd, daethai Snorre'n ôl, wedi cael achlust o Duw a ŵyr ble am ei anturiaethau'r Gwener cynt. Dim un gyllell y tro hwn, ond pen-glin hollol annisgwyl yn ei stumog a chic neu ddwy i'w chanlyn a'i adael i lyfu briwiau go-iawn. Amser cinio dydd Llun ac yntau'n dal i frifo, gwelodd Snorre'n cerdded y stryd heibio i'r swyddfa. 'Roedd yno drachefn hanner awr wedi pedwar, yn llechu heibio i gornel. Arno fo'r oedd y bai. Bum munud wedyn 'roedd car wedi aros ar y gornel yn ddiseiren a di-stŵr. Awr yn ddiweddarach 'roedd y newyddion wedi cyrraedd y teledu. Synfyfyriol a pheiriannol oedd pob cyfieithiad drannoeth. A'r noson honno yr ailddechreuodd y wyliadwriaeth ar dŷ Dorothy.

'Roedd car arall o flaen y tŷ nos Fercher. Nid un yr heddwas hwnnw chwaith. Wrth fynd heibio y penderfynodd mor wirion oedd cerdded o un stryd i'r llall. Gwastraff ar wadnau. Sleifiodd i'r ardd a heibio i dalcen y tŷ at ffenest, ac aros ar ei gwrcwd odani am nad oedd y llenni wedi'u cau. Gwrandawodd, ac astudio'r ffenest yr un pryd. Ambell lais, ambell chwarddiad. Aeth i'r cefn. Yn y golau a ddeuai drwy ffenest gwelai ychydig ddillad llonydd ar lein gron y tu ôl i gwt. Aeth yr ochr arall i'r cwt, ac aros, aros nes ei fod yn rhynnu. Yr un oedd y niwl. Daeth Dorothy i'r stafell gefn a mynd ohoni'n syth gan ddiffodd y golau ar ei hôl. Daliodd yntau i rynnu, ei orchwyl yn mynd yn fwy chwerthinllyd ddibwrpas gyda phob anadliad.

Ymhen awr, ac yntau'n llonydd o hyd, yn gyndyn o adael ac ildio, daeth golau allan. Swatiodd yn erbyn y cwt. Agorodd y drws cefn a daeth Dorothy i'r golwg a mynd heibio i'r cwt ac at y lein.

Dau ddrws ar y chwith. Agorodd y cyntaf. 'Roedd pan tŷ bach o'i flaen. Caeodd y drws ac agor y llall. Rhywbeth fel cwpwrdd. Stwffiodd i mewn heb betruso a chau ar ei ôl. Gwrandawodd ar ei galon yn y tywyllwch. Ni feiddiai symud. 'Roedd synnwyr yn dweud mai cwpwrdd arbennig i gadw dillad cyn eu smwddio oedd o.

Clywodd y drws allan yn cau. Y cynllun oedd rhoi gwaedd a gyrhaeddai Norwy pan agorai Dorothy'r drws, wedyn rhyngddi hi a'i thrawiad ar ei chalon. Ymbaratodd.

Dim ond lleisiau, yn bell ac annelwig. 'Roedd ganddo lamp yn ei boced ond ni feiddiai oleuo honno chwaith. Safodd yno. O leiaf nid oedd yn rhynnu. 'Roedd i mewn yn y tŷ, yn gymysg â'r lleisiau annealladwy a'r distawrwydd. Ac 'roedd y stampiau yn y banc.

Trodd, yn araf a distaw, fel ei fod â'i gefn at y drws. Tynnodd y lamp o'i boced a rhoi ei law dros y gwydr a'i goleuo. Symudodd ei law fel bod ei fysedd dros y gwydr ac agorodd y mymryn lleiaf arnynt. Treiddiodd digon o olau drwodd iddo allu gweld mai cwpwrdd oedd o hefyd. Mân geriach, a dim lle i ymguddio. Ond o leiaf nid oedd dillad ynddo, a go brin y byddai Dorothy na Tedi'n mynd ati i lanhau'r tŷ yr adeg honno o'r nos, meddyliodd o mewn gobaith, rhag ofn bod yn rhaid meddwl beth nesaf.

Y peth nesaf oedd bod y lleisiau'n gliriach. Am ennyd 'roeddynt ar draws ei gilydd. Yna 'roedd sŵn drws yn cau a distawrwydd ar ei ôl. Ar ôl y distawrwydd daeth sŵn car yn tanio ac yn cychwyn. Yna daeth distawrwydd llethol.

Un car oedd wedi mynd. Nid oedd sŵn fel sŵn ffarwelio wedi bod chwaith. Ugain munud ar ôl hynny 'roedd y tŷ'n dal heb smic. 'Roedd pobl y tŷ a'u pobl ddiarth wedi mynd i rywle efo'i gilydd. Gobeithio.

Os daliai ati i bendroni byddent yn eu holau a'i gyfle wedi mynd. Y peth i'w wneud oedd sleifio'n ôl i'r cwpwrdd os oedd golau yn y stafell ffrynt. Awê. Agorodd y drws fel pe bai'n drysor brau. Tywyllwch hyfryd.

Goleuni mawr. Safai Robert Bêr â'i bwys ar y drws cefn, yn ceisio edrych fel plismon. Safai Dorothy o'i flaen, a ffôn yn ei llaw a cherydd twt-twt yn ei llygaid.

'Tynnwch ych sgidia, Aasmund, rhag ofn bod 'na bridd arnyn nhw i faeddu'r carpad.'

Mae'n debyg y dylai rhywbeth amgenach na fel yna mae hi'n trin Robert hefyd fynd drwy'i feddwl.

'Dowch rŵan, Aasmund.'

Gwyddai beth oedd hyder traed 'sanau. Medrai blygu i gymryd arno agor ei 'sgidiau a rhuthro.

'Sgidia, Aasmund. Mae'r drysa wedi'u cloi.'

'Felly 'does dim pwrpas i mi dynnu fy sgidiau.' Nid mor ddychrynedig ag yr ofnai.

'Tynna nhw!' Cyfarthiad gan Robert.

'Dowch, Aasmund.' Gwên famol gan Dorothy.

Plygodd. Gwelodd Robert yn ei wneud ei hun yn barod.

'A'ch sana, Aasmund.'

Cododd ei ben.

'O'r gora, 'ta Aasmund. Pan glywith yr heddlu pwy 'di brawd y lleidar sydd newydd dorri i mewn i 'nghartra i mi fyddan nhw yma'n fwy sydyn fyth.' Tynnodd erial y ffôn i fyny. 'Naw. Naw.'

Plygodd.

'A'ch côt.'

'Roedd rhywbeth heblaw awdurdod yn ei llygaid.

'A'r gweddill.'

'Gwna fel mae Dorothy'n deud!'

'Peth ofnadwy ydi cell mewn gwlad ddiarth, Aasmund. A Skien ymhell i ffwr'.'

'Tynna nhw!'

'Neb yn ych nabod chi. Chi'n nabod neb. Neb i boeni ydach chi'n cael chwara teg ai peidio... Mi ddechreua i eto 'ta,—naw, naw... O'r gora, mi gewch gadw'ch trons. Nid pawb sy'n cael y fraint o gael lladron mor wylaidd.'

'Tafla nhw i mi!'

'Dyna fo. Dangos oriad y drws cefn iddo fo, Robert. Mae Robert am fynd â'ch dillad chi i fyny rŵan. A mi gewch chi ddŵad hefo fi. Mae'n gnesach drwodd.'

Trodd Dorothy. Dim ond chwip a mwgwd du oedd arni'u hangen. Cododd Robert y dillad ac amneidio ar Aasmund. Aeth yntau o'i flaen a mynd ar ôl Dorothy i'r un stafell ag y bu ynddi efo Tim.

'Steddwch.'

Eisteddodd. Nid oedd dehongli'r wledd yn llygaid Dorothy'n llawer o gamp, ond 'roedd hi'n ffŵl. 'Roedd y gadair yn gyffyrddus ac yn dechrau dod ag o ato'i hun. Daeth Robert yn ei ôl ar ei union, diolch am hynny. Safodd, rhwng y drws ac yntau. Aeth Dorothy at y ffenest ochr. Caeodd y llenni diffwdan.

'Dim ond ar achlysuron arbennig y byddwn ni'n cau'r rhein.'

Daeth ato, a sefyll o'r tu ôl iddo. Aeth ei gorff yntau fel postyn wrth iddi dynnu'i bysedd yn ôl ac ymlaen drwy ei wallt gan chwarae'n sidanllyd â'i ben.

'Ys gwn i faint o ladron y byd sy'n cario'u llusern mor amlwg hefo nhw. Aasmund, druan.'

Chwaraeai'r bysedd yn llyfn drwy'i wallt, fel bysedd yn chwilio am lympiau mewn blawd. Daeth llaw arall ar ei ysgwydd.

''Tasach chi wedi gwneud fel daru'ch brawd, ac eillio'ch pen a gwisgo cap i'w guddiad o wedyn, mi faswn i 'di bod yn flin iawn. Yn flin iawn, Aasmund. Lladron drwg sy'n gwneud petha felly.'

'Roedd bys o dan ei glust. Efallai mai dyma oedd ei haeddiant. Ni wnaeth osgo i ymlacio.

'Nid lleidr ydw i.'

'A!'

O leiaf fe'i gollyngodd. Aeth hi heibio iddo ac eistedd yn union gyferbyn ag o.

'Mae o'n cadw'r corff bendigedig 'na'n heini, medda fi wrtha fy hun neithiwr wrth ych gweld chi o ffenast y llofft ffrynt. Bechod 'i weld o'n rhynnu, medda fi wedyn heno o ffenast y llofft gefn. Mi a' i i hel dillad a gadael y drws yn gorad i weld faint o dderyn ydi o. 'Ches i mo fy siomi. Mi fydda i'n licio hogia hefo gyts.'

Cyhoeddai'r gair mewn llawenydd. Mor ddymunol fyddai cael ei holi a'i fygwth mewn swyddfa heddlu.

180

'Sut mae Tim?' I edrych a fedrai ddangos.

'A! Chwarae teg! Da iawn chi am feddwl am Tim.'

Dim bai ar y cynnig.

''Does dim isio i chi boeni am Tim. Mae Tim mewn dwylo da iawn.'

Daliai'r llall i blismona'n ddisymud wrth ei ochr.

'Rŵan, Aasmund, mi gawn ni siarad am unrhyw bwnc dan haul, ond ych stori chi. 'Rydach chi'n dallt ych bod chi wedi colli'r hawl i ddisgwyl i neb ych coelio chi ar ôl hyn. Dyna bris gyts.'

'Ga i fy nillad yn ôl, os gwelwch chi'n dda?'

'Cyn bo hir, Aasmund. Cyn bo hir. Mi ge's fy siomi ynoch chi y tro dwytha. Ond dim ond am ychydig. Pan ddaeth Osian i'ch achub chi 'roeddan ni'n meddwl ych bod chi hefo'ch gilydd. Ond cyd-ddigwyddiad oedd o, 'te? Digwydd dŵad hyd y fan ddaru Osian, gyda'r bwriad o alw heibio, ella.'

'A dyma fo'n mynd â chdi yn ôl i dy fflat, yn Samariad i gyd.'

'Roedd Robert erbyn hyn yn gwenu.

'Ar ôl cyfnewid dwy stori, yn ddiama,' ategodd Dorothy. 'Ond mae'n dda gen i mai dim ond hynny o gysylltiad oedd 'na. Cadw'n glir ydi'r gora hefo fo.'

'Rhag ofn i'r clwy ledaenu,' meddai Robert.

''Dydw i ddim yn deall.'

'Diolch am hynny. Mi fyddai Osian wedi'ch dympio chi yn un o'i garthffosydd cyn y byddai o wedi cynnig llety i chi. Dim ond un sy'n cael treulio'r nos hefo fo.'

'Roedd egin syniad yn rhywle. Ar draws pob peth.

''I chwaer o,' meddai Robert, fel pe bai'n darllen y newyddion. 'Mae achubydd dy groen di'n cysgu hefo'i chwaer 'i hun. Dyna i ti fochyn. Ond 'chydig iawn sy'n gwybod hynny hefyd, hyd yn hyn.'

'Mae'n ddrwg gen i halogi'ch clustia chi hefo'r fath ffieidd-dra,' meddai Dorothy gan ysgwyd ei phen. 'Ylwch lwcus ydach chi. Sticiwch chi at bobol normal, fel ni.'

Am eiliad, nid datgeliad Robert oedd yn llond y lle, ond awgrym Dorothy. Y mymryn lleiaf o ormodiaith fyddai dweud bod y ddynes yn ddigon hen i fod yn nain iddo.

'Dos i nôl diod iddo fo, Robert.'

'Dos i nôl 'i ddillad o, Robert.'

'A!' Curodd Dorothy ddwylo llawen. 'Mae o'n dechra dŵad ato'i hun! Mae golwg digon llegach arnoch chi ers meitin, ond 'doeddan ni ddim yn disgwyl dim byd arall. Dyna chi, ylwch, mi gewch chi ddechra ymlacio rŵan. Robert.'

Aeth Robert. Cododd Dorothy.

'Mi gawn ni adloniant.' Rhoes winc arno. Aeth yntau'n swp. 'Mae gen i fideo yn fa'ma sy'n ddigon o ryfeddod. 'Rhoswch chi.' Aeth at deledu enfawr yn y gornel. Daeth llun byddinoedd tun ar fap. Pwysodd fotwm arall. 'Y peth gora hefo diod ydi ffilm dda.'

Y peth gora cyn diod ydi ffenest. Cyflog astudio. Colion yn ei chanol fel ei bod yn agor faint a fynnid a'r tu chwithig allan hefyd pan oedd angen rhag ofn i Tedi Bach gael pendro wrth ei golchi. Dim ond agor bar a gwthio. 'Roedd drwyddi fel ewig, a sgrech Dorothy'n fethiant. Rhedodd fel y diawl ei hun. Rhywbeth i'w ystyried ar ôl cyrraedd y ffordd oedd beth i'w wneud wedyn, ac a allai'r traed noeth anghyfarwydd gydymddwyn.

Arhosodd yn syfrdan. 'Roedd bron wedi cyrraedd y ffordd. Gyts ddywedodd hi. 'Roedd ei phen yn mynd yn ôl i mewn o'r ffenest fel 'roedd o'n troi i edrych. Rhedodd yn ôl. Swatiodd o dan y ffenest oedd ar agor o hyd. Cododd ei ben. 'Roedd hi wedi mynd. Dringodd yn ôl i ganol y gweiddi a sleifio ar draws y stafell ac ymguddio y tu ôl i'r drws. Clywai'r drws ffrynt yn cael ei agor. Clywodd sŵn dwl traed ar garped wrth i Robert ruthro heibio.

Rhoes ei ben drwy'r drws. 'Roedd y ddau allan.

'Car!' Llais Dorothy.

Croesodd y cyntedd. Agorodd ddrws arall a'i gau ar ei ôl. Pwysodd arno, yn ceisio gwneud i'r aroglau glân reoli'i anadl. Daeth rhegfeydd Robert i'r tŷ. Clywodd y ffenest yn cael ei chau, a'r rhegfeydd yn dynesu eto tuag ato. Clywodd glep y drws ffrynt. Yna clep drws car. Ac i ffwrdd â fo.

Ac i ffwrdd ag yntau. Nid oedd Robert wedi ceisio cuddio'i ddillad, dim ond eu gadael yn bentwr ar ben y grisiau. Gwisgodd amdano. Eisteddodd ar y grisiau i gau'i 'sgidiau'n dynn. Yna aeth i lawr. Arhosodd ar waelod y grisiau. Os mentro. Os gyts.

Tim oedd wedi dweud am y cwpwrdd. Aeth yn ôl i'r stafell yr oedd newydd fod yn llechu ynddi. Caeodd y llenni a rhoi'r golau, yn rhyfygus. 'Roedd llawer llyfr ar lawer silff. Ond llyfrgell farw oedd hi. I bwysleisio hynny, 'roedd lliwiau llachar y catalogau stampiau yn y pen draw bron yn anweddus. 'Roedd y cwpwrdd yn y gornel. Cwpwrdd derw newydd, wedi'i gynllunio gan Robert meddai Tim. Un da hefyd, mwya piti. Dwy ddror a dau ddrws cwpwrdd odanynt. 'Doedd dim angen dychryn am eu bod oll ynghlo, nac am nad oedd olwg o'r goriad yn y dysglau bychain ar ben y cwpwrdd nac yn y jwg llefrith siap buwch yn y canol. Nid oedd ei lygaid yn cytuno chwaith.

'Roedd yn rhaid bod rhyw dduw llwyddiant neu'i gilydd o'i blaid.

Debyg iawn mai o dan y catalogau oedd y lle gorau i gadw'r goriad. Goriad y dror o dan y catalogau a goriad y cwpwrdd ar waelod y dror. 'Roedd gan Dorothy amgenach gwair rhaffa i'w dychymyg na chuddfannau goriadau.

Osian ddywedodd mai tun glas oedd o. Nid aeth i ryfeddu na chyfri sawl albwm lledr oedd yn y cwpwrdd o dan y silff fechan yr oedd y tun arni. Diolchodd unwaith eto'n ddistaw i Robert am beidio â busnesa yn ei ddillad, ond yn fwy sbeitlyd y tro hwn. Os nad oedd y tric am weithio, nid ar y cynnig y byddai'r bai. Tynnodd y pecyn o'i boced, ac agorodd y tun.

Dwy ail, un yn annisgwyl. Nid oedd waledi Dorothy yr un fath â'i rai o ac nid oedd y stampiau mewn unrhyw fath o drefn ganddi hi. Nid oedd yn broblem chwaith. Munud neu ddau. 'Roedd gan Dorothy ddewis o efeiliau. Bachodd un, a chyfnewidiodd stamp am stamp, y drud a'r rhad. Casgliad oedd casgliad. Rhestr ei daid yn dod yn fyw. Stamp rhad mor agos â phosib o ran pryd a gwedd yn gyfnewid am stamp drud. Byddai Dorothy'n dychwelyd, yn gweld y dillad wedi mynd, yn rhuthro i'r cwpwrdd ac yn rhoi gwaedd o ryddhad o weld y tun yn ei le, cymaint o ryddhad fel na fyddai'n craffu gormod ar ôl ei agor ac yn bodloni ar hynny am ryw wythnos neu ddwy.

Cyfnewidiodd amlen am amlen. Nid oedd disgrifiad o'r rheini ar y rhestr, ond ar y gwaelod yr oeddyn nhw. Caeodd y tun a'i roi'n ôl. Clodd y cwpwrdd a'r dror. Diffoddodd y golau ac ailagor y llenni. Nid oedd y drws ffrynt na'r drws cefn yn datgloi heb oriad.

Un demtasiwn fach ar ôl. 'Roedd y fideo at ei hanner yn y peiriant. Gwthiodd o i mewn a thanio. 'Roedd y cyflwyniad yn benbleth. Cyflymodd y tâp ymlaen. Yr un peth drachefn. A thrachefn. Nid cyflwyniad oedd o. Peth fel hyn oedd ail go-iawn. Neb yn actio arallfydedd o wynfyd rhyw. Dim ond golygfeydd. Mynyddoedd, coedwigoedd, dail, afonydd. Diffoddodd y teledu. Nid am ben Dorothy na Robert yr oedd yn siglo chwerthin wrth fynd at y ffenest.

Pennod 16

Awr a hanner yn ddiweddarach, ei bwn ar ei gefn ac mewn bag mawr wrth ei draed, curodd Aasmund y drws braidd yn betrus. Clywai leisiau y munud hwnnw, a daeth golau uwch ei ben fel 'roedd y drws yn agor.

'Aasmund!'

Nid oedd prinder croeso yn llais Osian. Ar ryw wedd gwnâi hynny'r neges yn waeth. Edrychodd Osian ar y bagiau.

'Dengid eto?'

Nodiodd.

'Tyrd i mewn 'ta.' 'Roedd golwg beth yn chwilfrydig yn ei lygaid.

'Roedd dwy gadair ar lawr concrid o flaen tân trydan. Eisteddai Nesta a'i choesau dani, a'r croeso yn ei llygaid yn llenwi'r lle lawn cymaint ag aroglau'r byrddau plaster ar y muriau a'r nenfwd. Damia Robert.

'Stedda.'

Eisteddodd. Aeth Osian i'r cefn a dychwelyd ar ei union gyda chadair fach.

''Does dim golwg rhy llawan arnat ti,' meddai Nesta.

'O...'

'Mi glywson ni am Snorre,' meddai Osian.

'Y ffŵl.'

Dim ond hynny. Bodlonasant hwythau.

'Wel?' gofynnodd Nesta toc, yn chwareus oherwydd ei ddistawrwydd.

Y rhyddhad o rannu'n lleddfu yn ôl yr arfer. Enwau oedd Dorothy a Robert i Nesta, ond 'roedd Osian yn gwerthfawrogi'n llawer mwy llawen. Ac 'roedd yn well byth ei fod yntau'n gallu chwerthin, faint bynnag y parai hynny.

'A be rŵan?' gofynnodd Nesta.

''Rydw i wedi gorfod gadael rhywfaint o bethau yn Stryd Mount.'

'Am fynd adra wyt ti?'

'Ie.'

'Sut ei di?'

''Dydw i ddim wedi penderfynu'n iawn.'

'Paid â disgwyl cyhoeddiad ar y radio os byddan nhw'n chwilio amdanat ti,' meddai Osian.

Nodiodd gytuniad synfyfyrgar.

'Mae 'na rywbeth arall,' meddai yn y man.

Tawodd.

'Mae'n ddrwg gen i.' Trodd ei ben yn ddiflas, yn methu.

'Be sydd, Aasmund?' gofynnodd Osian.

''Roedd Robert a Dorothy'n honni pethau ffiaidd amdanoch chi'ch dau.'

'Petha ffiaidd?' gofynnodd Nesta'n dawel.

'Wel . . .'

'Paid â bod ofn deud.'

Dyna ddaru'i ddychryn. 'Roedd hi'n gwybod. Ac nid oedd tyndra, dim ond ynddo fo'i hun.

''Dydi o'n gwneud dim gwahaniaeth,' dechreuodd. Arhosodd. ''Dydw i ddim mymryn llai diolchgar.' Arhosodd drachefn. 'Roedd yn waeth nag yn nhŷ Dorothy. 'Mae'n ddrwg gen i,' mwmbliodd, ''rydw i'n swnio fel barnwr.'

'Mi ddoist ti yma i ddeud hynny?' gofynnodd Osian.

'Dod yma i ddweud 'u bod nhw'n bwriadu lledaenu'r . . .' Chwiliai am air. 'Honiad.'

'Pwy gymrith ddiddordab?' Dyna unig ymateb Nesta.

Nid oedd Osian mor siŵr, na golwg felly arno.

'Ga i aros yma heno?' gofynnodd Aasmund.

Chwarddodd Nesta.

'Cei. Cei, siŵr. Mi gei ddewis llofft Osian ne f'un i. Ne' hyd yn oed y llawr 'ma.'

Ni wyddai Aasmund beth i'w wneud o hynny.

Pennod 17

''Cheith y chwara ddim troi'n chwerw.'

'Nid chwara ydan ni.'

Felly nid oedd y peth yn berthnasol. Geiriau tebyg i hynny oedd yn cynnal bob hyn a hyn. Deuai sylwadau Meurig ynglŷn â mynd i'w cragen yn ôl i Nesta a dechreuai olygu ymdrech i ofalu na ddeuent yn wir. 'Roedd i'r diawl â nhw wedi swnio'n herfeiddiol yng nghyffro'r cydnabod cyntaf hefyd, ac 'roedd wedi bod yn darian dda yn erbyn cwestiynau croesholgar dieithriaid a oedd yr un mor amherthnasol, gobeithio, â geiriau a gâi eu sibrwd o enau crynedig i glust boeth. Ond 'doedd Gari a Mick ddim yn ddieithriaid, na Jonathan. Na Rita, na Malcolm. 'Roedd eu hangen am ei gilydd yn dechrau mynd yn llethol.

Ond o leiaf 'roedd y plastrwr wedi cyrraedd cyn y digwyddiad arall. Hanner awr ar ôl i Aasmund ymadael y bore trannoeth, 'roedd yno gyda'i brentis, yn ddirybudd am fod Jonathan wedi anghofio dweud. Y syniad oedd mudo i'r llawr tra byddai'r llofftydd yn cael eu plastro, ac yna mudo'n ôl i fyny ar ôl i hwnnw sychu fel y gellid plastro'r gwaelod.

A phan gyrhaeddodd y safle y bore Mawrth canlynol a gweld y geiriau ar draws drws ei swyddfa bu'r plastrwr o gymorth annisgwyl. Nid yn ei wyneb ond yn ei gefn y clywodd y sylw nad oedd dau wely blêr ben bore'n gwneud synnwyr os oedd y sloganau ar y drws yn wir. 'Roedd Rhagluniaeth wedi darparu tamaid arall o'i blaid hefyd. Aethai Jonathan ag o i'w swyddfa'i hun.

'Mi wyddost be sy tu ôl i hyn.'

'Be?'

Ni fedrai yn ei fyw guddio'i ddychryn. Llond drws o eiriau blêr a'u neges ddiamwys i'r byd i gyd. Ond 'roedd Jonathan wedi gwylltio llawn mwy nag o.

'Tim, 'te?'

'Y?'

'Wel mae o allan, 'tydi?'

'O?' Fel llo.

'Welist ti'r newyddion ar y teli?'

''Does 'na'r un acw.'

'Rho imi nerth, O Dduw. 'Fyddi di'n darllan papura, 'ta?' Fel dwrdiwr ar ben ei dennyn.

Ysgydwodd ei ben.

'Arglwydd mawr!'
'Ydi o'n bwysig, Jon?'
'Mi fu Tim ger 'u bron nhw wedyn ddoe.' Wedi dewis egluro yn
hytrach na dawnsio. 'Mae'i dwrna fo wedi dechra dangos 'i
ddannadd. Hen bryd iddo fo, 'toedd? 'Doedd gynnyn nhw ddim
newydd i'w roi yn 'i erbyn o er 'u bod nhw 'di dal Oscar ne' beth
bynnag ddiawl 'di enw fo, a mi wrthododd yr ynadon 'i gadw o i
mewn. Mae o ar fechnïath.'
'O, da iawn Tim.'
'Da iawn? 'Wyt ti ddim yn gweld, washi?'
'Gweld?'
'Wel 'blaw amdanat ti 'fyddai dim angan iddyn nhw chwilio am
rwbath newydd, na fyddai?'
'O?'
'Ac maen nhw'n dial arnat ti yn y ffordd futra y medran nhw. Wel
gwranda, os ydan ni'n mynd i gymryd yn d'erbyn di, mi ffendiwn
ni'n rhesyma'n hunain dros wneud hynny. 'Rwyt ti'n cadw'n part ni
pan mae angan ac 'rwyt ti'n ein damio ni pan mae angan. Dyna ydi
dy waith di, ac mae hynny'n ein siwitio ni'n iawn.'
Brolio di-lol, ond brolio yr un fath. Byd S.M. oedd hwnnw.
'Lle mae Tim 'ta?'
''Rydw i 'di'i roi o ar joban arall.'
'Hynny'n well, mae'n siŵr.' Geiriau rhywbeth-rhywbeth.
Cafodd y drws ei lanhau. Yna dechreuodd fwrw, ac efallai mai ar
y glaw'r oedd y bai. Bwrw drwy'r dydd, trannoeth a thradwy yr un
fath. Newidiai'r safle'n gyfan gwbl ar 'law. Âi'r bwrlwm i ganlyn y
dŵr llwyd; swatiai'r brywela a'r tynnu coes yn y cwt bwyta. Byddai'n
gyfle i Osian ganolbwyntio ar y gwaith papur, ond fel rheol byddai
ymweliadau 'mochel neu ymgynghori achlysurol gan Mick neu
rywun arall yn torri ar hynny. Prin iawn fu'r ymweliadau yn ystod y
tridiau, ond efallai mai cyd-ddigwyddiàd oedd hynny. 'Roedd yn
wag braidd heb Gari hefyd, o bosib.
Ac efallai mai arno fo'i hun 'roedd y bai. Meddwl amheugar,
wedi'i etifeddu. Chwerw oedd peidio â gofyn o ba ochr. Pe bai pawb
yn trin y peintio fel fandaliaeth neu ddialedd a dim arall ni fyddai'r
plastrwr wedi trafferthu dweud bod dau wely blêr. Amheuon felly. Ac
efallai mai'r glaw oedd achos y distawrwydd pan aeth â'i ginio efo fo
i'r cwt bwyta am ei fod wedi 'laru ar ei gwmni'i hun. Efallai mai ei
ddychymyg o oedd yn gwneud dau ymweliad Mick yn dawelach ac yn
fyrrach nag arfer. Ac efallai mai synfyfyrio ar y glaw oedd Jonathan
pan aeth ato wedyn, fel bydd pobl. Diolch i Dduw bod y lle'n cau am

bythefnos. 'Roedd rhyddhad pnawn Gwener mor annodweddiadol fel ei fod yn codi ofn arno.

Sôn am Aasmund oedd Nesta ac yntau pan ddaeth Rita i mewn nos Lun. 'Roedd Rita a Malcolm yn eu trin fel pe baent wedi treulio'u hoes yn y lle. Gwnaent feudwyaeth yn amhosib. Deuent bob dydd ar ryw berwyl neu'i gilydd. Gwaedd yn y drws cefn, ac i mewn. Ac 'roedd hynny'n plesio. Pan ddaeth dau blismon i holi ac i groesholi am Aasmund noson y peintio 'roedd Nesta wedi mynnu bod Rita'n aros yno i glywed y cwbl. Ac efallai mai dyna pam na phetrusodd Rita pan gafodd y llythyr o briflythrennau ceimion, ond dod ag o yn syth ar ôl ei bwyd gwaith. Darllenodd Nesta, a'i roi i Osian heb ddweud dim. 'Roedd Rita wedi'i phlannu'i hun ar gadair.

'Chi 'ta fi sy' am fynd â fo at y polîs?'

'Neb, ella.'

Ystyriodd hi'r geriau, ond dim ond am eiliad.

''Dydyn nhw ddim yn ffrindia hefo chi oherwydd y Desmond 'na.'

'Aasmund.'

Dim ond cywiro enw oedd yr ateb yn mynd i fod, am funud beth bynnag. Nid oedd cyn waethed â bore Mawrth. Nid am fod tyrfa yn dyrfa a Rita yn un, chwaith. Mewn cerrig yr oedd y ddyfal donc yn arbenigo.

A go dda Rita. Treuliodd y min nos yn eu cwmni, yn sgwrsio ac yn damio'r gelynion anweledig bob hyn a hyn. Nid oedd yn canolbwyntio ar y llythyr dienw nac yn ei anwybyddu chwaith.

'Mi ge's i 'nhreisio pan o'n i'n bymthag.'

Yng nghanol distawrwydd y dywedodd hi o. Deuai hwnnw yn ei dro, fel y dynesai ambell bwnc at derfyn ei drafod.

'Brawd Mam.'

Anadliad sydyn Nesta oedd yr unig ymateb clywadwy.

'Roedd Rita'n eistedd â'i throed yn gorffwys ar ei glin. Am funud 'roedd pob llygad yn dilyn ei bys yn symud yn ddidaro ar hyd patrymau'i hesgid.

'A dyma nhw'n cadw'i bart o.'

Siaradai yn yr un llais yn union ag wrth sôn am bynciau eraill. Dim chwerwedd, dim hunandosturi.

'Pwy?' gofynnodd Nesta.

'Mam a Dad. Taeru nad oedd y peth wedi digwydd. Taeru wedyn mai arna i 'roedd y bai. Poeni dim bod un taeriad yn croesddeud y llall. A disgyn i fwy o dwll wnes i wrth ddeud wrth y prifathro yn yr ysgol. 'Roedd o'n llawiach hefo nhw i gyd. 'Wyddwn i mo hynny. A mi ge's fy symud i ysgol arall.'

'Roedd rhyw olwg dawel yn ei llygaid, golwg un wedi penderfynu dweud am y tro cyntaf.

''Wnaethon nhw 'rioed ddychmygu y byddwn i'n dial.'

Ar amlen y llythyr yr oedd yn edrych, fel pe bai'n cael un stori oddi wrth y llall.

''Fedrwn i feddwl am ddim wedyn ond hynny. 'Doedd dim arall ohoni. 'Roedd 'na fecanic yn y garej lle 'roedd Mam yn cael petrol wedi bod yn 'y ll'gadu i. Hen foi iawn, ne' 'fyddwn i ddim 'di gwneud. Ond mi es hefo fo bob cyfla gawn i nes 'mod i'n sicr 'mod i'n disgwyl. Mi ddechreuis i ddeud wrth bawb ond nhw, i weld faint o amsar gymra hi i'r stori gyrraedd adra, ac yn benna i gael y plesar o'u gweld nhw'n sylweddoli mai nhw oedd y rhai dwytha i gael gwybod. Arglwydd! mi weithiodd hefyd.'

Chwarddodd yn gynnil. Neu sŵn chwerthin, efallai, sŵn a fu unwaith yn chwerw a gwaeth.

'A noson y ffrae fawr, nhw'n gweiddi a minna'n deud dim, dim ond edrach i fyw 'u ll'gada nhw i'w gwneud nhw'n waeth, fel 'tasa petha'n mynnu bod, dyma'r babi'n rhoi cic. Y gynta un, reit yng nghanol y ffrae. Dyna'r peth mwya—' chwiliodd am air, 'dymunol ddigwyddodd imi 'rioed. Dim ond gwrando ar un droed fach yn deud wrtha i am beidio â'i fagu o fel ce's i fy magu. Plentyn sioe, ornament dyletswydd. Ond 'ddudis i ddim wrthyn nhw, siŵr. Ac ar ôl y gic honno, 'doedd tynnu neb drwy'r baw ddim yn bwysig. Mi'u gadewis i nhw a mynd ar ofyn y Cyngor. 'Ro'n i 'di cael fy un ar bymtheg, wedyn 'ro'n i'n iawn. Mi ge's fflat, a phan oedd Malcolm yn un oed mi ge's fa'ma.' Pwyntiodd at y pared. 'A 'dydw i ddim 'di difaru'r un eiliad.' Erbyn hyn 'roedd y wên yn sicrach. 'Na Malcolm chwaith.'

O dan y llythyr 'roedd dwy amlen arall. Dau gerdyn Nadolig oddi wrth Dad a Mam. Stamp bob un. Un peth oedd gwatwar cardiau Nadolig a'r holl egwyddor a'r cyflyru y tu ôl iddynt, peth arall oedd dyfalu tybed a ddeuai rhywbeth oddi wrth Rhian a Meurig trannoeth.

'Sut mae hi rhyngddyn nhw a chditha?' gofynnodd Osian yn sydyn.

'Mam a Dad?'

'Ia.'

Ni wnaeth ddim ond ysgwyd ei phen.

'Mae o'n yfad rhyw fymryn weithia. Mae o'n dojo'r ysgol yn 'i dro. 'Roedd gynno fo ddau ffrind ddechreuodd fynd ar ddrygia a mi'u gollyngodd nhw fel dwy garrag. A phan eith o dros y nyth, 'fydd 'na ddim sterics.'

'Roedd Nesta wedi mynd i synfyfyrio braidd. Cadwai Osian ei lygaid oddi arni.

A phan aeth Rita adref, gadawodd y llythyr ar ei hôl heb dynnu mymryn rhagor o sylw ato. 'Roedd Nesta'n ddistawach nag arfer ar ôl iddi fynd. A braidd yn drwm ei galon oedd Osian hefyd pan aeth i lenwi'r tanc petrol drannoeth.

'Roedd yn dod drwy'r drws ar ôl talu.

'Hei.'

'Tim!'

Safai rhwng dau bwmp, mewn dillad glân anghyfarwydd. Wrth ddynesu, gwelodd Osian eu bod yn newydd. Am eiliad, 'roedd y wên yn ei atgoffa o wên Rhian.

'Sut wyt ti?'

'Iawn. Iawn, Duw.'

Efallai. 'Roedd y wedd gweithio allan wedi diflannu. Daeth sŵn corn.

'Tyrd i'r car am funud. Be 'di'r hanas?'

''Dw i'n rhydd. Mi dduthon nhw draw ddoe i ddeud na fydd 'na ddim achos.'

Dim ond ei ddweud. Nid oedd hyd yn oed yn gyhoeddiad.

'Wel da ar y diawl. Mi ddudis i o'r dechra cynta nad oedd o'n gwneud synnwyr.'

'Wel . . . dyna fo, fel'na mae hi.'

Symudodd Osian y car i wneud lle i eraill. Parciodd y cyfle cyntaf.

'Wyt ti 'di gweld Aasmund?' gofynnodd.

'Naddo. Ydi o'n dal o gwmpas?'

'Dim syniad.'

'Mi glywis i dy hanas di. Sori creu traffarth i ti.'

'Hidia befo.' 'Roedd yn mynd i ddweud rhywbeth am deulu rhyfedd, ond cofiodd am y wên. 'Mae'n siŵr nad wyt ti ddim 'di gweld dy fodryb.'

'Dorothy? Do, siŵr. 'Wyddwn i ddim ych bod chi'n nabod ych gilydd.'

''Doeddan ni ddim.'

'Y?'

'Nes i ti dorri i mewn i'w thŷ hi a dwyn y stampia.'

'Paid â malu, Osian.'

Siaradwr swta oedd o ar y gorau, yn mesur ei seibiau rhwng un frawddeg a'r nesaf. Ond 'roedd rhyw dinc ddiamynedd go ddiarth yn ei lais, ac edrychai o'i gwmpas braidd fel pe bai arno ofn cael ei ddal.

'Be?'

'Stori ar gyfar Aasmund oedd honno.'

'Be ddiawl. . .'

'Paid â deud, chwaith. 'Ro'n i'n meddwl y basa gen i obaith cael rhyw gant ne' ddau gynno fo hefo stori felly.'

'Sut ce'st ti nhw 'ta?' Ond nid hynny oedd ar ei feddwl.

''Ddudodd hi ddim? Hi ddaru ailfeddwl a phenderfynu rhoi'r stampia iddo fo. Mae hi'n rowlio mewn pres, prun bynnag, a 'doedd 'u gwerth nhw nac yma nac acw iddi hi. Ac 'roedd hi'n deud bod Aasmund filoedd ohoni.'

Nid oedd Osian ar feddwl coelio.

'Ond. . .'

'Fi ddaru'i pherswadio hi. Mae Aasmund yn hen fôi iawn. Dipyn gwell na'r basdad brawd 'na sy gynno fo. Mi wyddwn i o'r dechra bod 'i stori o'n wir.'

'Ond mi aeth hi'n helynt arno fo wedyn yn 'u cylch nhw.'

''I fai o oedd hynny 'te? Mynd i'r tŷ heb 'i wadd. Mae Dorothy'n meddwl y byd o'i thŷ.'

Ac yn meddwl mwy fyth o'i chelwyddau. Ond 'roedd llygaid onest yr wyneb naturiol holgar wrth ei ochr yn dangos i Osian nad oedd haws â dadlau. Nid Tim oedd y palwr.

'Pam ddaru ti 'u cuddiad nhw acw?'

'Wel am mai yno'r oedd Aasmund i fod i'w nôl nhw, siŵr Dduw.'

'Sut hynny?'

'Mi ddaru Dorothy drefnu hefo chdi, 'ndo?'

'Be?'

'Wel yr Arglwydd mawr! 'Roedd arni hi isio i'r stampia gael 'u trosglwyddo i Aasmund o flaen tyst hollol annibynnol. A fel rhyw hannar jôc dyma hi'n dy ddewis di, am bod llawar o dy waith di'n golygu actio reffarî rhwng contractwr a phobol erill.'

'Ond 'doeddwn i 'rioed wedi gweld y ddynas, Tim!'

'Dyna ddudodd hi. A dyna oedd y trefniant.'

'Roedd cwestiynau dirifedi, ond ni ddeuai'r un i drefn. 'Roedd y syllu ar Tim bron wedi troi'n rhythu. Ac wrth iddo chwilio am eglurhad neu rywbeth i'w ddweud daeth i amgyffred pob cwestiwn a phob ateb yn deillio o'r un craidd, yn cyrraedd i'r un fan. Nesta a fi yn 'u herbyn Nhw. Sut bynnag oedd o'n ffitio, dyna oedd o. Dyna oedd popeth.

'Hi ddaru 'nghael i o'r twll 'ma, 'sti,' meddai Tim yn y man, yn synhwyro o bosib anghymeradwyaeth yn ei dawedogrwydd. 'Mae hi 'di bod yn wych. 'Dw i bron yn siŵr 'i bod hi 'di perswadio'r twrna i beidio â 'nghael i allan yn rhy fuan er mwyn i mi ddysgu 'ngwers yn iawn. Mae hi 'di llwyddo, beth bynnag.'

'O, ia.'

''Ro'n i'n meddwl bod y peth yn antur ac yn fywyd ond 'doedd o'n ddim o'r fath. Dim ond cael 'y nhwyllo a f'iwsio.'

'O.'

''Dw i am fynd yn blismon.'

'O?'

'Wrth iddyn nhw ddŵad i holi o bryd i'w gilydd mi ddaethon ni'n dipyn o ffrindia, yn enwedig fel 'roeddan nhw'n dŵad i ddallt mai ffŵl a dim byd arall o'n i. Yn y diwadd 'roeddan nhw'n deud na fasa hyn ddim yn cael 'i ddal yn f'erbyn i os oedd y cyhuddiada'n mynd i gael 'u gollwng. Felly 'dw i'n iawn. Mae pob profiad yn help, meddan nhw.'

'Roedd wedi clywed y geiriau. Dewis dewis dau ddwrn am gwestiwn i gymeryd arno'i fod wedi gwrando.

'Mi fyddi di'n tystio yn erbyn Snorre?'

'Oscar? Mae'n siŵr. Mi fydd yn fedydd bythgofiadwy, medda'r hogia.'

'Bydd.'

'Wel. Diolch i ti, Osian.'

'Yli.' Tynnodd ddau bapur pumpunt o'i boced. 'Pryna rwbath i'r plant.'

'Iesu!' Gafaelodd yn y papurau a'u dal o'i flaen. Chwarddodd braidd yn ansicr arnynt. 'Diolch, Osian. Mae hi—wel, braidd yn fain. Wyddost ti, colli mis o gyflog.'

'Ydi siŵr. 'Ti isio reid i rwla?'

'Na. Mae Myra hyd y siopa 'ma.' Agorodd y drws a chamu allan. 'Roedd ei sgidiau'n newydd hefyd. 'Dolig llawan i ti.'

'A chditha.'

Gwyddai yntau hefyd am Nesta. Edrychodd Osian arno'n mynd am funud, yna taniodd y car ac aeth adref ati, i gyflwyno'r stori newydd ac i geisio stwnsio synnwyr ac arwyddocâd ohoni.

Am y tro cyntaf nid oedd ganddynt anrhegion Nadolig i'w gilydd. Rhoesant bapur decpunt mewn cerdyn i Malcolm. Newydd fynd yn rhy hen i chwarae, 'roedd ei Nadolig o drosodd mewn hanner awr ac nid oedd dim i lenwi'r gwagle. O'i weld mor dursiog ei fyd, gwahoddodd Nesta o o ran hwyl yn fwy na dim arall i ddod i gerdded gydag Osian a hithau. Derbyniodd ar unwaith. Yn ara deg, 'roedd y porth yn gorchfygu'r gwymon a gallasant fynd i'r traeth. 'Roedd bloedd Malcolm o weld y gromlech yn diasbedain. 'Roedd ar ei phen mewn eiliad yn goruchwylio'i stad. Yna daeth clec ddi-gael-ati'r cerrig wrth iddo neidio i lawr a mynd draw i archwilio'r ddafad farw gyda'i droed. Pwysodd y ddau arall yn erbyn y gromlech, yn bodloni ar gyfoeth cofio. Wel? gofynnodd hi pan ddaeth Malcolm atynt. 'Well na'r prom, 'tydi? meddai yntau, a'r blydi arcêd 'na. Un arall i'r achos, atebodd Osian. Aeth Malcolm ar ei hynt archwilio a chyn hir dychwelodd eto gyda thri darn o'r un garreg yn ei ddwylo. Rhywun wedi bod yma o'n blaena ni, meddai. Cymerodd Nesta'r darnau oddi arno a'u rhoi wrth ei gilydd a rhoi cip ar Osian cyn eu gosod mewn agen rhwng creigiau'r gromlech. Daliai o i syllu draw i'r môr, wedi asio'i gorff yn un â'r gromlech. Fo oedd y mwyaf hwyrfrydig o gychwyn yn ôl. Ar y ffordd adref y dywedodd Malcolm wrthynt mai fo oedd wedi agor y llythyr am nad oedd dim ond cyfeiriad arno.

A daeth trannoeth. 'Roedd Osian wedi cadw'i amheuon iddo'i hun. Hen dric oedd gwneud i'r ffôn beidio â gweithio wrth i lais gyrraedd clust. Efallai ei bod hithau'n gwybod hynny hefyd, ac efallai mai dyna pam fynnodd i Osian yrru'r car. Gobeithiai o waelod ei galon y byddai Rhian a Meurig wedi gorffen eu cinio cyn iddynt gyrraedd.

Ond pan ddaethant at y tŷ nid oedd y car yno. Distawrwydd newydd pan ddiffoddodd Osian y peiriant. Arhosodd y ddau, heb yr un gair, yn gwybod.

''Dydyn nhw ddim yma,' meddai hi toc, y geiriau'n angenrheidiol.

Am ei fod yn gwybod, 'roedd ei siom o'n fwy diflas.

'Maen nhw 'di mynd i jingylbelsian i ryw westy.'

Ymhen sbel fach wedyn aeth hi allan. Arhosodd Osian yn y car, yn ei gwylio. Safodd hi wrth y drws, yn rhy hir. Aeth ati.

'Maen nhw wedi newid y cloea.'

'Roedd yr hyder yn ei llygaid wedi darfod, wedi diflannu. Nid oedd Osian wedi gweld hynny o'r blaen. Bron nad oedd wedi mynd i gredu na fedrai ddigwydd. 'Roedd y goriad diffrwyth yn ei llaw, ynghlwm wrth oriad y cefn a bathodyn ar ledr, yn dal i bwyntio at y drws.

'Be am y cefn?' gofynnodd o, mewn ynfydrwydd.

Gollyngodd hi'r goriadau a cherddodd yn ôl i'r car. Am eiliad bu bron iddo fo â phlygu i'w codi. Aeth ar ei hôl.

Nid llun priodas oedd o ond llun dyn wedi cael gwraig.

'Mae'r siwrna yma 'di'i melltithio.'

'Y?' Difywyd.

'Hefo Idris y tro dwytha, Mam y tro cynt.'

'Stopia yn fan'na.'

Trodd i arosfan wag. Diffoddodd y peiriant eto.

'Gafael yn 'y llaw i.'

Gafaelodd.

'Ydi 'nghroen i fel cen? Ydi o'n pigo?'

Gafaelodd yn dynnach. Mwythodd ei fawd dros gefn ei llaw.

'Ydi o mor anghynnas o wahanol i groen rhywun arall?'

''Dydw i 'rioed wedi gafael yn neb arall.'

'Ydw i mor wrthun â hynny?'

'Nid bod yn ddrwgdybus o bawb a phopeth ydi paratoi.'

'Dim ond hynna?'

'Sôn am sioc o'n i, nid siom.'

'Be ddaw allan ohono i os torri di 'ngarddwrn i? Llysnafadd gwyrdd?'

'Fi oedd yn meddwl bod rhwbath yn wâr mewn cadw perthynas.'

'Maen nhw'n mynd i allu rhoi pigiad o gemega i sbonc dyn i wneud i'r ŵy droi'n hogyn ne'n hogan fel mynnan nhw. A mi fyddan nhw'n rhoi pigiad arall fydd yn gofalu mai dim ond pobol normal yn credu mewn cardia banc fydd yn dŵad allan, hefo fflapia i gau'u clustia bob tro y bydd y gwir o fewn llathan.' Erbyn hyn 'roedd gafael llaw wedi mynd yn afael corff am gorff. 'Pam wyt ti mor dawal?'

'Am nad ydi ots bellach.'

'Roedd hi wedi dechrau wylo. Eto, dim ond nhw ill dau oedd yn bod. Eto, dim ond sŵn oedd y drafnidiaeth, beth ohoni'n arafu'n fusneslyd cyn dal ati. Rita oedd yn iawn. Os oedd telerau, nid oedd y berthynas yn werth ffidlan yn ei chylch.

'Mae . . .' dechreuodd hi ymhen hir a hwyr.

'Be?'

'Ella mai hi oedd yn iawn.'

'Rhian?'

'Mam. Ella basa hi'n well 'tasa hi 'di llwyddo i orffan.'

'Be?'

''Y mygu i.'

'Arglwydd mawr!'

Nid gwaedd. Ond mynnodd ymryddhau. Rhythodd arni. Rhythodd hithau'n ôl, yn camddeall.

'Ella 'mod i'n deud petha dwl wrth grio.'

'Nid—nid . . .'

'Sori.'

Ac yntau'n meddwl fod pawb yn deall ei gilydd. Cawsai o sgwrs efo Dad i ddweud bod popeth yn iawn. Dim ond fo oedd wedi siarad. A Dad, bendith i'w enaid o, wedi nodio. A'r ddau wedi gwasgu sgwyddau'i gilydd. Dim ond hynny. A dychwelyd i'r tŷ i weld popeth yn iawn yno hefyd. Am hynny, nid oedd angen i neb ddweud rhagor. Pawb wedi deall, a'r stori wedi'i rhoi i gadw am y tro olaf.

Pawb yn deall popeth a neb yn deall dim.

'Nid hi ddaru, Nesta.'

Mor rhyfedd mai rŵan yr oedd yn sylweddoli nad oeddynt byth yn defnyddio'u henwau wrth siarad, hyd yn oed wrth alw ar ei gilydd.

'Nid Mam ddaru dy fygu di.'

'Y?'

'Dad ddaru.'

Un pump chwech dau naw. 'Roedd nifer milltiroedd y car bach mor amherthnasol â dim arall i ganolbwyntio arno.

'Pen draw cecru diddiwadd ar ein cownt ni'n dau. Diawl o ffrae un diwrnod. 'Doedd o ddim yn trio. Myllio ddaru o. Dim syniad be'r oedd o'n 'i wneud. Mi ruthrodd hitha i'w stopio fo. Mi sylweddolodd o, mi graciodd hitha.'

Edrychodd yn ôl i'r llygaid mawr ofnus yn ceisio dirnad.

'Mi roddwyd y bai arni hi!'

'Naddo! Pwy ddudodd wrthat ti?'

'Rhian. Dewyrth. A mi ddudis i wrth Mam, a ddaru hi ddim gwadu. Am 'wn i. Ella na ddaru mi ddim awgrymu mai hi 'nath. 'Ro'n i'n meddwl pan o'n i'n 'u deud nhw 'mod i'n mynd i gofio'r geiria am byth. Dim ond. . .'

'Be?'

'Mi 'drychodd hi'n siomedig, mae'n siŵr. Dos. Mae'n oer yma.'

Cychwynnodd.

'I ble?'

'Atyn nhw.'

'Wyt ti'n siŵr?'

'Ydw.'

Filltiroedd wedyn,

'Pam ddudodd Rhian a Dewyrth mai hi ddaru?'

''Wn i ddim.'

Ac wedyn, filltiroedd ymhellach,

'Os daru Rhian a Meurig gam-ddallt yn y lle cynta, 'does 'na ddim wedi digwydd ar ôl hynny na neb wedi deud dim iddyn nhw gael y stori wir.'

'Ond sut medron nhw gam-ddallt?'

'Fi.'

'Y?'

''Dw i'n cofio deud rhwbath wrthyn nhw. Go brin 'mod i 'di gwneud synnwyr.'

Milltiroedd eto.

''Cheith y chwara ddim troi'n chwerw.'

'Nid chwara ydan ni.'

Cyraeddasant. Safai eu mam yn y cyntedd. Edrychodd ar wyneb Nesta.

'Wel?' gofynnodd, a dim ond tristwch yn ei llais. 'Be arall oeddach chi'n 'i ddisgwyl?'

Pennod 18

Darfu'r paratoi. Darfu'r cyfarfodydd llwch i lygaid, a dadl seneddol lle bu mainc flaen yn piso chwerthin. 'Roedd Arlywydd wedi gweddïo a chael go-hed yn ateb. Newidiodd swyddogaeth yr wynebau disglair o ddisgrifio'r paratoi i sylwebu'r gweithredu, o bell, yn ôl y cyfarwyddiadau a'r sgript. Fel 'roedd yr etholedigaeth yn cael ei dywallt deuai ystadegyn newydd a record newydd i sgleinio rhagor ar yr wynebau. 'Roedd y cyhoeddiad fod mwy wedi'i dywallt mewn diwrnod o setlo Saddam na mewn chwe blynedd o setlo Adolf yn haeddu ffanffer o'i flaen. Ac nid oedd yr un tywodyn yn cael ei ddifwyno.

Rita ddaeth â'r newydd cyn mynd i'w gwaith. Dim ond dweud eu bod wedi dechrau tanio. 'Roedd Nesta newydd agor tun paent pum litr i ddechrau ar y llofft gefn. Dweud a chodi'i haeliau a mynd wnaeth Rita. Edrych ar ei gilydd wnaeth Osian a Nesta.

Aeth Osian i'w waith. Nid oedd wedi ymuno o gwbl yn yr un o'r trafodaethau ysbeidiol ar y paratoadau. Ni fedrai, heb wylltio. Gwylltio nes gweld dim, gwylltio'n fud. Ar ôl hynny deuai'r iseldra a'r anobaith. Codai'r miloedd a brotestiai yn ninasoedd Ewrop rywfaint ar ei galon. Yma, dyrneidiau gwasgarog, ambell rali, ambell wylnos. Pawb cyfrifol wedi'i lygad-dynnu gan atyniadau'r paratoi a'r awch hilblanedig am y tywallt.

Distaw oedd y safle. Parablid yr ystadegau'n ddi-daw o radio tractor Jeri Tom. Nid aeth Osian allan o'i gwt. Aeth adref. 'Roedd y tun paent yn y cefn o hyd, yn llawn.

'Lle buost ti?'

'Cerddad.'

Gafaelai ynddo. Bwytasant rywfaint. Aethai'r fatras yn wely ac aethant iddo. Gorwedd ar eu cefnau a gafael dwylo. Dim arall. Bys yn rhwbio bys i ddweud am y bysedd eraill ymhell i ffwrdd, bysedd a chroen a chnawd yr anethol, yn cael eu rhostio a'u rhwygo a'u chwalu a'u cadw draw o ystadegau'r llwyddiant. Popeth wedi'i drefnu'n ofalus, bwyllog, resymegol, am mai etholedigaeth farbaraidd oedd etholedigaeth gwaed yn berwi.

Drannoeth aeth i'w waith eto. 'Roedd adloniant y noson cynt yn llacio mwy ar dafodau erbyn hynny. Ond maen nhw'n uffar o fois, hefyd. Dyna'r unig frawddeg a arhosodd. Cadwodd i'w gwt eto tra medrodd. Ar waelod un o'r papurau newydd llon ar ffenest gefn car Jonathan 'roedd is-bennawd yn sôn am Archesgob yn gresynu ar ran ei Eglwys, y gair yn gwegian gan sadgysidraeth aeddfedrwydd. Aeth adref. 'Roedd y tun paent yn yr un lle.

'Lle buost ti?'

'Cerddad.'

Gorweddasant ar y gwely. Y bysedd eto'n gweiddi.

'Gorchfyga fo.'

'Be?'

'Roedd ymhell wedi hanner nos.

'Y casinab sy' yn y llofft 'ma,' meddai hi.

'Mae...'

'Mae'n rhaid i ni. Ne' nhw neith ennill. Atgoffa'r blaned bod 'na deimlada amgenach.'

Troesant i wynebu'i gilydd, a gafael.

Pennod 19

'Os wyt ti wedi dŵad yma i eiriol dros dy frawd, a dy chwaer,' meddai Rhian welw gyda'r pwyslais a'r atalnodi fel llwyfan adrodd, 'mi wnei well defnydd o d'anadl yn mynd i fyny i'r bath 'na i chwythu swigod.'

'Naddo.'

'Roedd ei geiriau'n brifo hefyd. Teimlai Idris yn nes at Osian, a Nesta, nag y gwnaethai erioed, ac 'roedd eu helyntion ar ei feddwl bron yn barhaus. Câi'r manylion i gyd, a byddai'n treulio oriau'n ceisio ffurfio damcaniaeth, gan fyllio yn y diwedd am nad oedd ganddo frwynen o dystiolaeth i afael ynddi.

'Wyt ti ddim yn gweithio?' gofynnodd Rhian.

'Peipia 'di rhewi.'

'Ella'i fod o 'di dŵad i chwilio am gariad newydd hyd y fan 'ma,' meddai Meurig, yn llegach o'i gadair ar ben y tân.

'O un glust i'r llall,' atebodd yntau.

'Felly'n wir?'

'Roedd Meurig wedi cael dos egr o ffliw. Cawsai Rhian ddos wannach. Nid oedd gan Idris gofleidiau o gydymdeimlad chwaith. Nid y ffliw oedd yn gwneud pob sgwrs a phob sylw'n frath.

'Naci. Ymhell o fod o un glust i'r llall.'

Byrhoedlog fu'r bywyd newydd yn y fflat. 'Roedd Gwyn wedi mynd. Nid oedd o am fynd yn ôl adref chwaith. 'Roedd yr annibyniaeth wedi dechrau gafael.

'Maen nhw'n deud bod rhai'r un fath â chdi'n licio meddwl amdanyn 'u hunain yn cael cam,' meddai Rhian.

'Wel 'tydi hi'n dda i ni wrthyn nhw?'

'Sbeit yn darian,' meddai Meurig.

'Ella,' cytunodd yntau'n dawelach. 'Mae 'na betha pwysicach.'

'Oes, siŵr,' meddai Rhian. 'Breichia llydan. Cusana maddeuant a jeli coch.'

Nid y ffliw oedd yr olwg arni.

'Wyddost ti be 'di bod yn effro'r nos?' gofynnodd Meurig heb edrych arno.

'Gwn.'

'Yn llonydd ar dy hyd, wedi dy fferru gan yr hyn maen nhw'n 'i wneud yn 'u llofft 'u hunain yr union eiliad honno?' canlynodd Rhian arni.

'Rhwbath i'w ddiffodd hefo'r gola ydi dychymyg.'

'Nid dychymyg mohono fo!' Aeth gwddw Rhian yn drech na'i gwaedd.

'Bechod na fyddach chi 'di gweld 'i hwynab hi pan ddaethon nhw adra ar ôl i chi newid y cloea 'ma.'

''Tydw i'n 'i gweld hi bob un munud o'r dydd a'r nos! Pob un munud! Wyt ti'n hollol ddi-ddallt, hogyn?'

'Mae'n rhaid 'y mod i, Rhian.'

Cododd. Diolch nad oedd wedi tynnu'i gôt.

'Os oes arnat ti isio bod o help, mae 'ma lond lle o sacha i fynd i'r lorri ludw,' meddai Rhian mewn llais tebycach i groeso.

Rhythodd arni.

'Petha Nesta.'

'Naci, 'neno'r Arglwydd!'

'I be 'ti'n ffidlan hefo fo?' Troesai Meurig olygon terfynol eu chwerwedd at y tân.

''Dw i 'di dŵad ag un ne' ddau i'r parlwr. Mae'r lleill i fyny ac yn yr atig.'

'Iawn.'

Aeth i'r parlwr, yn ddigalon oherwydd Meurig. Dau sach du taclus yn anweddus yng nghanol y taclusrwydd. Cofiodd. Edrychodd ar y darlun. Yr hyn oedd o'i le oedd ei fod hanner canrif ar ôl ei oes. Nid oedd Meurig wedi sefyll gydag osgo mor eithafol â chapten llong hwyliau ddydd ei briodas, ond gwelai sut cawsai Osian afael ar y gymhariaeth. Ond wedyn, nid oedd Meurig na Rhian wedi byw felly hyd y gwyddai. Aeth â'r sachau allan.

'Roedd clirio o'i hochr hi wedi bod. Fel y clirio cyn marw a wnâi ambell anifail neu berson, drwy'r reddf oedd yn dweud gwna heb ddweud pam, neu fel gweddw newydd yn ailddechrau. 'Roedd y sachau ar hyd pen y grisiau. Tynnodd ei gôt.

'Mae 'na bentwr o gardia a phapura yn yr atig. 'Dw i wedi mynd trwyddyn nhw. Doro nhw yn hwn.'

Llais tebycach i'r Rhian erstalwm. Nid oedd dicter ar ôl yn ei llygaid wrth iddi roi sach iddo.

'Rhian.'

'Dos.' Pendant.

Aeth. Cariodd y sachau. Nid oedd yn waith i neb efo'r ffliw. Aeth i'r atig a mynd â phopeth oedd yn barod i lawr, pum sach a dau focs. Nid busnesa oedd y chwilfrydedd o weld yr hyn 'roedd pobl eraill wedi bod yn ei gadw chwaith, ond dim ond ambell gip a fedrai ei gymeryd wrth lwytho'r pentwr papurau gan fod Rhian ar waelod y grisiau. Mam oedd gallaf, yn lluchio'r cwbl y munud yr oedd eu hoes ar ben. Ni fyddai llawer o waith clirio gartref. Ond 'roedd yn bosib serch hynny bod dipyn o'r llid wedi'i fwrw i'r sachau.

'Roedd yn anodd maddau i daflenni gwasanaethau angladdau ac i adroddiadau papur newydd, ond llwytho neu ddangos i Rhian oedd raid. Gwelodd bennawd annisgwyl o dan lun priodas. Trychineb ar Fis Mêl. Darllenodd yn gyflym. 'Roedd Mr Edward Thompson wedi'i ladd mewn damwain car a'i wraig newydd, Mrs Hilda Dorothy Thompson, wedi'i brifo.

Amhosibl. Amhosibl. Ond brwynen oedd brwynen. Llais diniwed, i ffwrdd â ni.

'Arglwydd! Pwy 'di'r rhein, Rhian?'

'Be?'

'Digwydd taro 'y llygad ar hwn. Yli, diwrnod pen-blwydd Osian.'

I'ch atgoffa, annwyl fodryb, ymhlith pethau eraill. Llwythodd y gweddill i'r sach a'i gario i lawr. Rhoes y papur iddi.

'O, rhyw bobol 'roeddan ni'n 'u lled-nabod ers talwm. 'Roedd hyn cyn i Osian gael 'i eni.'

Stwffiodd y papur i mewn i'r sach. Aeth Idris ag o allan. Dychwelodd i'r tŷ i nôl ei gôt. 'Roedd Meurig wedi rhoi'r teledu i gael yr ystadegau.

'Gymri di banad?' gofynnodd Rhian.

Ni cheisiodd Meurig guddio'r edrychiad. Am hynny bu bron iddo yntau â derbyn.

Aeth adref, a damcaniaethau newydd yn dechrau carlamu cyn cropian ar hyd y daith gyda rhagfarn nad oedd ganddo'r un dymuniad i'w thyneru'n eu hysio ymlaen. 'Roedd ei fam allan ac yntau erbyn hynny ar lwgu. Dwynodd grystyn ac aeth i'r gweithdy.

'Mae croeso i ti ddŵad yn d'ôl, wâ.'

'Mi wn i. 'Gawn weld.'

Torrodd goed tân i dreulio'r amser ac i'w wneud ei hun yn fwy llwglyd. Nid yr annibyniaeth newydd oedd yr unig reswm pam nad oedd am ddod yn ôl i fyw atynt, er ei fod bellach yn galw bron bob dydd ac yn aros ambell noson. Pan ddaeth adref wythnos ynghynt 'roedd y ddau'n rhyw gysgu dyrnad ar y soffa a'r naill yn gafael yn llaw y llall. Nid oedd erioed wedi gweld hynny o'r blaen. A rhag ofn bod y dedwyddwch newydd na bu erioed ei debyg yn fregus, gadael iddynt oedd orau.

Ychydig wedi pump aeth at y ffôn. Rhedodd Malcolm i nôl Nesta. Darllenodd yntau'r papur eto wrth aros. Brwynen yn well na dim.

'Sut wyt ti?'

'Mi wnaf y tro.'

201

'Rhwbath yn bod?' Llais hanner ofnus, hanner gobeithiol.

'Mi ge's ddiwrnod heb 'i ddisgwyl ac mi es i edrach am Rhian a Meurig. Maen nhw 'di cael ffliw.'

'Sut maen nhw?'

''Does arnyn nhw ddim angan asiffeta.'

'O hyd?'

'Paid â chodi d'obeithion. Gwranda, wyddost ti rwbath am Edward Thompson a Hilda Dorothy Thompson?'

'Na.'

'Sôn amdanyn nhw pan oeddat ti'n fach, ella.'

'Na. Pam?'

'Mi gafodd o 'i ladd ddeuddydd ar ôl priodi. Car yn mynd drosto fo yn Oban. Cyn ein hoes ni. 'Roedd Rhian 'di cadw'r hanas a llun y briodas.'

'Na. Golygu dim. Dal i chwara ditectif wyt ti?'

''Well na gori.'

'Sut ce'st ti'r peth 'ta?'

'Dyna'r o'n i'n 'i ddeud wrthat ti. Paid â chodi d'obeithion. Mae hi 'di clirio'r tŷ o'r top i'r gwaelod. Mi es i â phymthag sach i'r drol faw bora.'

'Mae hi'n un am gadw.'

'Paid â gadael i'r diawlad dy orchfygu di.'

''Does dim rhaid i ti roi dy sylw i gyd i ni, 'sti.'

'Oes.'

Oedd. Ac nid oedd am ollwng yr un frwynen.

'Pwy 'di'r rhein, Dad?'

'Be s'gin ti?'

Darllenodd Henry.

'Ted a Meurig y ffrindia penna. 'Roedd Meurig yn was priodas iddo fo. Lle ce'st ti hwn?'

'Lled-was. Myn uffar!'

'Be, wâ?'

''Sgynnoch chi stamp?'

'Drôr.'

Nid oedd llawer o waith datrys ar y neges yn y bwyd a gafodd pan ddaeth o'i waith drannoeth. Gadawodd i'r plât gwag fod yn ateb penagored. Canodd y ffôn cyn y pwdin.

'Be ddiawl sy'n digwydd, Idris?'

'Be?' Yn gynhyrfus i gyd, wedi bachu.

'Mi ffoniodd Nesta a mi es adra amsar cinio. 'Fedrwn i ddim bod yn siŵr oddi wrth y llun, ond mi es â Nesta i'r cyffinia cyn mynd yn ôl. Mi gafodd enw'r tŷ a mi fuo hi'n chwilota drwy'r rhestr etholwyr mewn rhyw lyfrgell. Hi ydi hi.'

'Mi wyddwn i dy fod di'n mynd i ddeud hynna.' Bron allan o wynt.

'A mae Nesta 'di cofio am gardia Dolig a dim ond Hilda arnyn nhw. Meredew ydi'i chyfenw hi rŵan.'

'Y fath fraint.'

''Dydw i ddim yn dallt.'

'Doro'r cwbwl wrth 'i gilydd a galw'r peth yn gyd-ddigwyddiad rŵan 'ta.'

Dywedodd y distawrwydd ei fod eisoes wedi gwneud hynny. Yr un oedd neges y pwdin.

'Osian yn cofio atoch chi.'

'O.'

'Mam?'

'Be?'

''Ddaru Rhian ne' Meurig sôn o gwbwl wrthach chi am Osian a Nesta cyn iddi hi fynd i lawr ato fo?'

'Pam?'

'Roedd awgrym o ochenaid drist yn ei chwestiwn byr. Ond fis ynghynt ni fyddai o wedi meiddio gofyn.

'Anniddig ydw i.'

'O? Ac 'rwyt ti'n meddwl 'mod i wrth 'y modd.'

'Mi ddudon nhw rwbath, 'ndo?'

Nodiodd ei dad.

'Mi ddudodd Rhian bod y llythyra wedi mynd yn betha dau mewn wythnos a galwada ffôn ar ben hynny.'

'Pa bryd?'

'Diwadd Medi, dechra Hydraf.'

'Be wedyn?'

'Mi ddudodd dy fam nad oedd 'na neb wedi gwrando arni hi. Mi 'tebodd Rhian bod petha eisoes wedi mynd tu hwnt i drafod.'

'Bobol annwyl! Ydi hi'n deud Mr o flaen Bush hefyd?'

Canodd y ffôn drachefn. Rhuthrodd Idris.

'Cofia'n bod ni isio'r lle 'ma ar ôl heddiw!'

Daeth yn ôl.

'I chi.'

'Pwy?'

'Mrs Rhian Pritchard.'

'Cymar ofal iddi dy gl'wad di.'

Aeth ei fam drwodd.

'Mae 'na betha dan din, Dad.'

'Be, wâ?'

'Mae gan Rhian well llun na'r un papur newydd.' Synfyfyriodd ar y bwrdd. ''Taswn i'n mynd rownd y byd i chwilio am rieni erill, dŵad yn ôl i fa'ma y baswn i.'

'Be 'ar dy ben di?'

'Be ddigwyddodd i chi roi'r hen glustog 'no ar wynab Nesta?'

Yn noethni'r boen a ddaeth i'r llygaid cafodd Idris fflach ar y breuder. Ond ni cheisiodd ei dad edrych draw.

''Tasa'r bai ar dy fam hi fasa 'di gwneud.'

''Does 'na ddim diwadd ar hyn'na, nac oes? Ella mai arna i 'roedd y bai, sgrechian crio dannadd. Ne' injan dorri gwellt drws nesa.'

''Roedd 'i nerfa hi, a finna'n cau coelio, cau derbyn. Yr un peth y naill ddiwrnod ar ôl y llall. Yr un ffrae. Mynd yn waeth ac yn waeth.'

'Mi fuodd gan Osian ddamcaniaeth ynglŷn â'r nerfa. Un o'r llwythi syniada gwallgo 'ma 'roedd o'n 'u cael pan—pan oedd hi'n ddrwg.'

'O?'

'Meddwl bod 'na rywun 'di cael y blaen ar Taid Dresden. O Duw annwyl!'

'Y?'

''Ru'n fath â Joni Susnag yn talu pedwar ugian am fynd â'i ast gorgi am syrfus. A be gafodd 'u dadlwytho ond y pedwar mwngral mwya uffernol welsoch chi 'rioed. Ci dros ffor' wedi codi'n gynt. A mi aeth y diawl gwirion at 'i dwrna.'

'Hist! wâ. Mae hi'n dŵad.'

'Dim rhyfadd 'mod i 'di methu pob un ecsam.'

Nid oedd golwg hapus ar Susan.

'Be sy', Mam?'

'Fedri di ddŵad hefo fi fory?'

'Medraf, siŵr.'

'Mae Rhian am glirio petha Nesta.'

'Wel dyna sioc. Dŵad rhwng Meurig a'i deledu.'

''Dydi'r peth ddim yn jôc, Idris.'

'Dyna'r peth dwytha oedd ar 'y meddwl i. 'Dach chi am ddŵad, Dad?'

'Na.'

''Dydi hi ddim yn dda rhynddo fo a Meurig.'

'O.'

'Mae o'n cyhuddo dy dad o fod yn hollol ddi-hid am y peth.'

'A mi wyddon ni be ddigwyddodd y tro dwytha i mi fusnesa,' meddai Henry'n dawel.

Nid aeth Idris i'r fflat. Cychwynasant yn syth ar ôl brecwast trannoeth. A chyrraedd.

'Wyddat ti am hyn?' gofynnodd Suasn yn yr hen lais oer cyfarwydd.

''Doeddan nhw ddim yna ddydd Iau.'

'Roedd yr arwyddion 'Ar Werth' un bob pen i'r ardd.

'Paid â ffraeo.'

Aethant i mewn. Y tro diwethaf i Susan fod yn y lobi 'roedd Nesta'n eistedd ar y grisiau ac Osian yn sefyll a'i gefn yn erbyn postyn drws y parlwr. A'r ddau'n edrych ar ei gilydd. Nid arni hi'r oedd y bai am ei hymateb, pa ganlyniadau bynnag oedd i ddod iddo.

'Roedd Meurig yn ei gongl o hyd, ei ffliw na dim arall ar feddwl clirio. 'Roedd Rhian yn clymu sachau.

'Mae o'n rhy fawr inni rŵan,' meddai fel cyfarchiad.

Rhythu ar y sachau wnaeth Susan. Ni chododd Meurig ei lygaid o'r tân.

'Ydach chi'n well yma?' gofynnodd Susan yn y man.

'Nac'dan.'

''Dydw i ddim wedi cyffwr yn y petha sy' yn 'i llofft hi,' meddai Rhian.

Wrth glywed hynny penderfynodd Idris fod brys. Nid oedd Rhian yn hoff o bethau blêr a thaflodd ei gôt ar gadair. Aeth i fyny. 'Roedd bocsys gwag a rolyn o sachau duon o flaen drws llofft Nesta. Daeth ei fam ar ei ôl. Llwythasant yn gyflym a distaw. Trodd Idris cyn hir a gweld ei fam yn llonydd. 'Roedd yn dal pentwr o lythyrau yn ei llaw. Edrychasant i fyw llygaid ei gilydd. Gwenodd Idris yn gynnil a chymryd y pentwr oddi arni a'u rhoi mewn bocs. Edrychodd hithau o'i chwmpas, yn methu gwybod beth nesaf.

Llwythodd Idris y car. Clywai sŵn Rhian yn paratoi paned a cheisiai gael y blaen arni. Ond pan orffennodd 'roedd y baned ar y bwrdd bach o flaen Meurig.

'Beic yn cwt.'

Cododd Idris ei baned.

'Y mae beic yn y cwt,' meddai wrthi. 'Y mae beic Nesta yn y cwt.'

'Cau dy geg, wnei di?'

'Idris,' meddai ei fam yn dawel.

''Does gen i ddim lle iddo fo.'

'Mae 'na rac yn ymyl y beic,' meddai Rhian ar ei hunion. 'Mae o i fod i ffitio pob car.'

Rhoes Idris ei baned yn ôl ar y bwrdd. Aeth i'r cefn, ac allan. 'Roedd y beic yn y cwt, yn barod, a'r rac wrth ei ochr, yn barod. A'r cortyn neilon. Gosododd y rac a'i dynhau. Aeth i nôl y beic. Ond nid hwnnw aeth â'i sylw. Pan ddaeth yn ôl i'r tŷ 'roedd ei baned wedi oeri. Rhoes ei gôt amdano.

'Mi awn ni rŵan,' meddai'n swta. 'Mi a' i â chi adra a mi a' i â'r rhein i Nesta.'

''Dei di ddim heddiw,' meddai ei fam.

'Mi ddo' i'n ôl nos fory ne' ben bora Llun.' Llyncodd anadl. 'Mi ofynna i i Nesta'u postio nhw.'

'Be?' gofynnodd Rhian.

'Y pres am 'i magu hi.'

'Roedd Meurig ar ei draed.

'Idris!' gwaeddodd ei fam yng nghanol y rhegfeydd.

'Roedd wedi tanio'r car cyn i'w fam ddod drwy ddrws y tŷ.

''Doedd dim gofyn am hynna!' Gwaeddai o hyd.

'Roedd o'n welw. Nid atebodd.

''Tasa—'tasat ti . . . dechreuodd hithau wedyn ymhen ychydig, a'i llais yn dawelach.

''Taswn i'n normal fel pobol erill mi faswn i'n gweld y peth o'u safbwynt nhw.'

'Chdi sy'n lluchio weips atat ti dy hun rŵan.'

'Hidiwch befo, Mam. Mae be 'dach chi a Dad 'di'i wneud a be maen nhw 'di'i wneud yn ystod y mis dwytha 'ma'n deud y cwbwl.'

'Roedd ar ormod o frys i gymeryd bwyd ar ôl cyrraedd adref. Erbyn hynny 'roedd ei fam wedi syfulo ac 'roedd cysgod ambell wên yn bygwth ymddangos. Aeth. Mynd a mynd, yn anghofio pob modfedd o'r daith fel yr âi heibio.

'Mae dy hanas di wedi cyrraedd o dy flaen di,' meddai Nesta.

'Lle mae Osian?'

'Peintio.' Gwaedd o'r llofft.

'Tyrd hefo fi i'r safla. 'Sgin ti oriad?'

'Pam?'

'Tyrd.'

Aethant yn y car arall. Ni chynigiai Idris ebwch o reswm.

'Meredew ydi cyfenw'r llais mwyn hefyd,' meddai Osian.

'Y ditectif?'

'Ia. Mi gofis i. Mi ffoniodd Nesta i wneud yn siŵr. Gofyn oedd o i mewn. Ffoniwch y pencadlys, meddan nhwtha.'

'O, ia.'

'Roedd meddwl Idris yn dal i fod ar rywbeth arall. Cyraeddasant y safle.

'Lle'r oedd y peipia gafodd 'u tyllu?'

Aeth Osian â'r car i lawr. Daeth Idris allan, a phlygu i fyseddu'r chwalpiau pridd wrth ei draed.

'Hwn ydi'r pridd hyd bob man?'

'Fwy na heb. Mae'r is-bridd yn gymysg ag o yn fa'ma wrth ein bod ni 'di bod yn agor.'

Tynnodd Idris ddau lwmp mewn papur o'i boced a'u rhoi ar fonat y car. Agorodd un yn ofalus. Pridd tywyll a brau oedd ynddo.

'Gardd Meurig.'

Agorodd yr ail. Lympiau sychion o bridd golau a chleiog.

'Welos Meurig.'

'Arglwydd, Idris!'

'Mi wyddwn i. Mi ffendis i o'r ffor' 'roedd o'n ista yn 'i gongol.'

'Paid â malu! 'Dwyt ti 'rioed yn deud 'i fod o 'di teithio'r holl ffor' yma ac yn ôl er mwyn gwneud hyn?'

'Ydw.'

'Mae hannar y wlad 'ma'n bridd fel hyn!'

'Be fyddai Meurig yn 'i wneud yn yr hannar hwnnw?'

'Mae 'na lond lle o resyma!'

'Mae 'na ddeuddang mlynadd ers iddo fo fod yn gweithio allan. Deuddang mlynadd i'r Pasg 'ma y torrodd o 'i fys.'

''Dydi hynny'n deud dim.'

'Dos â fo i gael 'i brofi 'ta.' Syllodd eto ar y pridd a roesai'r fath sioc iddo yn y cwt. 'Hei!'

'Y?'

'Be 'di hwn?'

Crafodd y pridd. Daeth rhimynau bychan o siafins cyrliog yn rhydd. Cymerodd Osian un. Troes draw.

'Be 'di o?'

'Mi fasat yn taeru nad ydyn nhw'r lliw iawn pan maen nhw'n fach fel hyn.' Geiriau cuddio dim.

'Be?'

'Peipan.'

Daliodd i edrych draw.

'Sori, Os.'

'Am ddeud y gwir?'

Gafaelodd yn y papurau a'u taflu ar lawr. Sathrodd hwynt i'r ddaear.

'Well inni beidio â deud wrth Nesta,' meddai Idris.

''Dw i'n deud pob dim wrth Nesta.'

Aethant yn eu holau. 'Roedd Nesta wedi dadlwytho car Idris. Eisteddai yng nghanol y bagiau, heb eu hagor. Edrychasant ar ei gilydd heb ddweud dim. 'Roedd Nesta wedi prynu cwpwrdd i ddal eu chwaraeydd recordiau a'i osod yn y gornel. 'Roedd cerdyn post ar ei ben. Cododd Idris o. Llun Tŷ Ibsen yn Skien. Trodd o. 'Roedd y llawysgrifen yn fach ac yn frysiog.

Cyfarchion a diolchiadau o dramor. A.

Pennod 20

Nid oedd angen i S.M. blygu dros y bwrdd llunio. 'Roedd plygiad naturiol ei grwb yn ffitio'n union. 'Roedd ganddo stafell iddo'i hun, wedi melynu gan fwg. 'Roedd ganddo ddesg fahogani fawr drom, wedi'i hailstaenio gyda chlwt, nid gyda brws. 'Roedd ganddo gwpwrdd mawr tywyll, yn llawn o hen lyfrau a hen gytundebau gwaith a hen gynlluniau. Ar ei fwrdd llunio 'roedd ganddo sgwâr-T o'i wneuthuriad ei hun. Pechod cyntaf Osian pan ddaeth yno'n brentis oedd darganfod ar y degfed dydd o'r brentisiaeth honno bod y sgwâr-T un radd ohoni. Ei ail bechod ddiwrnod yn ddiweddarach oedd chwerthin pan ddywedodd S.M. wrtho ei fod am fynd ag o allan un noson i'w ddysgu sut i yfed cwrw.

'Dowch yma am funud.'

Digwydd bod wedi symud o'r bwrdd llunio at y drws oedd S.M. Digwydd bod gyferbyn â'r drws oedd Osian. Daeth i mewn. 'Roedd dwy gadair wrth y ddesg, un gefn gron i S.M. ac un blaen i'r lleill.

'Caewch y drws 'na.'

Un ystyr oedd i hynny. Ymlusgodd S.M. i'w gadair. Nid oeddynt wedi gweld ei gilydd ers y ffrae. Nid oedd S.M. wedi bod ar y cyfyl. Canolbwyntiodd Osian ar y miniwr penseli wedi'i glampio i'r bwrdd a ddaliai'r bwrdd llunio. 'Roedd S.M. wedi prynu cyflenwad o lafnau newydd i'r miniwr un tro. O fod yn wastraffus amcangyfrifai Osian oes o dair neu bedair blynedd i bob llafn. Ella, cydnabu'r mwstás yn gyndyn ryw chwe mis yn ddiweddarach, 'mod i wedi gordro chydig bach gormod o'r rhein. Buan iawn yr eith mil, atebodd yntau.

Dau fath ar gerydd oedd. Cerydd tymer ddrwg gwylltio'n sydyn, pan fyddai S.M. yn ceisio gweiddi, a'r cerydd oedd wedi'i baratoi, cerydd y llais isel hanner cryglyd a'r pwffian sigarét. Taniodd S.M. Gwnaeth Osian braidd ormod o ymdrech i wasgaru'r mwg gyda'i law.

'Mi wnaeth y Ffyrm fi'n gyfrifol amdanoch chi o'r dechra.' Y gras bwyd.

'O, ia.'

'A 'dw i a'r Ffyrm wedi gwneud ein gora i chi ar hyd yr adag.'

Dychweliad y Dreth Olau. Dyna oedd ar y bwrdd llunio. Gwyddai Osian y stori. Cawsai'r Ffyrm waith i archwilio adeilad canol tref a'r unig ddewis oedd ei ddymchwel. 'Roedd perchennog y safle wedi gofyn i Brian Griffith yng nghlyw S.M. am gyngor ynglŷn â'r pensaer gorau i'w gyflogi i ddarparu bloc newydd o siopau a swyddfeydd a thrannoeth 'roedd papur glân ar y bwrdd llunio a'r sgwâr-T wedi'i olchi'n ofalus.

'Rheina ydi'r siopa?'

'A—a—a mae be 'dach chi 'di'i wneud . . .'

'Roedd un wal blaen gyda'r mymryn lleiaf un o ffenest yn y top yn un pen a ffenest arall o'r un maint rhwng llawr a llofft yn y pen arall. A dim oddi tanynt na rhyngddynt.

'Mae—mae be 'dach chi 'di'i wneud . . .'

Iawn. Pethau i gael hwyl am eu pennau oedd pwyllgorau cynllunio ar y gorau, ond 'roedd pen draw i bopeth.

' . . . enw drwg i'r Ffyrm . . .'

'Be 'dw i 'di'i wneud, Jôs?'

'Mae peth fel'na yn . . .'

'Ydi o?'

Cododd.

'Steddwch. Yr hogia bach 'ma'n ymladd dros 'u gwlad . . .'

'Y?'

' . . . a chitha—a chitha . . .'

Aeth Osian drwy'r drws.

'Dowch yma!'

Y demtasiwn oedd cerdded allan. I'r stryd, i bellafoedd. Nid oedd troi'n ôl a thynnu'r lle i lawr yn demtasiwn o gwbl, oherwydd 'roedd hen ŵr yn golchi'i garreg fedd o hyd.

'Roedd stafell Brian Griffith ar gyntedd arall. Trodd gornel. Deuai Gari i'w gyfarfod. Gwelodd ei lygaid.

'Ew!'

'Sut wyt ti?'

'O—iawn. Iawn, 'sti.'

'O.'

'Ond 'mod i i mewn, 'te?'

'Ia.'

'Joban newydd. Maes carafana.'

'O.'

'Ia. Ia. 'Wela i di.'

Aeth. 'Roedd pytiau o ebychiadau fel chwarddiadau nerfus wedi cyfeilio iddo, cyfeiliant gwaeth na dim oedd gan S.M. i'w gynnig na'i fygwth.

Pwyntio at y papur newydd ymhlyg ar ei ddesg wnaeth Brian Griffith.

'Pan wyt ti wedi bod yn yr R.A.F mi wyddost ti faint o straen ydi o ar yr hogia 'ma.'

Eisteddodd Osian, yn llipa.

'Llythyr arall.'

Gwthiodd Brian Griffith amlen ato. Gadawodd Osian hi heb ei chyffwrdd.

'Maen nhw'r math ar lythyra fyddai'n peidio y munud y byddai'r sgwennwr yn dallt 'u bod nhw yn nwylo'r plismyn.'

Ysgydwodd Osian ei ben.

'O, wel, chdi ŵyr dy betha. Gwybod pwy ydi o wyt ti?'

'Ella.'

Llond bol. Ond 'roedd hyn eto'n haws na'r tro cynt, y diwrnod y cafwyd cyflenwad newydd o sloganau ar ei swyddfa a phan gafodd y Ffyrm a Jonathan lythyrau yr un diwrnod. 'Roedd yn waeth am ei fod wedi bod efo'r Ffyrm o'r dechrau a bod Brian Griffith wedi bod yn llawn cymaint o fêt , ag o gyflogwr, yn awel iach ym mygfa pendantrwydd awdurdod a meistraddoliaeth S.M. Sgwrs hir oedd honno, sgwrs ddwyawr, yn sôn am lawer o bethau heblaw am frawd a chwaer.

'Mae'n debyg dy fod di wedi sylweddoli o'r dechra un nad oedd 'na ddim arall i'w ddisgwyl.'

'Roedd hynny fel pe bai wedi anghofio'i ddweud y tro cynt, neu fel pe bai'n ceisio cyfleu siom am nad oedd y sgwrs honno wedi dwyn ffrwyth.

'Am 'wn i.'

'Os nad ydi o'n fwy amlwg i bawb arall nag i chi, wrth gwrs.'

Pawb normal.

'Na. Go brin.'

''Roeddach chi'n gwybod pan wnaethoch chi'ch dewis.'

Pa ddewis?

''Rhen Jôs . . .'

'Be?'

''Dw i'n rhoi enw drwg i'r Ffyrm, medda fo.'

Efallai mai ar y ddau air diwethaf yr oedd Brian Griffith yn gori, gan ddal i edrych arno wrth ystyried. Cyn hir cododd ei ysgwyddau, yn union fel pe baent yn trafod unrhyw bwnc arall.

''Does 'na neb wedi cwyno. Dim ond hwn.' Nodiodd ar yr amlen.

'Petha erill i fynd â'u meddylia nhw.'

'Rwyt ti'n swnio fel rhywun am fynd i'w gragan.'

Daeth y darlun o'r niwl. Trafodaeth ffurfiol rhwng y tri phartner. Y geiriau'n tindroi. Y tawelwch. Yr hen Barri'n nodio.

'Ella'i bod hi'n well i mi roi'r gora iddi.'

'I be?'

'I 'ngwaith.'

'Pam?'

Cwestiwn tawel, braidd yn annisgwyl.

'Well i bawb.'

Gwadu, crochlefain yr i'r diawl â nhw anobeithiol, cydnabod mor ddi-stŵr â phosib. Pa ddewis?

'Mae petha'r tŷ wedi dŵad drwadd?'

'Do, fwy na heb.'

''Dydi hi ddim yn adag i ti sôn am roi'r gora i dy waith felly, nac'di?'

'Ella na fydd 'na ddewis.'

Yn gymsyg â phopeth arall 'roedd rhyw olwg mai fo fyddai'n penderfynu hynny yn llygaid Brian Griffith.

''Tasat ti ar seit a chontractwr ne' rywun o bwys yn cwyno mae'n debyg y basai'n ddoeth i ni dy dynnu di o'no a rhoi gwaith i mewn i ti.'

'Cynllunio siopa.'

'Dyna welliant!'

'Ac amharu ar bawb i mewn yma.'

Darfu'r wên newydd yn raddol, a daeth mymryn o wrid yn ei lle.

''Dydw i ddim yn dallt be wyt ti'n 'i wneud a 'dydw i ddim yn dallt sut medrwch chi 'i wneud o.' Y tro cyntaf iddo sôn yn uniongyrchol. 'Wel—a chymryd ych bod chi. . .' Hynny am nad oedd Osian wedi gwneud dim a fedrid ei alw'n ddatganiad y naill ffordd na'r llall. 'Ond dy fusnas di ydi hynny. 'Dydi o ddim yn amharu ar dy waith di a 'dydi o ddim yn amharu ar y Ffyrm. Dyna 'musnas i.'

'Roedd llusgo yn y drws.

'Go dam it ôl! Deud wrth yr hogyn 'ma nad ydi o ddim i gerddad allan pan ydw i'n siarad hefo fo!'

'Roedd cael galw chdi ar un o'r partneriaid yn hawl nas rhoddwyd i bob riff-raff. Ond, yn ôl S.M., 'roedd Brian Griffith hefyd wedi bod yn brentis iddo.

'Yn cerddad y lle 'ma ac yn bwrw drw'ch llewys yn llanc i gyd! Fel 'tasan ni ddim yn gwbod be ydach chi! Mae'n hen bryd dangos y drws i chi, 'machgan i!'

Cododd Osian a mynd allan. Edrychodd Brian Griffith ar ei ôl, yn llonydd.

'Dyna fo! Hyd yn oed o fa'ma! Mae'n rhaid i ti roi'r sac iddo fo!'

Ni thynnodd Brian Griffith ei lygaid oddi ar y drws.

'Jôs.' Llais newydd gofio rhywbeth.

''Tydi pawb hyd y lle 'ma'n sôn amdanyn nhw!'

'Wyddoch chi'r busnas pensiwn 'ma?'

'Y?'

'Dudwch ych bod chi'n gweithio nes byddwch chi'n ddeg a thrigian.' 'Roedd hynny ar ôl y Pasg, er y byddai pawb yn ychwanegu un pymtheg mlynedd at yr oed o edrych arno. 'Faint chwanag o bensiwn gewch chi?'

''Dydw i—'dydw i . . .'

'Peth rhyfadd na fyddai'r Musus ar ein cefna ni am ych cadw chi oddi wrthi.'

'Gweld hi gyda'r nosa, 'tydw?'

Gwnâi'r mwstás sŵn chwilio am sigarét.

'Ydach, siŵr. Ydach, erbyn meddwl. Rhoswch yn fan'na, Jôs.'

Cododd, a mynd gan adael S.M. i ffrwcsian. Brysiodd ar hyd y cyntedd tuag at y drws allan.

'Osian!'

'Roedd Osian wedi cyrraedd y pafin. Trodd. Daeth ato. Anwybyddai'r ddau y glaw mân oer. 'Roedd rhyw olwg be wna' i nesa anghyfarwydd yn llygaid Brian Griffith.

''Dan ni isio cadw enw da'r Ffyrm.'

'Oes.' Digon difywyd.

'Mae 'na bymthag punt yr wythnos o godiad i'r cynta fedar roi sbocsan yn y siopa 'na.'

'Roedd gwenau wedi mynd yn bethau prin iawn y tu allan i'w tŷ.

'Dudwch wrtho fo mai siopa rhyw fyddan nhw.'

'Beryg i hynny wneud o weithio nes bydd mwg yn dŵad o'i din o.'

Y ddyrnod fach gyfarwydd ar ei ysgwydd. Trodd Brian Griffith yn ôl i'r swyddfa. Aeth yntau ymlaen ar hyd y pafin.

213

Pennod 21

Gwên neis yn ceisio cymeryd arni nad oedd yn troi.

'Ia?'

'Roedd Dorothy'n goch i gyd. Sgidiau, dillad, y garreg yn ei modrwy, ei breichled, y crafat a godai uwch ei gwegil, a'r pin gwallt. Ond astudio'i hwyneb oedd Nesta wrth sefyll ar y trothwy. 'Roedd y ddynes wedi'i hadnabod.

'Galw am sgwrs.'

'O?' Y syndod mor neis â'r wên. 'Wythnos Genedlaethol Sgyrsiau. Dyna syniad rhagorol. Toc-H, ia cariad?'

Dim ond dweud y gair Aasmund. Ond nid oedd Nesta am wneud hynny. Rhag ofn, er mwyn Aasmund.

''Ddaru chi ddim llawar o gymwynas â Rhian a Meurig, methiant neu beidio.'

'Wel wrth gwrs! Chi sy 'na! Y person sydd wedi dŵad ag ystyr newydd sbon i'r gair brawdgarwch.'

Cyn bellad â dy fod yn mynnu mynd, dywedasai Osian.

'Ond ella'ch bod chi'n dal i fod ynglŷn â'ch gilydd. Yn rhoi'ch meddwl ar waith eto. Mae'n rhy ddiweddar.'

''Tasa gynnoch chi bapur a phensal mi fedrach gymryd arnoch mai cynnal pôl piniwn ydach chi. Fel hyn, 'wn i ddim be ddywed pobol os gwelan nhw ni.'

'Os ydach chi, dudwch wrthi nad oes raid iddi roi'r ffôn i lawr bob tro'r ydw i'n ffonio.'

Fe'i melltithiodd ei hun am ddweud y fath beth.

'O, tewch! Ydach chi'n credu yn y cwlwm teuluol, ydach chi, cariad?'

Aasmund. Aasmund.

'Mi ddaru'r cynllun y daru chi a'ch brawd-yng-nghyfraith 'i ddyfeisio ar ran Rhian a Dewyrth dynnu'r bobol anghywir oddi wrth 'i gilydd.'

Gwên famol ddisgwylgar a gafodd yn ateb i hynny.

''Roeddwn i'n credu mai atal ac nid annog torcyfraith ydi gwaith yr heddlu.'

'A! Cymdeithasegwraig!'

''Wyddwn i ddim bod 'na gysylltiad cryfach na chardia Dolig rhyngoch chi a Rhian. Pam wnaethoch chi?'

'Mae'n oer i chi, cariad. 'Well i chi fynd rhag ofn i chi gael annwyd.'

214

''Waeth i chi ddeud, ddim.'
'Ta-ta, cariad.'
'Roedd y drws yn cael ei gau.
'Dudwch wrth ych potal ddŵr poeth nad ydi'i dricia ynta ddim yn gweithio chwaith. Mae'i lythyra fo'n mynd i'r fasgiad heb 'u darllan rŵan gan bawb sy'n 'u cael nhw.'
'Yr hen slwt fach annymunol.'
'Roedd y wên ar ei genau o hyd. Caeodd y drws. Aeth Nesta. Sleifiodd Dorothy i fyny'r grisiau i gael sbec, ond 'roedd Nesta'n mynd ar hyd y ffordd heb oedi na throi'i phen yn ôl. Daliodd i edrych drwy'r ffenest ymhell ar ôl iddi fynd i'w char ac o'r golwg. Aeth i'w llofft a chodi'r ffôn.
'Rhian? Hilda sy 'ma.'
'O.' Llais un yn cael ei hatgoffa. 'Sut wyt ti?'
'Fel gweli di fi. Ha ha!'
'Rhyw newydd?'
'Wel oes. Mi fu'r hwch fach 'na gafodd 'i magu gynnoch chi yn y drws 'na gynna.'
'O.'
'Holi oedd hi.'
'Paid â'i galw hi'n hynna, Hilda.'
''Run cwestiwn yn werth 'i glywad na'i gofnodi.'
Ond clywsai hi sylw Rhian. Rhyw fân siarad y buont, a Rhian heb lawer o ddim i'w ddweud. Sôn rhywfaint am fudo, ond dim un cwestiwn am ymweliad Nesta.
Ymhen yr awr y dechreuodd rhywbeth tebyg i amheuaeth bigo. Nid oedd rheswm na chysylltiad, dim ond cnoc ar y drws yn deffro digwyddiadau. Bu'n ceisio'i hanwybyddu am sbel, gan aros a chodi'i phen bob hyn a hyn. Ildiodd yn sydyn. Tynnodd y goriad o dan y catalogau. Tynnodd y goriad o'r drôr. Tynnodd y tun glas o'r cwpwrdd.
Ail o dri gorchwyl Nesta am y dydd oedd y cyfweliad. 'Roedd wedi dewis Dorothy'n gyntaf am mai dyna'r ymweliad mwyaf ansicr o'r tri ac am mai'r rheswm drosto oedd bennaf yn ei meddwl. Pan welod y drws yn agor y sylweddolodd mor ynfyd oedd ei pherwyl. Ac wrth lymeitian yn y caffi i dreulio'r awr cyn y cyfweliad y sylweddolodd na fyddai gan Dorothy ar ei gorau ddim ond manion i'w cynnig, pa bryd a sut y trefnwyd y cynllun, a beth yn union oedd o. Dim ond ateb chwilfrydedd fyddai ei gwybodaeth hi.
'Roedd y cwlwm y dilornodd Dorothy hi yn ei gylch mor gryf rhyngddi hi a Rhian a rhyngddi hi a Dewyrth â phe bai hi'n ffrwyth

215

croth un o had cariad y llall. O'i hadnabyddiaeth hi o bobl 'roedd yn gryfach na llawer un. Wedi gweld canlyniad yr ymweliad achlysurol olaf ym mis Awst 'roedd y ddau wedi mynd ati, yn fwriadol beth bynnag am bwyllog, i ddifetha. Hyd yn oed pan oedd Rhian yn ei chysuro ac yn cydwylo y noson honno 'roedd y penderfyniad wedi'i wneud.

Ac nid oeddynt wedi dweud. Nac awgrymu. Dim trafod, dim ceisio darbwyllo. Am eu bod yn ei hadnabod yn rhy dda. 'Roedd newid yn y tŷ; nid oedd yr haf a'r hydref wedi bod mor hapus ag arfer. Ei thyb bach hi oedd mai'r paratoadau yn y tywod oedd yn gyfrifol i raddau, a'r llythyrau i raddau eraill. Ei thyb bach hi oedd y byddent yn ymgyfarwyddo â'r syniad ac yn ei dderbyn, o ddarllen y llythyrau a gweld mor naturiol oeddynt. Dehongli'u tawedogrwydd fel dealltwriaeth ynghyd â diffyg amynedd am eiliad wrth weld y llythyrau'n linc-di-loncian ac yn mynd i unlle wnaeth iddi hi roi ei phroc bach i mewn gyda'i ganlyniadau anochel disymwth. Ond erbyn hynny 'roedd eu paratoadau nhw wedi'u gorffen. Sut bynnag oedd hi, 'roedd Osian i fod i'w ddwyn i mewn i ganol helyntion pobl eraill er mwyn ei gadw oddi wrthi hi.

Y sicrwydd hwnnw oedd yr unig ffordd yr oedd yn gallu goddef y twll heb Rhian a Dewyrth. Nid llenwi twll oedd cyfoeth newydd petrusgar Mam.

Aeth i gyfweliadydda. Dim ond cyn waethed â'r disgwyl oedd yr olwg gyntaf wrth fynd heibio i chwilio am le i barcio. 'Roedd ei dillad yn fwriadol. Anorac a siwmper drwchus, jîns bob lliw. Ond 'roedd dillad eraill yn y car, rhag ofn.

'Roedd dillad y bobl yn y swyddfa yr un mor fwriadol hefyd.

'Ie?' Er mai pwtan oedd y ddynes, 'roedd yn ei hatgoffa o Dorothy.

'Cyfweliad.'

Aethpwyd â hi i'r cefn, rhag ofn i gwsmer ddod yno. Nid yr adeilad na'r cyfrifiaduron oedd yn ei mygu. 'Roedd yn dda iddi ailfeddwl mewn pryd. Gwnaeth y cyfwelydd y dillad yn bwnc testun, heb eu henwi.

'Cerdded wnaethoch chi?'

'Naci. Rhynllyd ydw i.' Tynnodd yn y siwmper gyda'i bys a'i bawd. 'Osian pia hon. 'Y mrawd.'

'O.'

'Roedd cael sôn amdani mor feddwol â'i gwisgo.

'Dyna un fantais o fyw hefo'n gilydd.'

Nodiodd y cyfwelydd, i ddweud bod y rhan honno o'r drafodaeth ar ben.

''Dydach chi ddim wedi priodi.'' 'Roedd yn edrych ar y ddau bapur 'roedd Nesta wedi'u hanfon gyda'i chais.
'Be, hefo Osian? Naddo, siŵr. 'Y mrawd ydi o.'
Gwenodd y cyfwelydd, a llyncu'i boer. Ymhen chwarter awr daeth hithau allan. I wneud yn siŵr, 'roedd wedi ateb pan soniodd y dyn ar derfyn y cyfweliad am hynt y rhyfel, a'r jôc yn darfod.
Gwyddai cyn cychwyn mai'r trydydd gorchwyl fyddai'r gorau. Lwc a Rita oedd yn gyfrifol amdano. 'Roedd ffeiliau cyfrifiadur y storfa deiars 'roedd Rita'n glerc ynddi wedi mynd ar goll yn y sustem y diwrnod cynt, ac 'roedd ar y cwmni a baratodd y sustem eisau dros ganpunt am ddod yno yr wythnos wedyn i chwilio amdanynt a'u hadfer. 'Roedd Rita wedi cynnig Nesta.
Mewn melan misglwyf rhwng Nadolig a Chalan ac Osian a Malcolm wedi mynd i wylio gêm rygbi 'roedd Rita wedi cael y cwbl, y stori i gyd. 'Roedd llythyr arall wedi cyrraedd ond 'roedd hi'n mynd i gael yr hanes prun bynnag. Ar ddiwedd y stori dawel 'roedd Rita wedi codi a dod ati i gofleidio. Mi welis i chi'ch dau'n cusanu y diwrnod cynta y daethoch chi yma, meddai toc. Chwilfrydadd digon afiach oedd cychwyn ein hadnabyddiaeth ni.
'Roedd gan Nesta gopi o bob un rhaglen oedd yn cael ei defnyddio yn ei hen swyddfa. I wneud y lladrad yn gyflawn ac yn llonnach y swyddfa oedd wedi talu am y disgiau hefyd. Daeth y rhaglen ddoctora o hyd i'r ffeiliau ar ei hunion ac i'r camgymeriad a'u cuddiodd. Arhosodd efo Rita i wneud yn siŵr bod y rhaglen yn gweithio. Gwrthododd dâl. Cymwynas am gymwynasa, meddai.
'Siawns nad oes gen ti stori,' meddai Osian.
Ambell noson byddai edrychiad yn troi'n garu ar ei union, cyn bwyd, cyn dim. Weithiau am fod diwrnod wedi bod yn fwy o straen nag arfer, weithiau am ddim mwy allanol na nwyd. Nid oedd o bwys. Dim ond wedi digwydd 'roedd o heno.
'Dorothy fel 'roeddat ti'n deud,' meddai hi, yn tynnu'i phen fymryn yn ôl ar y gobennydd cynnes i gael lle i siarad. 'Weips stepan drws. Wedyn mi wnes i'n saff nad o'n i'n mynd i gael y blydi job 'na.'
'I be oeddat ti'n mynd?'
'Dial. Ac i gael y plesar o sôn amdanat ti wrthyn nhw a theimlo dy jersi di'n cau amdana i'n gynnas yr un pryd. Mi rown y byd am gyflogwr fedrai ofyn be di'ch hanas chi yn hytrach na hwn ydi'r C.V?'
'O leia mae S.M. yn deud y geiria'n llawn.'
'Sut aeth hi heddiw?'

''Fath ag arfar. Pam na phryni di gyfrifiadur a dechra o fan'no?'
Am hanner awr wedi hanner dydd trannoeth canodd y ffôn yn nhŷ
Dorothy. Dywedodd y brawd-yng-nghyfraith mwyn bod y cyfeiriad a
gawsant yn Skien mewn stryd oedd wedi'i chwalu ers pum mlynedd.
'Roeddynt yn gweithio ar Snorre, ond y tebygrwydd oedd, o gymryd
popeth i ystyriaeth, a phwyslais ar y popeth, mai'r gorau daero mewn
llys barn tramor fyddai'r hanes pe bai hi'n mynd i'r pen. Treuliodd
Dorothy weddill y dydd yn rhegi.

Pennod 22

Jonathan oedd yr unig un oedd yn trin Osian fel cynt. 'Roedd fel un wedi cael swadan ar wastad ei gefn, ac wedi codi y munud nesaf dim blotyn gwaeth. 'Roedd Mick wedi pellhau, pellhau'n arw. Aethai'r lleill yn bobl gwrtais, hynny o leill oedd ar ôl. 'Roedd y gwaith yn tynnu tua'i derfyn, a chyn hir ni fyddai angen i Osian fod yno am fwy na rhyw deirawr bob wythnos.

'Un dda i ti bora 'ma.'

'Roedd swyddfa Jonathan wedi mynd yn gwt bwyta annisgwyl ac Osian, yn groes i'r rheolau, yn cael aml i ginio yno. Tywalltodd Jonathan y baned foreol i'r mygiau.

'Be?'

''Roedd 'na gyrch ar y lle 'ma wedi'i drefnu ar gyfar un o'r gloch y diwrnod y rhoist ti fy lorri ora i yn y twll 'na.'

Un o'r gloch. Amser cinio.

'Pam un o'r gloch?'

''Roeddan nhw wedi cael ar ddallt bod 'na drosglwyddiad i gael 'i wneud yma yr adag honno. Paid â gofyn i mi be, — 'fedra fo ddim bod yn beth mawr iawn, na fedra? Pres, ella. Ond 'roedd 'na rywun go bwysig i fod i ddŵad yma, deryn dipyn mwy na'r Alffi a'r Oscar 'na.'

'Aasmund!'

'Y?'

'Iesu! naci. Hidia befo.'

'Pwy bynnag oedd o, 'roedd hi'n werth aros. Dim rhyfadd dy fod di wedi pechu, mêt.'

'O ble 'ti'n cael y straeon 'ma, Jon?'

'Llygad y ffynnon.'

Aasmund. Amhosibl. Nid oedd raid i Aasmund a Snorre ddod i'r safle i weld ei gilydd. Nid oedd Aasmund wedi ceisio ymguddio rhag neb, dim ond oherwydd y stampiau. Nid Aasmund.

''Rwyt ti'n dawal,' meddai Jonathan. 'Ydi Brian wedi cael llythyra wedyn?'

'Dim hyd y gwn i.'

'Na finna. Mi fuo Nesta'n llwyddiannus yn hynna, beth bynnag.'

'Do, mae'n debyg.'

'Mae'n anodd, 'tydi?'

'Ydi.'

Ym mhobman ond y tŷ.

'Mi fedrat wneud hefo gwanwyn a mymryn o haul.'

'Ella.'

A phorth a môr a llonydd.

'Be fydd gen ti ar ôl fa'ma?' gofynnodd Jonathan ymhen ychydig, bron yr un mor synfyfyriol.

'Mân betha nes daw'r ganolfan siopa 'na. Os ca' i fynd arni.'

''Dw i am drio am honno.'

'Gobeithio y cei di hi.' Yna, heb betruso, dywedodd rywbeth nad oedd erioed wedi'i ddweud o'r blaen. ''Ti isio help?'

'Osian!'

Gorffennodd ei de. Cododd.

'Gwaith yn galw.'

'Nac'di am funud. Stedda.'

'Pam?'

'Stedda.' Tywalltodd Jonathan baned arall nad oedd ei heisiau iddo. 'Nid y Glas a'r ffansi dynas 'na ydi'r unig rai sy 'di bod yn dy wylio di yn ystod y misoedd dwytha 'ma.'

'Y?'

''Rydw inna hefyd.'

'Roedd gwên go ryfedd ar ei wyneb.

'Lle mae'r llunia?'

'A! Mi ddoi at dy goed eto.' Trodd ei ben, o glywed sŵn car. 'Gogoniant!'

'Pwy sy' 'na?'

Arhosodd y car o flaen y drws. Daeth Gari ohono heb gynnig helpu. Agorodd drws arall y car yn araf. Daeth Gari i mewn i'r cwt, a rhoi cip sydyn lletchwith o un i'r llall.

'Be ddaeth â chdi yma?' gofynnodd Jonathan, yn groesawgar.

Lluchiodd Gari fawd dros ei ysgwydd.

'Codi allan eto?' meddai Jonathan wedyn yn yr un llais. 'Dyma i ti Osian,' ychwanegodd.

'Y?'

'Rhag ofn nad wyt ti'n 'i nabod o.'

'Gad iddo fo, Jon.'

'Mae'n rhaid i rywun fynd i'w lusgo fo allan, debyg.'

Aeth Jonathan at y drws. Arhosodd yn ymyl Gari, ar ddweud rhywbeth. Ond ailfeddyliodd, a mynd. Arhosodd Gari ble'r oedd. Dechreuodd edrych o'i gwmpas.

'Dal yn brysur?' gofynnodd yn sydyn.

'Am ryw sbelan eto. Sut mae o?'

''Run fath.'

'Ia, debyg.'

'Ia.'

Daliai i sefyll ac astudio popeth ond Osian.

'Dal yn brysur, felly?'

'Be 'ti isio'i ddeud?'

'Dim. Dim byd.'

'O.' Gadawodd Osian ei ail fygiad heb ei orffen. 'Mae'n siŵr bod 'i dafod o'n dal i droi ar 'i cholyn.'

'Ydi.'

'Hm.'

'Fo ddaru dy arbad di rhag cael sac, medda fo.'

'Roedd cyfeillgarwch yn ceisio ymwthio i fynnu'i le.

'Ia, ia. Mi es ar 'y nglinia rhwng y bwr' llunio a'r fahogani ac ar ôl dagra fel Atlantig a sgrechian am faddeuant a thrugaradd mi ddudodd o y basai o'n eiriol yng nghymdeithas y partneriaid.'

'Braidd yn gynnil hefo'r dagra.'

'Paid â bod ofn dy ffieidd-dod, Gari.'

Gwenodd arno, a mynd allan. 'Roedd troed wedi wejo yn nrws y car.

'Go dam and blast!'

'Mi drïwn ni eto.' Rhoes Jonathan dro bychan ar y goes.

'Aw! 'Tydw i wedi deud wrthyn nhw ers talwm y dylan nhw gael car mwy i mi!'

'Diawlad min.'

Fe'i cafwyd allan. Ceisiodd sythu'i gôt. Canodd y ffôn yn swyddfa Jonathan ac aeth yntau i'w ateb gan nodio fel pencampwr ar Osian wrth fynd heibio. Amneidiodd S.M. ar Osian gyda hynny o fraich a fedrai ei chodi. Daeth Osian ato.

'Peidiwch ag yfad gormod o de hefo'r Contractwr.' Llais cyfrinach fawr.

'A chymaint o Aids o gwmpas.'

'Un banad bob hyn a hyn. Rhyw ddeg diwrnod.'

Daeth bloedd. Troesant. 'Roedd Mick yn brysio tuag atynt, ei olwg a'i osgo fel pe byddai wedi hoffi cael rhaff i sgipio.

'Mae o wedi mynd!'

Trodd Osian i edrych o'i gwmpas yn ffrwcslyd.

'Mae o wedi cymryd y goes! Wedi dengid!'

'Pwy?'

'Saddam! 'Dan ni wedi ennill!'

Tinciai'r llais. Sbonciodd ei lygaid o un i'r llall. Tynnodd S.M. anadl araf goruchafiaeth. Aeth y geiriau drwy Gari fel chwiff drwy ddail. Ond nid Osian. Nid y newydd, ond Mick. Mick, oedd heb ymuno yn y trafod na'r dilyn, nad oedd fyth ar goll mewn lluniau papur newydd bob paned a phryd bwyd. Ac Osian wedi hen argyhoeddi'i hun nad oedd unrhyw beth am ei ddychryn na'i siomi byth mwy. Os oedd Mick wedi pellhau nid arno fo'r oedd y bai. Yntau, y pen bach oedd am reoli pob teimlad ac am ragddisgwyl pob ergyd. Mick yn... Trodd Osian a phwyso ar do'r car. Cuddiodd ei dalcen yn ei ddwylo.

'Roedd S.M. wedi gweld gormod ar y byd i orfoleddu.

''Ddudis i wrthyn nhw am beidio â gwneud lol hefo'r deryn yna.'

'Dowch i lawr i chi gael cl'wad.'

'Mae'n rhaid i chi'u hedmygu nhw.'

Teimlodd Osian bwniad ffon yn ei ystlys.

'Mae'n rhaid i chi'u hedmygu nhw, medda fi.'

Un waedd.

'Na raid!'

Un waedd iawn. Unwaith ac am byth. Un waedd, i ddiasbedain. A distawrwydd hir wedyn. Heb weld Jonathan yn synnu'n sydyn drwy'r ffenest, heb weld cynulleidfa ger y radio ar waelod y safle'n troi o glywed rhywbeth fel dathliad direol o bell. Sioc adnabod.

Tynnodd S.M. sigarennau'r fuddugoliaeth o'i boced.

''Fasan ni ddim yn disgwyl dim byd arall gan rai.'

Cafodd Mick sigarét. Dim ond edrych ar Osian wnaeth o. Aethant, yn araf, a brwd. Arhosodd Gari. Yna aeth, gam ar eu holau, fel trydydd i gwmni o ddau.

'A dim ond fforti ffôr wedi'u lladd.'

Trodd Mick yn ôl.

'Arnyn nhw'r oedd y blydi bai!' gwaeddodd.

Aeth Osian, y ffordd arall. 'Roedd y car gan Nesta neu efallai y byddai wedi'i g'luo hi i rywle. Aeth i fyny i'r ffordd fawr ac i lawr yn ôl yn araf, yr ochr arall i'r ffens derfyn. Daeth at yr afon fach. 'Roedd llwybr ar hyd ei glan, fel llwybr defaid. Cerddodd ar hyd-ddo. Safodd ger draenen wen a thorri'r ychydig bigau oddi ar ei boncyff. Pwysodd yn ei herbyn, yn syllu ar y dŵr. Hwn oedd y dŵr oedd i fod i gael ei lygru er mwyn purdeb yr hil. Draw ymhell, o'r golwg, 'roedd cyrff wedi'u haredig a chyrff wedi'u delwi gan wres rhy boeth i fflamau. Er mwyn yr un hil. Safodd yno, ei drem ar y dŵr, ei ddyhead ar eu tŷ. Sefyll nes ei fod wedi corffio.

'Roedd sŵn.

'Crwb isio dy weld di.'

'Mae 'na lunia ohono i yn y cwpwr.'

'Mi dduda i wrtho fo i'r diawl.'

Safodd Gari ar y dorlan, ychydig lathenni draw. Rhwbiodd ei droed yn y pridd. Poerodd i'r afon.

'Mae 'ma waith i ti fory, os 'ti isio,' meddai Osian yn sydyn. 'A dydd Llun.'

'Iawn.' Heb betruso, fel ebychiad. 'Duw, ia. Iawn.'

Dechreuodd symud, ryw how fynd yn ôl. Toc, trodd.

''Wela i di fory 'ta.'

Aeth.

Ymhen hir a hwyr, aeth Osian yntau. 'Roedd pob cam yn brifo. 'Roedd Gari ac S.M. wedi mynd.

'Amsar cinio,' meddai Jonathan o'r drws.

Aeth i'w swyddfa i nôl ei becyn a dychwelyd at Jonathan. Cafodd fygiad chwilboeth.

'Mae golwg ddigon llegach arnat ti heb fynd i'r afon 'na i starfio.'

Dechreuodd fwyta. Rhoes y frechdan ar y bwrdd i rwbio'i fysedd.

'A dyna'r rhyfal i ddiweddu pob rhyfal wedi'i roi i gadw unwaith eto,' meddai Jonathan cyn hir.

Cododd Osian ei lygaid.

'Finna'n meddwl dy fod yn darllan y papura 'ma.'

'Mi'r ydw i. Pob gair.'

Bwytasant.

'Be'r oeddat ti'n sôn am 'y ngwylio i gynna?' gofynnodd Osian, ei eirau fel hanner atgof.

'Dy wylio di'n gweithio.'

'Dallt dim.'

'Mi fasai'r hyn dalis i am gael prisio'r joban yma'n gyflog chwe mis go dda i rywun fel chdi. Talu drwy 'nhrwyn.'

'Mi ddylat fod yn nabod pobol ratach.'

'Ac mae'n anodd arna i i gymryd mwy nag un joban o unrhyw faint ar y tro ac mae cystadlu hefo'r ffyrmia mawr 'ma'n mynd yn gur pen. Mae Mick yn iawn, ond 'does arno fo ddim isio cyfrifoldab heblaw am gyfrifoldab fforman.'

'Pam na chwili di am rywun 'ta?'

'Mi fedra i dalu mwy i ti nag wyt ti'n 'i gael rŵan.'

'Fi?'

'Ia.'

Ar ffiniau creulondeb.

'Na, na, Jon!'

'Pam?'

'Pam.'

''Wela i.'

'Be maen nhw'n 'i ddeud, Jon?'

''Does mo hannar y siarad yn dy gefn di 'rwyt ti'n credu sy' 'na, a 'dydi hynny sy' 'na ddim mor—wel, ddim mo'r hyn 'rwyt ti'n ama 'i fod o.'

'Am nad ydyn nhw wedi anghofio bora'r twll. Chwara teg i'r sglyfath. Mi ddaru o un gymwynas.'

'Na, Osian.'

'Be am Mick? 'Dwyt ti 'rioed yn gweld Mick yn derbyn hynny.'

'Ydw.'

'Byth.'

'Yli, mae ar y cwsmar isio gwaith cyn ratad a chyn gyflymad ac mor dda â phosib. Mae ar y gweithiwr isio cymaint o gyflog ac amoda mor deg â phosib, a chyfla am awr ne' ddwy dros ben pan mae'r pwrs yn dechra gwagio. Dim mwy.'

Cynt, nid oedd erioed wedi meddwl am newid gwaith. Wedyn, nid oedd wedi dychmygu y câi gynnig.

'Paid â thrio deud wrtha i dy fod y teip o fôi sy'n meddwl y bydd pobol yn siarad amdanat ti am weddill dy oes,' meddai Jonathan wedyn, o weld dim ymateb.

Edrychodd Osian trwy'r ffenest. Ar anogaeth yr hyfforddiant 'roedd wedi ceisio meddwl am waith y funud o safbwynt pawb, y gweithiwr, y Contractwr, y cwsmer, yn ogystal ag o'i hun. Y munud hwnnw y sylweddolodd nad oedd erioed wedi llwyddo i wneud dim o'r fath.

'Mae'r Ffyrm yn dda wrtha i,' meddai toc.

'Ydi.'

Trodd i edrych ar Jonathan.

'Wyt ti wedi bod yn siarad hefo Brian Griffith?'

'Do.'

'Am hyn?'

'Naci. Amdanat ti a Nesta.'

'Be—be ddudodd o?'

'Bechod.'

'Oedd 'na awgrym?'

''Rwyt ti'n berwi o ddrwgdybiaeth, 'twyt?'

'Siŵr Dduw.'

''Does dim rhaid iddo fo bara. Mae gen ti syniad reit dda sut un ydw i, mor flin ydw i. Meddwl o'n i y basan ni'n 'i thrio hi am ryw ddwy flynadd, ac os bydd pob dim yn iawn mi fedra i dy wneud di'n bartnar.'

Sioc adnabod.

''Does gen i ddim pres i brynu partneriaeth.'

'Mi neith dy waith di. Nid partneriaeth lawn, wel, nid yn y dechra, beth bynnag.'

'Roedd y llythyr cyntaf a dderbyniodd y swyddfa wedi'i agor, yn ôl y bwriad, gan un o'r clercod. Nid bod hynny'n gwneud gwahaniaeth chwaith. Byddai'r sloganau wedi cyrraedd o'r safle yr un mor fuan, gyda'r un canlyniad.

'Mae rheswm yn deud bod arna i isio atab yn lled fuan,' meddai Jonathan. 'O fewn rhyw ddeufis ella. A mi fydd gen ti well gobaith i bob joban y byddi di arni fod o fewn cyrraedd i'ch cartra chi.'

'Da iawn chdi am ddeud chi, Jon.'

'Ond mi fedri di ddeud rŵan os wyt ti am ystyriad.'

'Mae'n rhaid i mi drafod hefo Nesta.'

'Atab hen ddigon da am yr wythnos yma.'

Oni bai am Nesta byddai wedi anobeithio'n llwyr ers wythnosau. Gwasgodd Osian ei bapur bwyd yn belen a'i luchio i'r fasged yn y gornel.

'Pam, Jon?'

'Dyma ni eto.'

'Deud.'

'Yncl Jon yn cymryd trugaradd ar foch, gan mai dyna sy' arnat ti isio'i gl'wad.'

'Ond dyna ydi o, 'te?'

'Dyma i ti freiban fach arall. Derbynia, ac mi gei ffenestri newydd i dy dŷ am ddim.'

Pnawn o weithio allan, a'i feddwl yn crwydro yma a thraw. 'Roedd Jonathan wedi gorffen ei sgwrs ar hynny, ac wedi mynd yn ei gar heb ddweud i ble. Daeth Mick o rywle, a chawsant sgwrs mor naturiol â rhyw hen ddyddiau pell pell. Sgwrs, ond rhywbeth fel cyfeillgarwch heb barch, hefyd. Hynny'n well na dim, yn dderbyniol iawn am y tro. Efallai y dychwelai'r parch rywbryd, wedi amser. Pan ddaeth Osian i fyny'n ôl 'roedd Jonathan wedi dychwelyd ac 'roedd Nesta yn ei swyddfa.

'Gweithio ar hon hefyd. Mae 'na fwy o gic ynddi hi na chdi.'

'Ella. 'Doedd amoda'r gwaith, fel dudist ti, ddim i'w cymharu.'

'Esgus.'

'Naci. 'Dydi Duw 'y nghydweithwyr i ddim yn 'u drych nhw.'

'Beth bynnag arall maen nhw'n 'i lyncu?'

'Roedd tymer dda ar Jonathan, am fod golwg dawelach ar Osian, o bosib.

'Wyt ti'n barod i fynd adra?' gofynnodd Nesta.

'Ydw.'

Aethant i'r car, yn anwybyddu chwilfrydedd y gynulleidfa yn y gwaelod. 'Roedd cyfrifiadur ac argraffydd ar y sedd gefn.

'Manteisio ar drallod rhyw iypi bach syrthiedig. Mae o fel newydd.'

'Be ddudodd Jonathan?'

'Sôn am 'i deulu. A chdi.'

'Un yn arwain at y llall, debyg.'

'Fwy na heb.'

'Aros funud.'

'Be sy'?'

'Wedi anghofio deud rhwbath wrtho fo.'

Safai Jonathan wrth y ffenest, a'i ddwylo yn ei bocedi.

'Penderfyniad?' gofynnodd.

Ysgydwodd Osian ei ben.

''Dw i 'di bod yn gachwr na fyddwn i 'di deud wrthat ti.'

'Be?'

'Mi wn i pwy dyllodd y peipia.'

Ni symudodd Jonathan, dim ond dal i edrych drwy'r ffenest.

'Teulu?' gofynnodd yn dawel.

Nodiodd Osian.

'Yr ymdrach wallgo ola.'

'Un o olygfeydd hyfryta'r bywyd hwn ydi dyn siwrans yn mynd i'w bocad.'

'Diolch, Jon.'

'Cymar o fel breiban arall.'

Aethant adref. Ar ganol eu bwyd rhedodd Malcolm i mewn.

'Mi fydd gynnon ni'n ffôn ein hunain yr wythnos nesa,' meddai Osian.

'Dim ots, siŵr.'

Daeth Nesta'n ôl.

'Mam.'

'Be oedd gynni hi?'

'Siarad. Mae hi'n poeni am Rhian.'

Pennod 23

'Rhian!'

Trodd ei phen, ei llygaid yn dweud ei bod wedi adnabod ei lais. Trodd yn ôl, a dechrau cerdded yn frysiog ar hyd y pafin.

'Rhian!'

Nid arhosodd. Rhedodd Osian ar ei hôl, a'i dal.

'Rho'r gora i 'nilyn i ne' mi fydda i'n gweiddi ar y bobol 'ma.'

'Na wnei.'

Arhosodd yn stond, a'i wynebu.

'Na wnaf?'

'Na wnei.'

Edrychasant ar ei gilydd. 'Roedd llygaid Rhian mewn rhyw bantiau duon diarth. 'Roedd ei holl osgo'n waeth fyth. Ceisiodd Osian orchfygu euogrwydd hunanoldeb. Nid dyna ydi o, gwaeddai.

'Mi fu 'na oes pan fyddai cyfarchiad cynta'n deud bod bywyd priodasol yn ych siwtio chi,' meddai hi'n ddi-liw. ''Dydi dy fersiwn di o hynny ddim yn dy siwtio di, beth bynnag.'

Ac 'roedd hi'n gallu dweud hynny, fel pe bai pob un drych wedi mynd i ganlyn y sachau duon.

'Tyrd am banad.'

'Na wnaf.'

'Tyrd.'

Daeth. Aethant i gornel wacaf caffi oedd yn fwy na hanner gwag prun bynnag. Daliasant i edrych i lygaid y naill a'r llall tra bu Rhian yn wylo, wylo llonydd, diocheneidiau, yn dwysáu'r ffedogau o dan ei llygaid. Yn y diwedd trodd o 'i lygaid i lawr.

''Rydach chi'r un ffunud. Wyt ti ddim yn sylweddoli, hogyn?'

'Nac'dan.'

'Pan ydach chi'n edrach i lawr, pan mae'ch penna chi. . .'

'Roedd dyn yn darllen tudalen gefn ei bapur. Ar waelod y dudalen flaen 'roedd Archesgob wedi dod o hyd i'r gair 'dieflig' wrth llnau'i eglwys ar gyfer y dathliadau. Eisteddai dynes wrth yr un bwrdd, yn ceisio rhoi'i sylw ar fyd y pafin a'r stryd, ond yn methu'n lân â chadw draw o'r dagrau.

'Wyt titha 'di dŵad ata i fel daru Idris.' Datganiad, nid cwestiwn.

'Mi gafodd o 'i ddamio i'r cymyla, gan Nesta a minna, a Mam. Myllio ne' beidio, 'doedd dim gofyn iddo fo ddeud hyn'na. Mi damiodd Dad o, hyd yn oed.'

'Roedd hi'n edrych ar ei chwpan, heb ei chyffwrdd.

'Gweld y pridd ddaru o. Greddf Mam gynno fo.'

'Pridd?'

''Tasat ti'n siarad hefo Nesta pan mae hi'n ffonio . . .'

'Pa bridd?'

'Y pridd ar welos Meurig, 'te. Yli, 'dydi o ddim ots, 'does 'na neb ddim mymryn dicach. Mae'r dystiolaeth wedi'i chymysgu'n ôl i'r lle daeth hi ohono fo, prun bynnag.'

'Eneidia mawr.'

'Duw, Duw.'

Buont yn dawel. 'Roedd ganddo sgonsan ar ei blât, heb ei chyffwrdd. Byddai rhywbeth yn anweddus ddi-feind mewn gafael ynddi.

''Tasat ti'n atab 'i llythyra hi.'

'Roedd Nesta'n dal i sgrifennu dau, weithiau dri, bob un wythnos. Llythyrau nad oeddynt yn edliw nac yn ymbil. Dim ond llythyrau.

''Ddychmygis i 'rioed y byddach chi'n 'i wneud o.' Y llais marwaidd, iasol.

'Do, mi ddaru ti. Mi fasai'n well 'tasat ti 'di gwaedu allan fel daru Mam.'

''Does 'na ddim—ddim mymryn o . . .'

'Edifeiriwch?'

'Dim mymryn.'

'Rhian bach!'

'Ia, Rhian bach.' Cymerodd y llymaid cyntaf o'i the. 'Yr het. Yn dal i gredu mewn petha fel—fel—anrhydadd.'

'Mae pob anrhydadd y gwn i amdano wedi'i ddiffinio gynnyn nhw.'

'Pa nhw?'

'Mi wyddost. A'r pwrpas. Darllan y blydi papur 'na.'

Nid oedd yntau am ffraeo, nac ymbil.

'Ffenast siop artaith ydi'u hanrhydadd nhw.'

'Roedd ei bochau hefyd yn bantiog braidd, ond ni wyddai ers pa bryd. Nid oedd ganddi'r un mymryn o golur ar ei hwyneb. Nid oedd yr hen daclusrwydd ar y gwallt chwaith.

'Be wnaethoch chi? Gadael i Dorothy wneud popeth 'ta gwneud hefo'ch gilydd?'

'Roedd y dagrau wedi mynd. Y llygaid difynegiant dweud popeth yn edrych arno.

'Y diwrnod hwnnw yn yr ha,' meddai yntau. 'Wyddost ti nad oeddan ni 'di deud yr un gair wrth y naill a'r llall ar ôl dŵad yn ôl i'r tŷ? Sefyll yn fan'no am chwartar awr. Hi ar y grisia a finna wrth

228

ddrws y parlwr. Dim un gair. Dim ond byw. Mygu ofn yr anochal. A Mam yn methu gwneud dim ond dengid am 'i bod hi'n rhy hwyr. A chditha'n deud wrth Meurig. Oeddach chi'n gwybod bod y ditectif 'na'n perthyn i Dorothy?'

Gofyn. 'Roedd yn amlwg nad oedd am gael ateb. 'Roedd y ddynes yn cadw golwg o hyd, yn ysu am y gyfrinach. Trodd y dyn ei bapur i ddarllan y dudalen flaen. Yr un oedd thema'r dudalen ôl y buasai'n ei darllen hefyd, heddwch yn ddeuddydd oed ac yn dechrau mynd yn stêl.

'Oeddach, siŵr. Methu gwybod lle i droi, be i'w wneud. Cysylltu â hi am 'i bod hi'n byw yng nghyffinia 'ngwaith i. Hitha'n ymgynghori â'r brawd-yng-nghyfraith. Mae'n debyg i hwnnw wylio am sbelan a gorfod deud wrthach chi yn y diwadd nad oedd bywyd di-liw di-gic llawn breuddwydion yn drosedd, gwaetha'r modd. Be fedra fo 'i wneud hefo rhwbath oedd yn byw mewn tŷ lojin o bob dim? Be ddigwyddodd i ail ŵr Dorothy?'

'Mynd.'

'O.' Nid oedd wedi disgwyl ateb i hynny chwaith. 'Yna mi ddaeth Aasmund. Meiddio dweud wrth Dorothy mai fo oedd pia rhyw drysor bach oedd gynni hi. Mi ddangosodd hitha'r drws iddo fo ar ôl i'w dychymyg wledda am y cyfnod priodol. Ond mi ddaeth o'n ôl i ofyn wedyn. Dyma fyllio, nes bod y wên yn fwy sionc nag y buo hi 'rioed. Aros funud, medda'r llall, be ddudist ti oedd hobi hannar arall y cwlwm coed 'na? Dyma bwyllgora. 'Weithith hi byth, medda un. Pam? medda'r llall, mi fydd y stampia'n ddigon sâff.'

'Roedd clust y ddynes wedi rhyw symud mor slei ag y gallai i'w cyfeiriad.

'Ddaru nhw ffonio i ofyn oeddach chi'n cytuno â'r cynllun?'

'Trio dy roi dy hun yn fwy o dditectif na fo wyt ti.'

'Naci. Mi ddaru nhw, 'ndo? Mi fedar olygu carchar, medda Dorothy. Gora oll, medda Meurig.'

'Rho'r gora iddi.'

'Trefnu eiliad y rhuthro. Ac mi fydd o'n gyfla heb 'i ail i setlo'r tri arall hefyd, medda'r mwyn. Aasmund am 'i ddigwilydd-dra ac am berthyn i Snorre, Tim i gael y wers angenrheidiol, a minna. Ein cael ni'n tri a'r stampia hefo'n gilydd. Mi fyddwn i'n cael twrna ac yn egluro iddo fo, ond yn y cyfamsar mi fuasan nhw wedi bod trw adra hefo'u gwarant. Gesiwch stampia pa wledydd mae hwn yn 'u hel. Sut doth o a brawd Snorre a'r pecyn at 'i gilydd? Ac mi fyddai Tim yn tystiolaethu yn ôl y gorchymyn. Hen fôi iawn, ond dyna wnâi o. Mi fyddai Aasmund yn dod ohoni, mwya tebyg, ac yn 'i g'luo hi am

Norwy a'i gynffon rhwng 'i goesa. Ella down inna'n rhydd hefyd. Ond mi fyddai wedi bod yn hen ddigon o lanast i argyhoeddi Nesta mor agos i'r dibyn y buo hi.'

'Roedd ei de, fel y sgonsan, heb ei gyffwrdd. Nid oedd Rhian wedi yfed yr un llymaid arall chwaith.

'Pam na wnei di adael i Nesta ddŵad atat ti?'

''Wrthodis i 'rioed mohoni!' 'Roedd gwegi'r llygaid yn troi'n argyfwng. 'Mi geith ddŵad adra rŵan hyn!'

Cododd y dyn ei ben o'r papur. Trodd y ddynes ei phen yn ôl. 'Hebdda i.'

'Roedd y dagrau yn eu holau.

'Dim ond chwara dy gêm dditectif.'

'Naci. Cael gwybod be ddigwyddodd. Hynny'n anorfod, 'toedd? 'Dydi o ddim yn bwysig rŵan.'

'Ar ôl y plesar o'i luchio fo ata i.'

'Naci, Rhian. Naci, damia unwaith. 'Ddois i ddim yma i hynny.'

''Waeth gen i i be doist ti yma.'

'Paid!'

Ond 'roedd hi wedi codi ac wedi troi. Aeth drwy'r drws.

Cododd yntau. Aeth.

Pennod 24

''Dydi hyn yn newid dim, 'sti.'
''Wn i.'
'Deud o 'ta! Deud o!'
'Newid dim.'
Daeth eu mam drwy'r drws ar eiriau ochneidiol Osian, a'u gweld, hi wedi ymgladdu ynddo fo. Trodd yn ôl a mynd i'r gegin.
'Mi awn ni am dro pan ddoi di'n ôl,' meddai o.
'I ganol 'u clecs nhw? Mi awn ni adra.'
Y gaer o olwg pawb.
'Dyna chdi, 'ta.'
Gan nad oedd dim ar ôl.

Y dydd Llun ar ôl i Osian fod yn y caffi efo Rhian daethai Meurig adref o'i waith a chael gwydr drws y tŷ wedi'i orchuddio o'r tu mewn. 'Roedd wedi agor, a rhoi'r golau. O'i flaen 'roedd Rhian ynghrog o ganllaw'r grisiau a'r corff mor llonydd â'r tŷ ei hun. Greddf wnaeth iddo ruthro. 'Roedd y rhaff neilon oren o'i gwt wedi mynd yn un â'r cnawd. Ei thynnu i lawr nes bod y canllaw'n clecian, a'i chario i'r gegin. Sicrwydd y darfod—popeth wedi darfod—yn ei daro'n un ergyd wrth edrych ar yr wyneb. Ers canol y bore, meddai'r doctor. Ymhen rhai dyddiau y gallodd Meurig ei ddarbwyllo'i hun mai wrth weld y gorchudd ac nid wrth ei gweld hi y darganfu.

Ond nid oedd ar gael ar gyfer cydymdeimlad na rhannu galar. Trwy gyfrwng y gyfnither y cafodd Henry a Susan wybod. Wedi mynd yno ar eu hunion, cawsant dŷ gwag. A gwag y bu. Nid oedd sôn am gysylltu, dim sôn am drefniadau. Cawsant ar ddeall bod y crwner wedi rhoi tystysgrif angladd. 'Roeddynt yn ffonio ymgymerwyr a'r un yn gwybod dim. Galar sydyn, meddai Henry, yn gwybod nad oedd angen iddo'i gynnig fel ymddiheuriad. Galar blynyddoedd, atebodd Osian yn y man, a'i fam yn troi'i phen tuag ato'n sydyn. Yn hwyr nos Fercher, bron hanner nos, cawsant afael arno ar y ffôn. Rhy hwyr rŵan, 'tydi? meddai a rhoi'r ffôn i lawr. Aethant yno ben bore trannoeth a chael y tŷ'n wag eto. Amser cinio ffoniodd y gyfnither yn methu gwybod sut i ddweud hyn, wir. Deud o! meddai Henry a'i ddwrn uwch ei ben. 'Roedd yr angladd wedi'i gynnal. Dim ond Meurig a'r corff, hyd y gwyddai hi, ac efallai un neu ddau o staff yr amlosgfa i bowlio. Aethai Henry ac Osian yno ar eu hunion. Nid oedd ei henw ar yr un o groesau plastig y dydd. Ond cawsant gadarnhad yn y swyddfa. 'Gynhaliwyd gwasanaeth? gofynnodd

Osian am fod Dad wedi hurtio. Mr Pritchard a'r gweinidog a dau arall, atebodd y swyddog. Gŵr a gwraig.

Aethant i dŷ Meurig. Nid oedd yno. Daethant o'r car. Aeth Henry i'r cefn, ac aeth Osian i edrych drwy'r ffenestri a chael ei naddu gan lonyddwch diawgrym y dodrefn. 'Roedd slipars Rhian o dan y teledu. Toc, gallodd droi oddi wrthi. Pwysodd ei fys ar y drws wrth fynd heibio. Câi ffenest y parlwr ei hadlewyrchu yng ngwydr y llun priodas ac nid arhosodd am fwy nag eiliad. Aeth at Dad.

Ceisiai o guddio rhywbeth. Safai o flaen y bin lludw a golwg euog arno am nad oedd wedi clywed Osian yn dynesu. 'Roedd rhywbeth yn ei law, tamaid o wydr wedi'i liwio. Ni cheisiodd atal Osian rhag codi'r caead. 'Roedd y botel yn deilchion, y bws wedi'i hollti a'r bobl ynddo'n dal i eistedd a'u pennau i lawr a phwmp petrol ar eu traws. 'Roedd gweddill y byd ar wasgar ac ar goll mewn tuniau a chrwyn tatws a lludw a llwyth o amlenni yn llawysgrifen Nesta. Rhoes Osian yn caead yn ôl.

'Sioc 'sti, wâ.'

Dychwelasant adref. Daethai Idris. 'Roedd golwg waeth arno fo na neb.

''Ro'n i'n credu na fedrai neb wneud hynna os oeddan nhw'n gallu crio.'

Fel rheol byddai gwledd angladd yn diflannu'n gyflym oddi ar fyrddau. Ond 'roedd Susan wedi paratoi gormod heddiw. A rhyw lefaru'r geiriau wrth blât dri chwarter llawn wnaeth Osian. Nid er mwyn cael ateb chwaith.

'Mae arna i ofn bod 'na lawar o betha'r ydach chi wedi'u credu,' meddai ei fam.

'Be wnawn ni hefo Meurig?' gofynnodd Idris rhag ofn bod ei lygaid yn ffoi heb erlidwyr.

'Be wyt ti'n 'i feddwl, ''gwneud''?'

'Wel. . .'

''Dydw i ddim yn mynd i'r un cwest,' meddai Nesta toc.

Nid oedd hi wedi gollwng deigryn. Brynhawn Llun cawsent ffôn yn y tŷ ac 'roedd wedi ffonio'n syth adref i roi ei rif. Bedair awr a hanner yn ddiweddarach 'roedd y ffôn newydd wedi canu am y tro cyntaf a Dad wedi rhoi'r neges. 'Roeddynt wedi mynd ar eu hunion a Nesta'n dweud 'chân nhw ddim mo'n gorchfygu ni gydol y daith. Cyraeddasant gefn nos a neb yn ei wely, Henry newydd ddod yn ôl o'i chwilio a Susan wedi ffonio pawb oedd o fewn hyd sbenglas i Meurig. 'Roedd Susan wedi wylo, daethai mân ddagrau i lygaid Henry hefyd trannoeth, ac 'roedd Idris wedi rhuthro i'w lofft i gael un pwl o grio dychryn gyda'r nos. Ond nid Nesta.

'Mae'n debyg y bydd tystiolaeth Meurig yn ddigon,' meddai Henry, wedi cymryd eiliadau hirion i ystyried.

'Mae o'n mynd i ddeud pam.'

'Roedd Susan wedi dweud hynny nos Lun hefyd, yng nghanol y dychryn. Nid oedd angen ymateb yr adeg honno.

'Mi ddyfyd bopeth,' meddai drachefn, yn benderfynol.

'Os daw rhywun o hyd iddo fo,' meddai Idris, heb geisio bod yn glyfar o gwbl.

'Roedd y bwyd yn mynd i lawr, yn ara deg.

'Dros ffor',' meddai Osian.

'Be?' gofynnodd Nesta.

'Dros ffor' mae o.'

'Tŷ Miriam?' Yn hurt.

'Ia.'

'Sut gwyddost ti?' gofynnodd ei fam ar ei hunion.

''Ddaru nhw ddim dŵad i'r drws. Ac mae'u car nhw ar y pafin ers echdoe.'

''Does dim rhaid iddyn nhw fod i mewn am ych bod chi 'di cnocio.'

''Dydyn nhw byth yn 'i gadw fo allan. Mae hynny 'di bod yn jôc acw hefo'n car ni. 'Does 'na ddim lle yn 'u garej nhw am bod car Meurig yno.'

'Pam na fasat ti 'di deud, wâ?'

'Pnawn 'ma y daru mi sylweddoli. Pwy arall fasai'r gŵr a'r wraig yn y c'nebrwn?'

'Dyfaliad,' meddai Idris.

'Naci.'

'Mi ffonia i nhw.'

'Gad iddo fo.'

'Ia,' meddai Susan wedyn, wedi synfyfyrio, 'gad iddo fo.'

'Nes bydda i wedi mynd,' meddai Nesta. 'Mi ddaw wedyn.'

'Paid,' meddai Osian yn dawel.

'D'o 'mi oriad y car.'

Wedi penderfynu.

'Mi ddo' i hefo chdi.'

'Na.'

Cododd, a rhoi'i llaw ar ei ysgwydd yng ngŵydd pawb. Edrychodd Susan ar y llaw ac ar y bwrdd. Edrychodd Idris ar y llaw. Ni sylwodd Henry ar ddim. Aeth Osian hefo hi at y drws allan. Yna 'roedd hi'n troi ac yn ei ysgwyd cyn claddu'i phen yn ei siwmper.

''Dydi hyn yn newid dim. 'sti.'
''Wn i.'
'Deud o 'ta! Deud o!'
'Newid dim.'
Daeth eu mam a throi'n ei hôl. Aeth Nesta. 'Roedd rhai
blynyddoedd ers y ffilm. Yn lled fuan ar ôl y parti oedd hi. Ffilm hwyr
y nos, a Dewyrth wedi mynd i'w wely rhyw ddeng munud ar ôl iddi
ddechrau a Nesta'n gwegian rhwng siomiant a rhyddhad am nad
oedd wedi aros. 'Roedd Rhian wedi dechrau gwylio ac wedi cynnig
yn ddigon sych mai arlwy sinemâu ac nid pobl yn newid eu dull o
adloniant oedd yn bennaf gyfrifol am eu gwagio, ac wedi mynd ar ôl
Dewyrth heb ymboeni a oedd ei sylwadau mor berthnasol i sinemâu
Dwyrain Ewrop ag yr oeddynt yn nes adref. Ond pe bai Nesta wedi
cael ei hel i'w gwely fel hogan fach byddai wedi llusgo'r teledu ar ei hôl
y noson honno. Hogyn—dyn—wedi'i fagu oddi cartref yn dod i
edrych am ei deulu. Llond stafell. Bwyta. Gweld hogan yn edrych
arno rhwng pennau. Mewn chwinciad, y ddau wedi'u llygad-dynnu
gan y naill a'r llall. Pwy ydi hi? meddai wrth ei dad. Mae hi'n hannar
chwaer i ti, meddai hwnnw. Y llygad-dynnu'n mynd yn fwy a mwy
diatal. Cyfarfod. Y teulu'n sylweddoli. Ffrae am y clywech chi a
Dewyrth yn mynd i'w wely. Ffraeo, curo, diarddel. Caru. Rhian yn
dyfarnu ac yn mynd ar ôl Dewyrth. Hithau wedi glynu yn y ffilm a'r
stori. Honno'n dod i ben ar ôl dau garchariad am genhedlu dau
blentyn a chodi tŷ a magu'r plant a dim mymryn o nam arnyn nhw.
Hithau'n gyndyn o gydnabod bod y ffilm wedi gorffen ac yn mynd
i'w gwely i gadw'n effro. Wedi sylweddoli am y tro cyntaf yn ei
bywyd, ffilm wneud neu beidio, nad hi oedd yr unig un. Ac er ei bod
wedi bod yn brafiach nad oedd Rhian a Dewyrth yno i'w troi ill tri'n
annifyr eu byd wrth wylio, mi fyddai iddynt ei gweld wedi bod yn
gyflwyniad heb neb yn gorfod dweud dim. Neu dyna a feddyliai hi ar
y pryd, yn ei diniweidrwydd. Trannoeth 'roedd Miriam yn budr-
chwerthin am ben y ffilm fel pornograffi iawn am sbort, ac yn dweud
ei bod hi wedi darllen yn y papur ei bod wedi'i seilio ar stori wir. Ac
yno y dechreuodd y gobaith, a'r diwedd.
Dim ond rŵan, wrth yrru, y gwyddai bod Rhian wedi mynd.
'Roedd yn mynd adref—nac oedd, 'roedd y ddau wedi bod yr un mor
benderfynol â'i gilydd mai dim ond y tŷ newydd gâi ei alw'n hynny.
'Roedd yn mynd i dŷ Dewyrth.
'Roedd yn dechrau nosi ond aeth heibio i'r amlosgfa yr un fath.
Aeth o'r car, a mynd at y drws caeëdig. Dim ond er mwyn cerdded yr
un llwybr a theimlo cysur dagrau'n dechrau. Aeth yn ôl, a throi i syllu

234

ar y simdde a dal i syllu nes ei bod wedi mynd i ddawnsio yn y dagrau a'r gwyll. Pob sgwrs, pob jôc, pob darbwylliad, y cyfan wedi mynd fel pe na baent wedi bod erioed. A'r cyfan wedi'u rhoi o'r neilltu mor fwriadol. Pe bai rhywun wedi sôn, wedi proffwydo, ei henw hi fyddai wedi dod i'r meddwl, yr hi a droes yn Mam. Nid Rhian. Nid Rhian.

Pe bai rhywun wedi dweud wrthi y byddai Rhian yn ei chrogi'i hun os oedd hi ac Osian yn mynd i fyw hefo'i gilydd byddai'r tŷ wedi'i brynu yr un fath yn union.

'Roedd yn gallu gyrru'r car ac wylo yr un pryd. Am ei bod yn wylo nid oedd arni ofn. 'Roedd y car coch ar y pafin. Daeth y ddynes i'r drws, a dychryn. Dim yn gwybod beth i'w wneud am ei bod yn gwybod nad oedd haws â gwadu. Dynes braidd yn bell fu hi erioed, yn gwneud i Nesta deimlo'n israddol am ei bod yn cael ei magu allan. Nid ei bod yn dweud, dim ond rhyw wenu'n ffurfiol a chwerthin yn ffurfiol pan fyddai Miriam a Nesta'n cael hwyl, ac yn neidio ar bob cyfle i sôn am ffrindiau eraill Miriam pan fyddai'r ddwy'n fwy o fêts nag arfer. S.M. mewn sgert, meddai Osian.

Heibio iddi gwelai Dewyrth, yn sefyll yn ei siwt a'i dei ddu yn edrych arni ac yn dechrau ysgwyd ei ben am na fedrai wneud dim arall. Aeth heibio i'r ddynes gan roi sgŵd iddi braidd a mynd ato, rhuthro ato a gafael ynddo a chrio am ben ei siwt a dal i afael a gwasgu ac yntau fel sach datws. 'Roedd mam Miriam yn y drws o hyd yn edrych arnynt ac ar ei gŵr a ddaethai i ddrws y gegin i rythu a golwg be wnawn ni rŵan ar y ddau fel ei gilydd. Ni welai Nesta na Dewyrth hynny ond efallai bod Nesta'n ymwybodol o'r ddau a'u teimladau oherwydd 'roedd yn tynnu'n ddall yn Dewyrth, ei dynnu tua'r drws ac allan ac i'r pafin ac ar draws y ffordd. Nid bod ganddi nerth i wneud ond 'roedd o'n dod. Dim ond nhw ill dau yn y tŷ, yn eistedd ar y soffa o flaen y teledu a slipars Rhian.

Hi enillodd, o ran corff Dewyrth. O dipyn i beth llaciodd y cyhyrau. Daliai i gadw'i ddwylo'n syber wastad ar ei luniau. Daliai hithau i dynnu a rhwbio a gwlychu'i dei a'i grys. Ymhen hir a hwyr, llonyddodd hithau, ac aros yno, ei phen ar ei grysbais. Nid oedd wedi dod yno gydag unrhyw fwriad, dim ond dod. Wedi cyrraedd, dim ond bod yno oedd o bwys.

''Dydw i ddim yn difaru, 'te.'

Llais gwag Dewyrth.

'Be?'

'Y c'nebrwn. 'Dydw i'n difaru dim.'

'Roedd ymdrech yn ei eiriau.

'Dim ots.'

Ymhen hir a hwyr,

'Fel hyn wyt ti'n gafael ynddo fo hefyd?'

Llais yr un mor wag. Efallai mai ceisio'i brifo'r oedd o, ceisio dangos nad rhywbeth i'w wneud o bell oedd diarddel. Efallai iddo deimlo llwyddiant yn y cryndod a aeth drwyddi, ac efallai nad oedd hynny ar ei feddwl o gwbl.

Yn raddol, datgysylltodd hi ei hun. Eisteddasant ochr yn ochr, yn edrych ar y slipars, ar y carped, ar y pared. Cododd hi a mynd at y drych.

'Arglwydd mawr!'

Aeth drwodd ac i fyny'r grisiau, a'i llygaid wedi'u sodro yn y canllaw. Bysedd a dwy flynedd ar hugain o ofal ynddynt yn gwneud dau gwlwm neilon fel gorchwyl olaf er mwyn peidio â bod. Ond yn fyw neu'n farw, nid oedd gorchfygu i fod. Cyn mynd i 'molchi, agorodd ddrws ei llofft. Efallai ei bod yn rhyw feddwl aros am y nos.

Dim ond y carped a'r llenni oedd ar ôl. Carped ag olion chwe throed gwely arno. Caeodd y drws a dechrau wylo eto. Dwy law ar ddau dap dŵr, a gweiddi crio.

Wedyn, y crio wedi troi'n ocheneidiau hirion a thawelu, 'molchodd. Cario dŵr o'i dwylo i'w hwyneb drosodd a throsodd, yn gallu dyheu drwy'r alaeth am iddo fod yn ddŵr môr. Sychodd ei hwyneb a mynd i ben y grisiau. 'Roedd Dewyrth ar y gwaelod yn edrych arni.

'Mymryn o fwyd.'

Edrychodd yn ôl arno. Cododd yntau ei aeliau fymryn cyn mynd i'r cefn. 'Roedd wedi gwneud cawl paced a thorri tafellau tewion o dorth wenith. Bwytasant. Daeth cnoc ar ddrws y cefn. Aeth Nesta i'w agor. Daeth mam Miriam i mewn ac aros wrth weld y bwyd. Gwelodd Nesta'r siom yn ei llygaid.

'O.'

Dychwelodd Nesta at y bwrdd gan adael i'r ddynes gau ar ei hôl. Dowciodd ei bara yn y cawl poeth, a'i fwyta a'i llygaid ar Dewyrth a oedd yn syllu'n ddifrifol ar y siom.

Pennod 25

Rhanasant y porth â'r ddau forlo, gan geisio dangos nad oeddynt yn tarfu. Llwyddent hefyd i raddau, oherwydd busnesa a chanlyn arni wedyn wnaeth y morloi. 'Roeddynt wedi cuddio'r ddau feic yn ochr y cae i'r clawdd, a'u cloi yn ei gilydd. Edrychent yn ddigon sbeitlyd ar y dillad nofio oedd wedi cael eu rhoi yn y bag rhag ofn, yn angenrheidiol am fod Malcolm wedi cael cariad ac yn dueddol o ddod â hi ar hyd y creigiau. 'Roedd Sadwrn gwanwyn yn oer, ond 'roedd y porth yn lân.

'Fel dudist ti, agwedd.'

'Roedd Osian wedi dadwisgo ac wedi rhedeg i'r dŵr dros ei ben pan oedd y morloi o'r golwg rhag ofn eu dychryn. Cododd a deifio eilwaith, ac wedyn.

'Tyrd, y babi!'

Ond ni wnaeth. Dim ond pwyso'n erbyn eu cromlech ac edrych arno, a chysgod gwên yno yn rhywle. Daeth morlo i'r golwg a gwylio. Deifiodd Osian eto a nofio dan y dŵr tuag ato. Daeth i'r wyneb a dechrau galw ar y pen drwgdybus a oedd wedi pellhau, yn cofio Sadwrn arall ddeunaw mlynedd ynghynt efallai ac yntau'n un o griw wedi mynd i gerdded clogwyni ac wedi aros uwchben cilfach gulach a dyfnach na hon i daflu darnau rhydd o'r graig finiog dan eu traed i'r dŵr ymhell islaw. Nid blerwch na diniweidrwydd oedd o chwaith. Gwyddent yn iawn bod y morloi yno. Toc 'roedd ffrwd fechan goch yn ymddangos yn y môr a'r morloi mawr a bach yn ymgynnull o gwmpas y morlo bach ac yntau'n mynd adref yn drist ac yn dweud y stori er mwyn cael ei ddiawlio i'r cymylau am y gwyddai mai dyna oedd i fod.

Rhoes y gorau i geisio darbwyllo'r morlo a dychwelodd i'r lan ar ôl chwarae rhyw fymryn i aros ar fin y dŵr i wrando'r tonnau'n suo'r cerrig mân. Nid oedd wedi gwrando ar hynny ers talwm. Dechreuodd grynu a rhedodd yn ôl at y gromlech a phlygu i estyn y lliain ond 'roedd hi'n gafael ynddo ac yn ei dynnu ati gan anwybyddu'r gwlybaniaeth.

'Paid.'

Ni wnaeth.

'Mae'n beryg inni gael pobol ddiarth.'

Ni chymerodd hi sylw o hynny chwaith, dim ond hel y trowsus cyndyn i lawr a'i gicio ymaith yn swpyn gwrthodedig a'i gymeryd ati'n wlyb a noeth.

'Fel hyn mae pobol yn cael niwmonia, siŵr Dduw.'

'Paid â deud dim.'

Safasant yno am hir, yn erbyn y gromlech, hi'n oeri ac yntau ddim yn cynhesu. Nid bod hynny o bwys. Yr unig fwriad oedd bod yno. Draw dros y clogwyn 'roedd carnifalau a phartïon *chez-nous* a theithiau cerdded a ffeiriau uffar o sort yn llwytho cronfa ddiolchgarwch am yr adloniant a oedd wedi bod yn fwy o werth na phris trwydded teledu, a diolch i Dduw am ddioddefaint Cwrdiaid i brofi bod anwariaid neisia'r byd yn hael gyda'u papurau pumpunt. Byddai'r gronfa gydymdeimlad yn siŵr o'i landio hi yn y dwylo iawn. Yr ymateb i'r sylwadau hynny o eiddo Osian yn y swyddfa a wnaeth iddo ffonio Jonathan chwarter awr yn ddiweddarach, a rhoi terfyn ar ddeng mlynedd fel clec ar fawd.

'Chdi oedd yn iawn. Agwedd sy'n 'i wneud o'n oer.'

Ond 'roedd ei ên yn crynu.

'Môr ne' ddillad.'

'Tyrd 'ta.'

Dadwisgodd hithau. Gwasgodd yntau'r dŵr oddi ar ei drowsus nofio cyn ei ailwisgo. 'Roedd yn oerach ac yn annymunol. Rhedodd i'r dwr. 'Roedd hwnnw'n oerach fyth.

'Agwedd medda fo.'

Nofiai Nesta ar ei chefn oddi wrtho. Ailfagodd yntau'r plwc a mynd ar ei hôl. Y dydd Llun cynt bu hi am gyfweliad arall gyda chwmni oedd yn swnio'n llawer 'gosach ati na'r lleill. Pan gyrhaeddodd y lle 'roedd y banc yno o'i blaen yn cloi. Llaw ddi-feind o bob dormach yn troi goriad di-feind. Aeth hithau adref a rhegi'i chyfrifiadur am nad oedd wedi ystyried faint o boen oedd yn cynnal y fargen. Pwy sy'n deud 'u bod nhw'n poeni? meddai Osian.

'Mi awn ni ffor'cw heddiw.'

Gwaith nofio, nid gwaith chwarae. Nofiasant draw oddi wrth y porth, i'r môr. Arhosodd o cyn hir i geisio sefyll. Ni allai. Nofiodd eto, yn fodlon am ei fod yn gorfod ymddiried yn llwyr yn y dŵr. Tröent yn ôl bob hyn a hyn i weld y tir uwchben y clogwyn yn dod fwy a mwy i'r golwg. 'Roedd gŵr a gwraig yn cerdded y llwybr ac yn aros i'w gwylio. Daethant at ddarn tywyll uwchben cerrig a gwymon, a'r düwch danynt yn fygythiol nes iddynt ddod i arfer ag o. 'Roedd yn anos dygymod â'r tameidiau oer ysbeidiol a dirybudd.

'Digon pell?'

Trodd Nesta.

'Na.'

Pwyntiodd o i ganlyn y tonnau. Am eu bod wedi nofio'n sgwâr iddynt 'roeddynt wedi'u cario ymhell i'r de.

'Mi fethwn y porth o filltiroedd.'

'Na wnawn.'

Canlynasant arni. Yn raddol, fesul diwrnod, ciliai olion adfyd o'u hwynebau. Treulient lawer gyda'r nos yn hollol ddistaw, fo'n gweithio'n araf ar wneud cypyrddau yn y llofft, a hithau un ai'n ei helpu neu'n eistedd ar y gwely'n ei wylio neu'n synfyfyrio. Yr arafwch yn hytrach na'r grefft oedd yn gyfrifol am daclusrwydd y gwaith. Ond nid oedd brys.

'Dacw nhw.'

'Be?'

'Tŷ ni.'

Craffodd. Dilynodd ei braich. Gwelai'r ceunant a'r rhesi tai o'i boptu, ymhell i ffwrdd.

'Mi gaf edrach ar y môr dros ben pant 'gosa'r gwesty rŵan a deud ein bod ni 'di bod yn fan'na.'

'Roedd gofyn craffu i weld y porth hefyd.

''Rydan ni'n bell ddiawledig.'

Daeth morlo i'r golwg eto, rhyngddynt a'r lan. 'Roedd fel buddugoliaeth. Galwasant arno. Ni fyddai cymaint â hynny o waith dofi arno.

Toc, y morlo wedi penderfynu eto'i fod wedi dod mor agos ag oedd ddoeth, trodd Osian ar ei gefn i orffwys. Ei freichiau ar led a'i ben i lawr yn y dŵr at ei dalcen. Dim ond felly y medrai'r dŵr ei gynnal yn llonydd. Nofiodd Nesta bron yn ymchwilgar o'i amgylch, yn aros yma a thraw i rwbio dwy wefus ysgafn wlyb ar ei gorff. Daethant ben wrth ben.

'Mi ddudis i mai ni fasai'n ennill.'

A 'doedd dim yn greulon yn ei geiriau.

Y gwallt gwlyb yn gyfarwydd erbyn hyn. Yr wyneb yn ail-lenwi ar ôl ei drallod. Caeodd Osian lygaid bodlon, a gadael i'r môr wneud a fynnai ag o. Wedyn, wrth eu pwysau, troesant yn eu holau, a nofio tuag at y gwesty ar ben y clogwyn i dwyllo'r môr iddo'u drifftio tuag at eu porth a'r bag picnic a'r gromlech.